海员职业常识

中华人民共和国海事局◉编

大连海事大学出版社
DALIAN MARITIME UNIVERSITY PRESS

图书在版编目(CIP)数据

海员职业常识 / 中华人民共和国海事局编. — 大连：大连海事大学出版社，2022.12(2024.9 重印)
ISBN 978-7-5632-4356-3

Ⅰ. ①海…　Ⅱ. ①中…　Ⅲ. ①海员—基本知识　Ⅳ. ①U676.2

中国版本图书馆 CIP 数据核字(2022)第 255103 号

大连海事大学出版社出版

地址:大连市黄浦路523号　邮编:116026　电话:0411-84729665(营销部)　84729480(总编室)
http://press.dlmu.edu.cn　E-mail:dmupress@dlmu.edu.cn

大连金华光彩色印刷有限公司印装　　大连海事大学出版社发行

2022 年 12 月第 1 版　　2024 年 9 月第 2 次印刷
幅面尺寸:184 mm×260 mm　　印张:12
字数:293 千　　印数:2001~3000 册

出版人:刘明凯

责任编辑:沈荣欣　　责任校对:刘长影
封面设计:张爱妮　　版式设计:张爱妮

ISBN 978-7-5632-4356-3　　定价:40.00 元

《海员职业常识》编委会

前 言

中国是海洋大国、航运大国，也是船员大国。船员是国家重要的战略资源，是蓝色国土的耕耘者，对保障水上物流供应链畅通和水上交通安全至关重要。以习近平同志为核心的党中央高度重视航运事业和船员队伍的发展。2019年，中共中央、国务院印发《交通强国建设纲要》，对我国船员队伍建设提出了新的更高要求；2021年，交通运输部等六部门联合印发《关于加强高素质船员队伍建设的指导意见》，在优化船员职业发展环境、保障船员合法权益等方面给出了指导性意见；2021年，新修订的《海上交通安全法》首次将船员权益保障写入国内法律，推动全社会共同构建和谐航运劳动关系。为优化船员职业发展环境，做好船员职业宣传，普及船员职业的有关知识，便利船员从业和维权，引导广大船员树立正确的职业观，根据中华人民共和国海事局的统一部署和安排，辽宁海事局依托“饶滚金劳模创新工作室”，组织人员编写了《海员职业常识》。该书涵盖了认识船员职业、船员如何参加培训、船员如何参加考试、船员职务晋升及职业规划、船员证书及办理、船员业务办理、船员职业道德与诚信管理、船员权益及权益维护等内容。

本书可以作为航海类专业学生、船员的教材，也可以作为对船员职业有兴趣的人士的参考书，以便其了解和掌握船员职业相关知识，熟悉船员业务办理，维护船员权益。本书是在编写组人员长期以来工作经验的基础上，结合广大船员，企业、院校人员的宝贵意见形成的成果，希望本书的出版能对宣传和服务船员从业有所裨益。在此，向广东海事局李蕙兰，深圳海事局石万里，大连海事大学王启福，江苏航运职业技术学院施祝斌，秦皇岛兴荣海事中等职业技术学校李忆星，中远海运船员管理有限公司乐鹏峰、杜昌义，大连国际经济技术合作集团有限公司李其斌，中国海事服务中心王希行等对本书编写工作提供帮助和支持的朋友表示感谢。此外，在本书的编写过程中参考和引用了国内外很多书籍和网站的相关内容，部分图片的素材和个别实例的原型也来源于网络，由于涉及的网站和网页太多，没有一一列举，在此一并予以感谢。最后特别感谢大连海事大学出版社为本书出版所做出的努力。

由于编写时间仓促加之编者能力所限，恐本书中仍有疏漏或者不当之处，希望使用者和有关人员能够提出宝贵意见，以期不断完善、改进。

本书编委会

2022年12月

目 录

第一章　认识船员职业

本章通过介绍船员的概念、船员职务和岗位职责、船员的职业资格和特点、船员应具备的各项条件等内容,让大家对船员职业有基本的了解。

第一节　初识船员

一、船员的概念

什么是船员？在日常生活中,有人会问这样一个问题。有人通过接触了解到一些影视作品、文艺中作品的人物,如水手、船长等,就认为船员就是水手、船长,把水手、船长同船员完全等同起来。也有人通过新闻媒体了解到海上渔业船舶及在其上工作的渔业船员,把船员片面地理解为渔业船员。这些都造成了人们对船员职业片面性的不完整的认识。因此,有必要完整地、系统地介绍船员职业。

船员有广义和狭义之分。广义的船员包括服务于运输船舶、非运输船舶(如工程船舶、拖船等不从事货物或者旅客运输的机动船舶)、渔业船舶、军事船舶、公务船舶、体育运动船艇,具有固定工作岗位的人员。如,2021 年 12 月 28 日,《××时报》报道称:“据美联社 28 日报道,美国国防部官员表示,美国海军一艘军舰上有 20 多名船员目前新冠病毒检测呈阳性,约占全体船员的 25%……”此处把军事船舶的人员称为船员。又如,2021 年 10 月 21 日,中新网(中国新闻网)10 月 21 日电:“据中国驻韩国大使馆网站消息,10 月 21 日,中国驻韩国大使馆发言人就日前 1 艘韩国渔船倾覆致船上 4 名中国船员失踪介绍有关搜救处置情况。”此处把渔业船舶的人员也称为船员。

狭义的船员是指除渔业船舶、军事船舶、体育运动船艇之外的运输船舶和非运输船舶上的船员。狭义的船员又可以分为海船船员、内河船舶船员。如无特殊说明,本书所称船员特指海船船员(简称海员)。

我国对船员的定义在各个法规中并不一致。例如,在《中华人民共和国海商法》(后简称《海商法》)中,"船员"是指包括船长在内的船上一切任职人员。但同时把船舶的范围限定在海船和其他海上移动式装置,但是用于军事的、政府公务的船舶和总吨 20 以下的小型船艇除外。《海商法》属于民事法律,它对船员的定义是从劳动关系角度对船员内涵进行界定,更侧重于船员的劳动属性,船员的劳动合同以及是否实际在船工作是判定船员法律地位的重要依据,对船员的界定要更宽泛一些。而《中华人民共和国船员条例》(后简称《船员条例》)中,船员是指依照该条例的规定取得船员适任证书的人员,包括船长、高级船员、普通船员。《船员条例》仍属于行政管理立法,更侧重对船员的职业资格的认定,体现了国家对船员职业从业者的管理属性,并不关注船员的劳动属性。《海商法》《船员条例》由于立法的目的不同,所以对船员概念的界定点也就不同。因本书重点关注船员的职业发展,故船员的概念更倾向于《船员条例》中的概念。

二、船员的职务

船舶,尤其是现代大型商船,是一个综合系统,需要船上不同的部门和人员高效协同运行。船舶上有多种不同的工作岗位,因岗位不同,工作内容与要求也就不同,要有适任的船员来完成岗位工作。

船员职业按职务层次划分,分为船长、高级船员和普通船员三类。"船长"是指依照《船员条例》的规定取得船长任职资格,负责管理和指挥船舶的人员。"高级船员"是指依照《船员条例》的规定取得相应任职资格的大副、二副、三副、轮机长、大管轮、二管轮、三管轮、通信人员以及其他在船舶上任职的高级技术或者管理人员,从事船舶驾驶、管理等技术要求较高的工作。普通船员是指除船长、高级船员外的其他船员,包括水手、机工、厨师、服务员等。

船员职务还可以分为参加航行和轮机值班的船员和不参加航行和轮机值班的船员。其中,参加航行和轮机值班的船员包括船长、甲板部船员、轮机部船员、无线电操作人员。甲板部船员包括大副、二副、三副、水手,其中大副、二副、三副统称为驾驶员。轮机部船员包括轮机长、大管轮、二管轮、三管轮、电子电气员、机工、电子技工,其中大管轮、二管轮、三管轮统称为轮机员。无线电操作人员包括一级无线电电子员、二级无线电电子员、通用操作员、限用操作员。我国现在很少有专职的无线电操作人员,一般由船长和驾驶员兼任。当然,船长和驾驶员必须持有无线电操作人员相应的适任证书方可兼任无线电操作人员,详见图 1-1。不参加航行和轮机值班的船员包括厨师、服务员等。

船长和驾驶员职务由高到低顺序为船长、大副、二副、三副;轮机长和轮机员职务由高到低顺序为轮机长、大管轮、二管轮、三管轮;无线电操作人员职务由高到低顺序为一级无线电电子员、二级无线电电子员、通用操作员、限用操作员。

船员职能根据技术要求分为管理级、操作级和支持级。管理级船员包括船长、大副、轮机长、大管轮;操作级船员包括二副、三副、二管轮、三管轮;支持级就是普通海员,分为水手长、机工长、一水、二水、机工等,还包括管事(事务长)、大厨、服务员、船医等人。

三、船员的岗位职责

船舶配员要满足《船舶最低安全配员规则》的要求,船舶所有人为其所属船舶配备足额和合格的船员。远洋货船一般都在万吨以上,全船人员一般定员 19~24 人。除船长、政委外,高

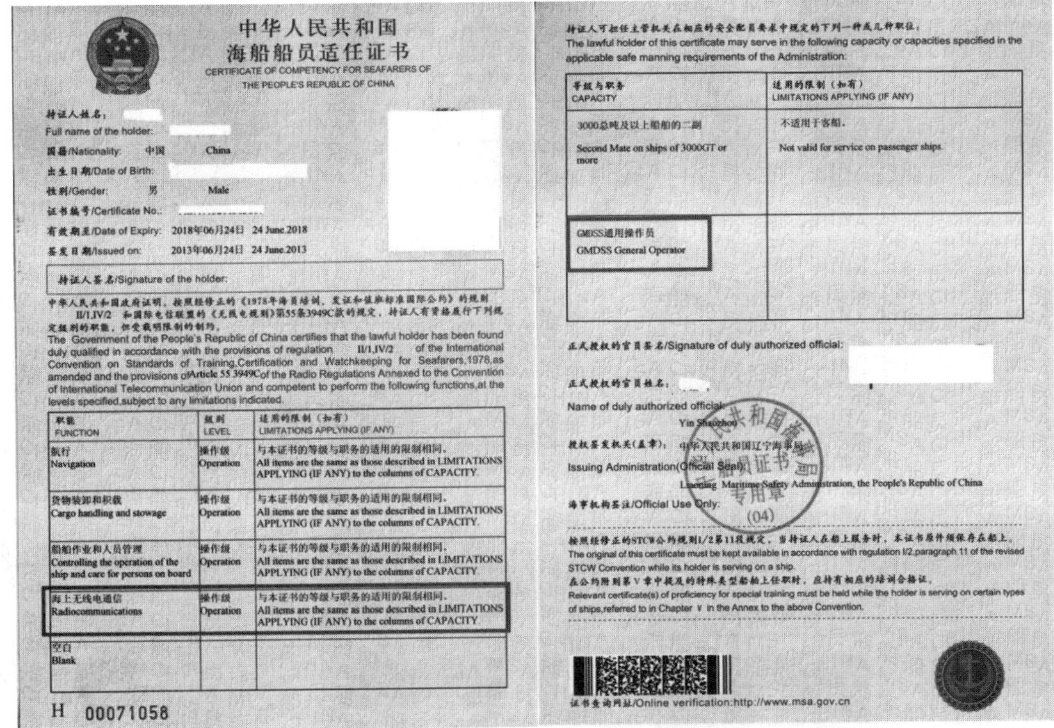

中华人民共和国
海船船员适任证书
CERTIFICATE OF COMPETENCY FOR SEAFARERS OF
THE PEOPLE'S REPUBLIC OF CHINA

持证人姓名：
Full name of the holder:
国籍/Nationality:　中国　China
出生日期/Date of Birth:
性别/Gender:　男　Male
证书编号/Certificate No.:
有效期至/Date of Expiry:　2018年06月24日　24 June.2018
签发日期/Issued on:　2013年06月24日　24 June.2013

持证人签名/Signature of the holder:

中华人民共和国政府证明，按照经修正的《1978年海员培训、发证和值班标准国际公约》的规则 II/1,IV/2 和国际电信联盟的《无线电规则》第55条3949C款的规定，持证人有资格履行下列规定级别的职能，但受载明限制的制约。
The Government of the People's Republic of China certifies that the lawful holder has been found duly qualified in accordance with the provisions of regulation II/1,IV/2 of the International Convention on Standards of Training,Certification and Watchkeeping for Seafarers,1978,as amended and the provisions ofArticle 55 3949Cof the Radio Regulations Annexed to the Convention of International Telecommunication Union and competent to perform the following functions,at the levels specified,subject to any limitations indicated.

职能 FUNCTION	级别 LEVEL	适用的限制（如有） LIMITATIONS APPLYING (IF ANY)
航行 Navigation	操作级 Operation	与本证书的等级与职务的适用的限制相同。 All items are the same as those described in LIMITATIONS APPLYING (IF ANY) to the columns of CAPACITY.
货物装卸和积载 Cargo handling and stowage	操作级 Operation	与本证书的等级与职务的适用的限制相同。 All items are the same as those described in LIMITATIONS APPLYING (IF ANY) to the columns of CAPACITY.
船舶作业和人员管理 Controlling the operation of the ship and care for persons on board	操作级 Operation	与本证书的等级与职务的适用的限制相同。 All items are the same as those described in LIMITATIONS APPLYING (IF ANY) to the columns of CAPACITY.
海上无线电通信 Radiocommunications	操作级 Operation	与本证书的等级与职务的适用的限制相同。 All items are the same as those described in LIMITATIONS APPLYING (IF ANY) to the columns of CAPACITY.
空白 Blank		

H　00071058

持证人可担任主管机关在相应的安全配员要求中规定的下列一种或几种职位：
The lawful holder of this certificate may serve in the following capacity or capacities specified in the applicable safe manning requirements of the Administration:

等级与职务 CAPACITY	适用的限制（如有） LIMITATIONS APPLYING (IF ANY)
3000总吨及以上船舶的二副 Second Mate on ships of 3000GT or more	不适用于客船。 Not valid for service on passenger ships.
GMDSS通用操作员 GMDSS General Operator	

正式授权的官员签名/Signature of duly authorized official:

正式授权的官员姓名：
Name of duly authorized official:
Yin Shaozhou

授权签发机关(盖章)：中华人民共和国辽宁海事局
Issuing Administration(Official Seal):
Liaoning Maritime Safety Administration, the People's Republic of China

海事机构签注/Official Use Only:

按照经修正的STCW公约规则I/2第11段规定，当持证人在船上服务时，本证书原件须保存在船上。
The original of this certificate must be kept available in accordance with regulation I/2,paragraph 11 of the revised STCW Convention while its holder is serving on a ship.
在公约附则第V章中提及的特殊类型船舶上任职时，应持有相应的培训合格证。
Relevant certificate(s) of proficiency for special training must be held while the holder is serving on certain types of ships,referred to in Chapter Ⅴ in the Annex to the above Convention.

证书查询网址/Online verification:http://www.msa.gov.cn

图 1-1　可以兼任无线电人员的驾驶员适任证书

级船员 8 人，普通船员 10 人，厨师 2 人。船员组织系统分为甲板部、轮机部、事务部。每个部门内部都有明确的岗位分工。船长是船上的最高指挥者。船长在其职权范围内发布的命令，船舶上所有人员必须执行。高级船员应当组织下属船员执行船长命令，督促下属船员履行职责。船长、高级船员在航次中，不得擅自辞职、离职或者中止职务。船员应当按照有关航行、值班的规章制度和操作规程以及船长的指令操纵、管理船舶，保持安全值班，不得擅离职守。船员履行在船值班职责前和值班期间，不得摄入可能影响安全值班的食品、药品或者其他物品。船员在船工作期间，应当符合下列要求：

①携带有效的船员证件；

②掌握船舶的适航状况和航线的通航保障情况，以及有关航区气象、海况等必要的信息；

③遵守船舶的管理制度和值班规定，按照水上交通安全和防治船舶污染的操作规则操纵、控制和管理船舶，如实填写有关船舶法定文书，不得隐匿、篡改或者销毁有关船舶的法定证书、文书；

④参加船舶应急训练、演习，按照船舶应急部署的要求，落实各项应急预防措施；

⑤遵守船舶报告制度，发现或者发生险情、事故、保安事件或者影响航行安全的情况，应当及时报告；

⑥在不严重危及自身安全的情况下，尽力救助遇险人员；

⑦不得利用船舶私载旅客、货物，不得携带违禁物品。

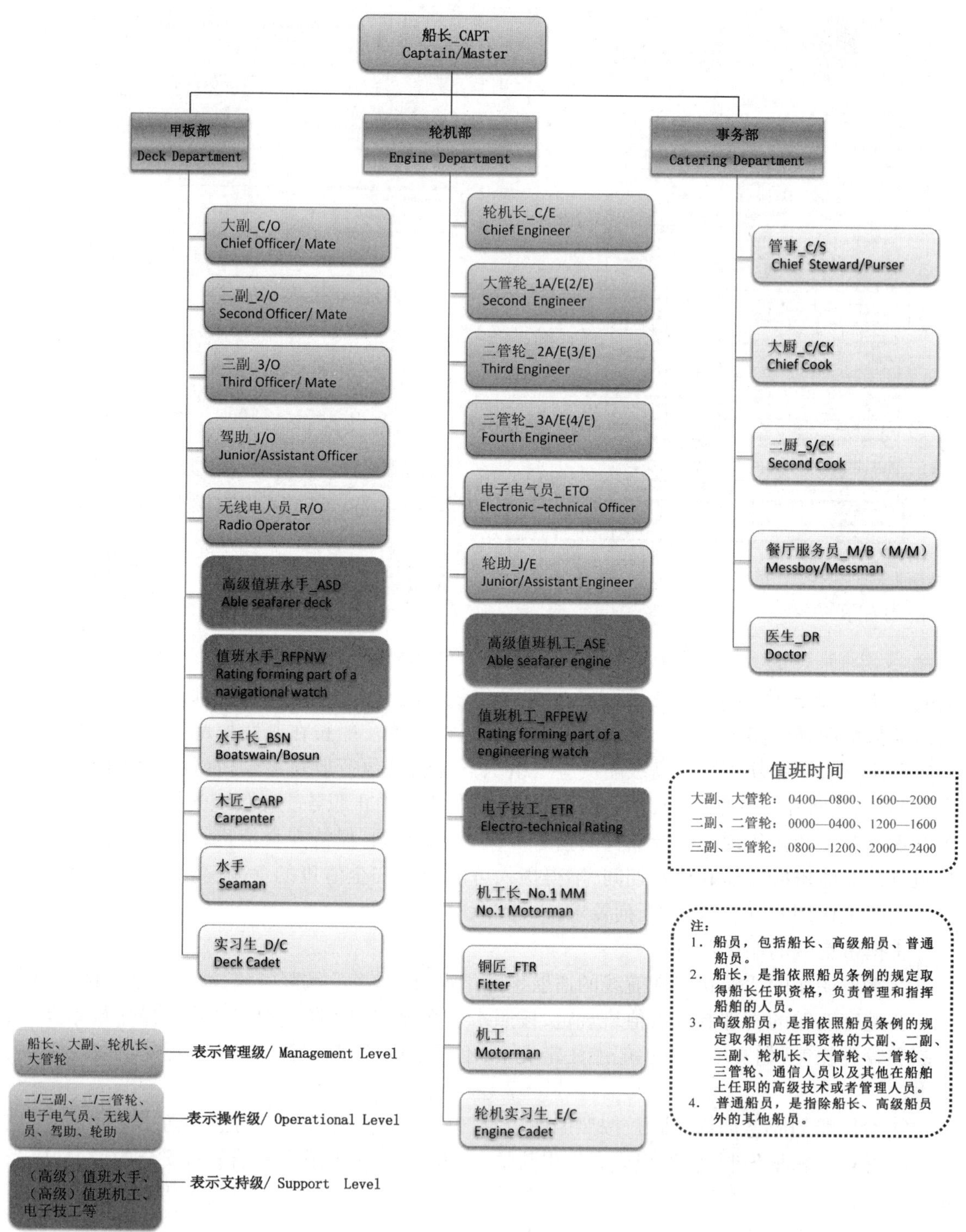
船长_CAPT
Captain/Master
甲板部
Deck Department
轮机部
Engine Department
事务部
Catering Department
大副_C/O
Chief Officer/ Mate
二副_2/O
Second Officer/ Mate
三副_3/O
Third Officer/ Mate
驾助_J/O
Junior/Assistant Officer
无线电人员_R/O
Radio Operator
高级值班水手_ASD
Able seafarer deck
值班水手_RFPNW
Rating forming part of a navigational watch
水手长_BSN
Boatswain/Bosun
木匠_CARP
Carpenter
水手
Seaman
实习生_D/C
Deck Cadet
轮机长_C/E
Chief Engineer
大管轮_1A/E(2/E)
Second Engineer
二管轮_2A/E(3/E)
Third Engineer
三管轮_3A/E(4/E)
Fourth Engineer
电子电气员_ETO
Electronic -technical Officer
轮助_J/E
Junior/Assistant Engineer
高级值班机工_ASE
Able seafarer engine
值班机工_RFPEW
Rating forming part of a engineering watch
电子技工_ETR
Electro-technical Rating
机工长_No.1 MM
No.1 Motorman
铜匠_FTR
Fitter
机工
Motorman
轮机实习生_E/C
Engine Cadet
管事_C/S
Chief Steward/Purser
大厨_C/CK
Chief Cook
二厨_S/CK
Second Cook
餐厅服务员_M/B（M/M）
Messboy/Messman
医生_DR
Doctor
值班时间
大副、大管轮：0400—0800、1600—2000
二副、二管轮：0000—0400、1200—1600
三副、三管轮：0800—1200、2000—2400
注：
1．船员，包括船长、高级船员、普通船员。
2．船长，是指依照船员条例的规定取得船长任职资格，负责管理和指挥船舶的人员。
3．高级船员，是指依照船员条例的规定取得相应任职资格的大副、二副、三副、轮机长、大管轮、二管轮、三管轮、通信人员以及其他在船舶上任职的高级技术或者管理人员。
4．普通船员，是指除船长、高级船员外的其他船员。
船长、大副、轮机长、大管轮
表示管理级/ Management Level
二/三副、二/三管轮、电子电气员、无线人员、驾助、轮助
表示操作级/ Operational Level
（高级）值班水手、（高级）值班机工、电子技工等
表示支持级/ Support Level

图 1-2　船员职务图

(一)甲板部

甲板部主要负责船舶航海、船体保养和船舶营运中的货物积载、装卸设备、航行中的货物照管;主管驾驶设备包括导航仪器、信号设备、航海图书资料和通信设备;负责救生、消防、堵漏器材的管理;主管舱、锚、系缆和装卸设备的一般保养;负责货舱系统和舱外淡水、压载水和污水系统的使用和处理。

1. 船长

船长负责管理和指挥船舶。在保障海上生命安全、船舶保安和防治船舶污染方面,船长有权独立做出决定。船长应当采取必要的措施,保护船舶、在船人员、船舶航行文件、货物以及其他财产的安全。船长在其职权范围内发布的命令,船员、乘客及其他在船人员应当执行。

(1)船长管理和指挥船舶时,应当符合下列要求:

①保证船舶和船员携带符合法定要求的证书、文书以及有关航行资料;

②制订船舶应急计划并保证其有效实施;

③保证船舶和船员在开航时处于适航、适任状态,按照规定保障船舶的最低安全配员,保证船舶的正常值班;

④执行海事管理机构有关水上交通安全和防治船舶污染的指令,船舶发生水上交通事故或者污染事故的,向海事管理机构提交事故报告;

⑤对本船船员进行日常训练和考核,在本船船员的"船员服务簿"内如实记载船员的服务资历和任职表现;

⑥船舶进港、出港、靠泊、离泊,通过交通密集区、危险航区等区域,或者遇有恶劣天气和海况,或者发生水上交通事故、船舶污染事故、船舶保安事件以及其他紧急情况时,应当在驾驶台值班,必要时应当直接指挥船舶;

⑦保障船舶上人员和临时上船人员的安全;

⑧船舶发生事故,危及船舶上人员和财产安全时,应当组织船员和船舶上其他人员尽力施救;

⑨弃船时,应当采取一切措施,首先组织旅客安全离船,然后安排船员离船,船长应当最后离船;在离船前,船长应当指挥船员尽力抢救航海日志、机舱日志、油类记录簿、无线电台日志、本航次使用过的航行图和文件,以及贵重物品、邮件和现金。

(2)船长在保障水上人身与财产安全、船舶保安、防治船舶污染水域方面具有独立决定权,并负有最终责任。船长为履行职责,可以行使下列权力:

①决定船舶的航次计划,对不具备船舶安全航行条件的,可以拒绝开航或者续航;

②对船员用人单位或者船舶所有人下达的违法指令,或者可能危及有关人员、财产和船舶安全或者可能造成水域环境污染的指令,可以拒绝执行;

③发现引航员的操纵指令可能对船舶航行安全构成威胁或者可能造成水域环境污染时,应当及时纠正、制止,必要时可以要求更换引航员;

④当船舶遇险并严重危及船舶上人员的生命安全时,船长可以决定撤离船舶;

⑤在船舶的沉没、毁灭不可避免的情况下,船长可以决定弃船,但是,除紧急情况外,应当报经船舶所有人同意;

⑥对不称职的船员,可以责令其离岗。

船长应当在船舶开航前检查并在开航时确认船员适任、船舶适航、货物适载,并了解气象和海况信息以及海事管理机构发布的航行通告、航行警告及其他警示信息,落实相应的应急措施,不得冒险开航。船舶所有人、经营人或者管理人不得指使、强令船员违章冒险操作、作业。为了保障船舶和在船人员的安全,船长有权在职责范围内对涉嫌在船上进行违法犯罪活动的人员采取禁闭或者其他必要的限制措施,并防止其隐匿、毁灭、伪造证据。船长采取禁闭或者其他必要的限制措施,应当制作案情报告书,由其和两名以上在船人员签字。中国籍船舶抵达我国港口后,应当及时将相关人员移送有关主管部门。发现在船人员患有或者疑似患有严重威胁他人健康的传染病的,船长应当立即启动相应的应急预案,在职责范围内对相关人员采取必要的隔离措施,并及时报告有关主管部门。船长在航行中死亡或者因故不能履行职责的,应当由驾驶员中职务最高的人代理船长职务;船舶在下一个港口开航前,其所有人、经营人或者管理人应当指派新船长接任。

2. 大副

主持甲板日常工作,协助船长做好安全生产和船舶航行,担任航行值班;主管货物装卸、运输和甲板部的保养工作;负责制订并组织实施甲板部各项工作计划;负责编制货物积载计划、维护保养计划;主持安全月活动和相关安全工作。

3. 二副

履行航行和停泊所规定的值班职责;主管驾驶设备包括航海仪器和操舵仪等的正确使用和日常维护;负责管理、登记航海图书资料、航行通告及日常管理和更正工作,以及各种航海文书的记录;负责船上无线电通信设备的管理、使用和维护。

4. 三副

履行航行和停泊所规定的值班职责;主管救生、消防设备的日常管理和维护工作。

5. 值班水手/高级值班水手

执行操舵、航行值班职责和甲板部的日常维护保养工作。

6. 水手长

在大副领导下,具体负责木匠和水手工作;做好锚、缆、装卸设备的养护维修工作;带领水手做好油漆、帆缆、高空、舷外、起重、操舵及其他船艺工作。

7. 木匠

执行木工及有关航次维修和保养工作;负责起锚机的操作和保养工作;负责淡水舱、压载舱及植物油舱的测量及维护工作。

8. 水手

执行带缆、收放舷梯和甲板部各种工艺工作。

(四)轮机部

轮机部主要负责主机、辅机及各类机电设备的管理,使用和维护保养;负责全船电力系统的管理和维护工作。

1. 轮机长

轮机长是全船机械、电力、电气设备的技术总负责人。全面负责轮机部的生产和行政管理工作；检查轮机部各项规章制度的执行以使各种设备保持良好的工作状态。

2. 大管轮

在轮机长的领导下，参加机舱值班，维护机舱正常的工作秩序；主管推进装置及附加设备，锅炉以及润滑冷却、燃油、起动空气和应急装置的使用和维护。

3. 二管轮

履行值班职责，主管辅机及其附属系统、应急发电系统与燃油柜、驳运泵、分油机、空压机、油水分离设备和污油柜的使用和维护工作。

4. 三管轮

履行值班职责，主管辅锅炉及其附属系统、各种水泵、甲板机械、应急设备和各种管系。

5. 电子电气员

主要负责保证船舶电子、电气设备以及自动控制系统的正常运转，

6. 值班机工/高级值班机工

执行机舱值班，机械设备的日常检修维护保养工作。

7. 机工长

在大管轮的领导下，带领机工做好机、炉、泵舱等轮机部的清洁和日常维护保养工作。

8. 铜匠

在机工长的领导下，负责机械设备和管路的焊接维修工作。

9. 机工

在轮机员的领导下，执行机炉舱和机械设备的检修、保养工作。

（三）事务部

事务部主要负责全船人员的伙食、生活服务和财务工作。

1. 事务员/管事

具体负责全船的生活服务工作；办理进出港有关手续和有关客运工作。目前，一些船舶取消此职务，其业务由大副代行。

2. 厨师

负责船员的伙食工作。

3. 服务员/大台

负责生活场所卫生、生活用品保养及接待工作。

四、船员工作时间和休息休假

船员是一个国际性的职业，经修正的《1978 年海员培训、发证和值班标准国际公约》（以下称《STCW 公约》）和《2006 年海事劳工公约》对船员工作时间和休息时间都做出了具体的规定。我国法律法规中涉及船员工作时间和休息时间的规定都完全满足国际公约的要求。

根据《2006 年海事劳工公约》标准 A2. 5. 2（b）款，海员有权得到遣返前在船上服务的最长

期间——这段时间应少于12个月。通俗地说，船员在船上最多连续工作12个月。

以适用于中国籍船员、中国船东协会的会员单位及其所拥有和(或)管理的中国籍船舶的《中国船员集体协议》为例，该协议明确规定，船员在船连续工作期限一般不超过8个月，因船舶停靠港口或者航行的航线不方便更换船员的，工作期限可适当提前或延后2个月。船员在船工作满10个月后未能下船的视为逾期。船员在船超期服务的，船东从第11个月起应向船员支付额外的超期补贴。超期补贴按我国《劳动法》规定并参照国际惯例，不应低于船员基薪的100%。即使是非中国籍船舶的船东，也会参照其他协议，支付数额不等的超期补贴。

远洋船上船员的工作和休息时间是什么样子的？很多人都问过这样的问题。下面就来介绍一下远洋船上船员的工作和休息时间。船员在船期间，以每日工作8 h为依据施行综合计算工时制。考虑到船舶航行时海员工作的特点，一般工作时间被划分为4 h一班，即0400—0800、0800—1200、1200—1600、1600—2000、2000—2400、2400—0400，由当值驾驶员、轮机员、值班水手、值班机工分别按时轮流工作。船上值班人员白天值一个班，晚上值一个班，每个班4 h。例如，大副、大管轮：0400—0800、1600—2000；二副、二管轮：0000—0400、1200—1600。三副、三管轮：0800—1200、2000—2400。

船东和船长应当采取有效措施防止船员疲劳工作。根据我国《劳动法》的规定，船员的正常工时标准应以每天8 h、每周2天休息日(可补休)休息和公共节假日(应补偿)休息为依据。

除紧急或超常工作情况外，船员在船工作期间的休息时间应当满足以下要求：

(1)任何24 h时段内船员最短休息时间不应少于10 h；

(2)任何7天时间内不应少于77 h；

(3)任何24 h内的休息时间可以分为不超过两个时间段，其中一个时间段至少要有6 h，连续休息时间段之间的间隔不应超过14 h。

船长按照第(2)、(3)项中规定安排休息时间时可以有例外，但是任何7天内的休息时间不得少于70 h。对第(2)项规定的每周休息时间的例外，不应当超过连续两周。在船上连续两次例外时间的间隔不应当少于该例外持续时间的两倍。对第(3)项规定的例外可以分成不超过三个时间段，其中一个时间段至少要有6 h，另外两个时间段不应当少于1 h。连续休息时间间隔不得超过14个h。例外在任何7天时间内不得超过两个24 h时间段。

船上开展紧急集合、消防、救生和弃船演习，以及法律法规和国际公约规定的其他演习，应当以对休息时间的影响最小，且不导致船员疲劳的形式进行。

因船舶、船上人员或者货物紧急安全需要，或者为了帮助海上遇险的其他船舶或者人员等紧急情况下，船长可以不受以上规定的限制，要求船员在任何时间段进行工作，直到此种情况得到解除。紧急情况解除后，船长应当尽快安排在休息时间内工作的船员得到充分的补休。

海上的作息时间记录表，用于记录船员每天在船作息时间，并由船长或者船长指定人员和船员本人签字认可。船员应每月持有一份该作息时间记录表的复印件。

船上应当制定标准化格式的工作安排表，包括每一岗位人员在海上与港口期间的工作安排以及国家要求的最短休息时间，并由船长签字后公布在船上显著位置。

船上工作安排表和作息时间记录表均应以中英文对照形式制定。

五、船员工资

船员的在船工资构成通常包括四部分：基本工资(Basic pay)、超时工资(Overtime pay)、法定节假日加班工资(Overtime pay for public holidays)、年休假工资(Leave pay)。

(一)基本工资

基本工资指正常工作时间的报酬,不包括加班报酬、奖金、津贴、带薪休假或任何其他额外报酬。《中国船员集体协议(A类)》中称之为基薪。我国的航运企业通常将“基本工资”进一步分为船员的岗位(职务)工资加上业绩工资。

(二)超时工资

按照规定,船员每天的正常工作时间是 8 h,超过 8 h,便可以领取加班费用(超时工资),加班费用为基本工资的 1.5 倍。

(三)法定节假日加班工资

我国《劳动法》规定,以基本工资(基薪)为基数,计发 300%的加班工资。

(四)年休假工资

《船员条例》第三十一条规定,船员除享有国家法定的节假日外,还享有在船舶上每工作 2 个月不少于 5 日的年休假。船员在年休假期间,船员用人单位应当向其支付不低于船员在船服务期间平均工资的报酬。其中的“在船服务期间工资报酬”指船员在船服务期间正常工作时间的报酬,不包括加班工资、奖金、津贴、劳务费等,也即基本工资(基薪)。

长期以来,船员工资标准是困扰众多船公司、船舶管理企业、劳务中介机构以及船员群体的一个难题。由于缺乏一个权威的参考值,船员劳务市场的供需双方容易陷入混乱,影响船员人心稳定。2017 年 6 月 25 日,正值第 7 个国际海员日,上海航运交易所正式发布试运行中国(上海)海员薪酬指数(海员薪酬指数)。

海员薪酬指数的发布,将为政府部门、船舶管理企业、船东、船员劳务企业和船员等各方提供重要的信息参考。首先,海员薪酬指数可以提高行业薪酬的透明度,吸引更多的从业人员,推动海员就业市场的有序竞争。其次,海员薪酬指数为船员劳务企业、船舶管理企业或者船东提供海员薪酬谈判或决策的基本依据,优化企业内部海员管理水平。再次,海员薪酬指数为政府建立标准规范、制定政策提供信息参考,提高中国在国际海员市场的话语权和影响力。

表 1-1、表 1-2 所示分别为上海航运交易所 2022 年 10 月 25 日发布的中国(上海)国际海员薪酬指数和中国(上海)国际海员薪酬表。

表 1-1　中国(上海)国际海员薪酬指数(China Crew's Remuneration index)

指数	上期 2022-09	本期 2022-10	涨跌
中国国际海员薪酬指数	1 517.19	1 514.83	-2.36
高级海员薪酬指数	1 441.13	1 439.84	-1.29
普通海员薪酬指数	1 989.61	1 980.70	-8.91

注:基期为 2016 年第 4 季度,基期指数为 1 000 点。

表 1-2　中国(上海)国际海员薪酬表

职务	集装箱船	干散货船	油船	化学品船
船长	10 243	10 049	12 057	10 966
大副	8 505	8 442	9 265	8 862
二副	5 521	5 473	5 610	5 422
三副	5 155	5 134	5 252	5 107
轮机长	9 840	9 489	11 689	10 353
大管轮	8 472	8 432	9 253	8 787
二管轮	5 509	5 478	5 610	5 410
电子电气员	5 475	5 288	5 713	5 300
三管轮	5 101	5 123	5 252	5 095
水手长	2 845	2 729	3 025	2 848
机工长	2 845	2 725	3 025	2 848
水手	2 469	2 200	2 557	2 407
机工	2 469	2 200	2 557	2 407
大厨	2 647	2 425	2 637	2 432
服务生	1 317	829	1 404	1194

注:(1)集装箱船样本包括:8 000 TEU、8 000~15 000 TEU;
(2)干散货船样本包括:Capesize、Panamax、Handysize;
(3)油船样本包括:VLCC、Suzemax、Aframax;
(4)化学品船样本包括:远洋、近洋;
(5)薪酬单位为美元/月;
(6)2020 年 12 月开始,薪酬表采样有所调整,样本单位调整为 18 家,详情请咨询指数编制小组。

第二节　船员的职业资格和职业特点

一、船员的职业资格

什么是职业资格呢?职业资格是对从事某一职业所必备的学识、技术和能力的基本要求。职业资格包括从业资格和执业资格。从业资格是指从事某一专业(工种)学识、技术和能力的起点标准。执业资格是指政府对某些责任较大、社会通用性强、关系公共利益的专业(工种)实行准入控制,是依法独立开业或从事某一特定专业(工种)学识、技术和能力的必备标准。职业资格分别由国务院劳动、人事行政部门通过学历认定、资格考试、专家评定、职业技能鉴定等方式进行评价,对合格者授予国家职业资格证书。从业资格通过学历认定或考试取得。执业资格通过考试方法取得。

船员是一种特殊的职业，从业者需要取得特定的职业资格。2017 年 9 月 12 日，人力资源和社会保障部发布《关于公布国家职业资格目录的通知》。该文件将职业资格重新分为专业技术人员职业资格和技能人员职业资格。经国务院同意，人力资源和社会保障部于 2021 年年底公布了《国家职业资格目录(2021 年版)》。该目录涵盖了船员职业(详见表 1-3)，将船员纳入了专业技术人员职业资格。目录中准入类职业资格关系公共利益或涉及国家安全、公共安全、人身健康、生命财产安全，均有法律法规或国务院决定作为依据。船员资格(此处不含渔业船员)是依据《海上交通安全法》《船员条例》设定的，属于准入类职业资格。

表 1-3 国家职业资格目录(2021 年版，节录)

职业资格名称	实施部门(单位)	资格类别	设定依据
船员资格(含船员、渔业船员)	交通运输部、农业农村部	准入类	《海上交通安全法》 《船员条例》(国务院令第 494 号) 《内河交通安全管理条例》(国务院令第 355 号) 《渔港水域交通安全管理条例》(国务院令第 38 号)

根据《人力资源和社会保障部 交通运输部关于深化船舶专业技术人员职称制度改革的指导意见》(人社部发〔2020〕54 号)，为适应船舶电子电气技术发展，设立船舶电子专业，将原电机、报务专业一并纳入船舶电子专业。调整后的船舶专业技术人员职称划分为船舶驾驶、船舶轮机、船舶电子和船舶引航四个专业类别。

船舶专业技术人员职称设初级、中级、高级，初级职称分设员级和助理级，高级职称分设副高级和正高级。员级、助理级、中级、副高级和正高级职称名称依次为驾驶员(轮机员、船舶电子员、引航员)、助理驾驶员(助理轮机员、助理船舶电子员、助理引航员)、中级驾驶员(中级轮机员、中级船舶电子员、中级引航员)、高级船长(高级轮机长、高级船舶电子员、高级引航员)和正高级船长(正高级轮机长、正高级船舶电子员、正高级引航员)。

我国综合采用考试、专家评审等多种评价方式，建立适应不同层级船舶专业技术人员职业特点的评价机制。船舶专业技术人员取得船员资格，可对应初级、中级职称。船舶初级、中级职称采取考试方式，与船员资格考试合并进行。船舶中、初级专业技术资格考试和中华人民共和国海事局组织的船员适任证书考试合并进行，由中华人民共和国海事局依据《中华人民共和国海船船员适任考试和发证规则》组织实施，具体考务工作由中华人民共和国海事局授权的各级海事管理机构负责。也就是说，船员的专业技术资格考试不需要单独进行，而是由船员适任证书考试替代。申请船舶初、中级专业技术资格证书的船员应参加适任证书考试和评估，经考试和评估合格并取得相应的适任证书后，方可向适任证书考试发证海事机构申请船舶初、中级专业技术资格证书。已取得有效适任证书的船员，可以直接申请相应的船舶初、中级专业技术资格证书。船舶初、中级专业技术资格证书与船员适任证书的对应关系见表 1-4。

表 1-4 船舶初、中级专业技术资格证书与船员适任证书的对应关系表

职称等级		职称名称/船员适任证书		备注
初级	员级	驾驶	无限航区、沿海航区二等及以上三副	
			沿海航区三等三副、二副	总吨 100 及以上
			内河一类三副	
			内河二类、三类驾驶员	总吨 100 及以上
			海上非自航工程船舶一等三副、二副	
			海上非自航工程船舶二等三副、二副、大副	
			海上非自航工程船舶三等船长	
			沿海公务船一等三副、二副，二等驾驶员	
		轮机	无限航区、沿海航区二等及以上三管轮	
			沿海航区三等三管轮、二管轮	220 kW 及以上
			内河一类三管轮	
			内河二类、三类轮机员	75 kW 及以上
			海上非自航工程船舶一等三管轮、二管轮	
			海上非自航工程船舶二等三管轮、二管轮、大管轮	
			海上非自航工程船舶三等轮机长	
			沿海公务船一等三管轮、二管轮，二等轮机员	
		船舶电子	通用操作员	
	助理级	驾驶	无限航区、沿海航区二等及以上二副	
			沿海航区三等大副	总吨 100 及以上
			内河一类二副	
			内河三类船长	总吨 100 及以上
			海上非自航工程船舶一等大副	
			海上非自航工程船舶二等船长	
			沿海公务船一等大副、二等船长	
		轮机	无限航区、沿海航区二等及以上二管轮	
			沿海航区三等大管轮	220 kW 及以上
			内河一类二管轮	
			内河三类轮机长	75 kW 及以上
			海上非自航工程船舶一等大管轮	
			海上非自航工程船舶二等轮机长	
			沿海公务船一等大管轮、二等轮机长	
		船舶电子	二级无线电电子员	
		引航	电子电气员	
			海港、内河三级引航员	

（续表）

职称等级	职称名称/船员适任证书		备注
中级	驾驶	无限航区、沿海航区二等及以上大副、船长	
		沿海航区三等船长	总吨 100 及以上
		内河一类大副、船长	
		内河二类船长	
		海上非自航工程船舶一等船长	
		沿海公务船一等船长	
	轮机	无限航区、沿海航区二等及以上大管轮、轮机长	
		沿海航区三等轮机长	220 kW 及以上
		内河一类大管轮、轮机长	
		内河二类轮机长	
		海上非自航工程船舶一等轮机长	
		沿海公务船一等轮机长	
	船舶电子	一级无线电电子员	
		电子电气员	实际担任满 42 个月
	引航	海港、内河二级、一级引航员	

注：本表由交通运输部根据船员（引航员）适任证书有关类别、等级、职务设置变化情况做相应调整，经人力资源和社会保障部备案后发布。

需要注意的是，取得船舶中、初级专业技术资格证书，只表明持证人通过了全国船舶专业技术统一标准考试具有相应的资格水平，不能替代船员适任证书在船舶上使用。

副高级和正高级职称采取评审方式，坚持同行专家评审，注重对船舶专业技术人员的职业道德、能力素质、工作业绩等进行评价。人力资源和社会保障部和交通运输部负责制定《船舶专业技术人员高级职称评价基本标准》。根据《指导意见》，进一步改进了管理服务方式。合理下放船舶系列职称评审权限，以确保评审质量为前提，正高级职称由交通运输部组织评审。发挥用人单位在职称评审中的主导作用，逐步将副高级职称评审权下放至有条件、有意愿的大型企事业单位。畅通职称评审渠道，探索选择具备条件的行业协会或学会、公共人才服务机构等社会组织，为民营企业船员以及社会船员提供职称申报服务，确保其公平公正参与申报和评审。加强职称管理信息化建设。结合船员职业特点，具有船员适任证书即可视为具有船舶系列中、初级职称，发放相应专业技术资格证书。逐步实行电子化证书，逐步实现职称网上申报、受理、结果查询、证书查验等。

船舶专业技术人员各级别职称分别与事业单位专业技术岗位等级相对应。正高级对应专业技术岗位一至四级，副高级对应专业技术岗位五至七级，中级对应专业技术岗位八至十级，助理级对应专业技术岗位十一至十二级，员级对应专业技术岗位十三级。

二、船员的职业特点

船舶是“流动的国土”，船员大部分工作时间都在船上，除了具有一般交通运输业从业人员所共有的“点多、面广、流动、分散”的职业特点外，还具有如下的突出特点：

(一)技术性与风险性

航海是一种技术性很强的职业,对技术性以及业务能力要求很高,驾驶与管理船舶需有专业知识和实践技能,需要掌握国际航运相关公约标准、技术规范、国内法律法规要求,需要经过专门的船员培训,并按照国际公约和国内法规要求取得相应的船员适任证书。若对船舶没有一定的了解和认识,很难保证船舶的正常运行,这决定了海员职业的技术性、专业性。在各种海况的大海上长期航行,面临船舶噪声、振动和摇晃,淡水、新鲜蔬菜相对缺乏,睡眠不安和不足,还要面对严寒酷暑等恶劣的自然环境和海盗、战争等传统安全和非传统安全,这决定了海员职业的艰苦性、风险性。

(二)独立性与团队性

船员上远洋船舶工作时,远离亲朋,远离大陆,航行在世界各国和地区的各个港口。在工作和生活中要接触各种各样的人,可能会遇到复杂的问题,岸上能提供的岸基支持相对较少,很多时候需要自主决策与适时应变,这就要求每位船员有较强的处理问题的能力。驾驶与管理船舶的过程中每个船员岗位明确、各有分工、各司其职,在各自岗位上承担着各自的职责,发挥着不同的作用,互不替代。这种长期漂泊于大海的实际状况要求远洋船员具有高度的独立性。远洋船员是集体性质的生活模式,驾驶与管理船舶是个系统工作,一旦登船,需要各个部门及全体船员协同工作,同舟共济,这决定了船员职业的团队性。

(三)开放性与封闭性

远洋船舶劈波斩浪,漂洋过海,驶向五大洲。船员们周游列国,耳闻目睹和领略各国不同的社会风貌和风土人情,接触不同肤色的人群,可以极大地开阔视野,丰富人生阅历,一定程度上能给他们带来成就感、自豪感,船员工作经历成为众多船员人生中难得的宝贵财富。船员职业具有其他职业所无法比拟的开放性。然而,一旦登船工作时,海员就远离陆地,以船为家,在相对封闭的环境中驾驶管理船舶,活动空间狭小,船上人员较少,网络通信没有陆地发达方便,人际交往受到限制,这就决定了船员工作的封闭性。

(四)复杂性与管理性

远洋运输情况比较复杂,航区、航线复杂,货品复杂,港口环境复杂,有时不同国家船员混派同船,船员思想复杂等。因此对海员的素质要求很高。船舶运营也是一个系统工程,船舶是个整体;而船员各司其职,对船舶维修保养和严格管理,不可有一丝一毫的疏忽,体现了现代船员的管理性。

(五)涉外性与国防性

船员,尤其是远洋船员,足迹遍布全球,担负着全世界船舶运输的重任,其所持有的证书得到了国际公认,船员的工作内容以及待遇等方面也得到国际公约的保障;从其工作性质来看,船员参与国际物流,各方面接受国际公约和惯例的制约。我国远洋船舶航行于世界 150 多个国家和地区的 1 100 多个港口之间。现代的中国海员在从事跨国商贸活动中,承担着民间外交和和平友好使者的使命,素有“民间外交家”的美称。因此,船员职业具有涉外性、国际性的特点。船员的职业特点使其具备了充当海军后备役的天然优势,战争时期,在绝大部分国家,船员需要担负保卫祖国的重要任务。因此,船员在一定程度上具有国防性。

(a)现代船舶驾驶台

(b)现代船舶机舱集控室

图 1-3 船员工作处所

(a)船员房间

(b)船员餐厅

(c)船员厨房

图 1-4　船员生活处所

现代远洋海运业不断发展，各大船公司在积极强化安全管理教育的同时，不断改善船上的工作条件，丰富船员的业余生活。如今，船员的工作、学习和生活环境已经今非昔比，船员在船上也拥有了宽敞的工作室、舒适的休息室、藏书丰富的阅览室等。现代微电子技术和计算机技术在船舶上的广泛应用，使船舶实现了智能化、信息化和数字化，这都使得船员能及时迅速地了解到最新的世界信息，并能与亲人和朋友时刻保持紧密的联系。

船员的这些职业特点，决定了作为一名船员需要具备较高的综合素质。

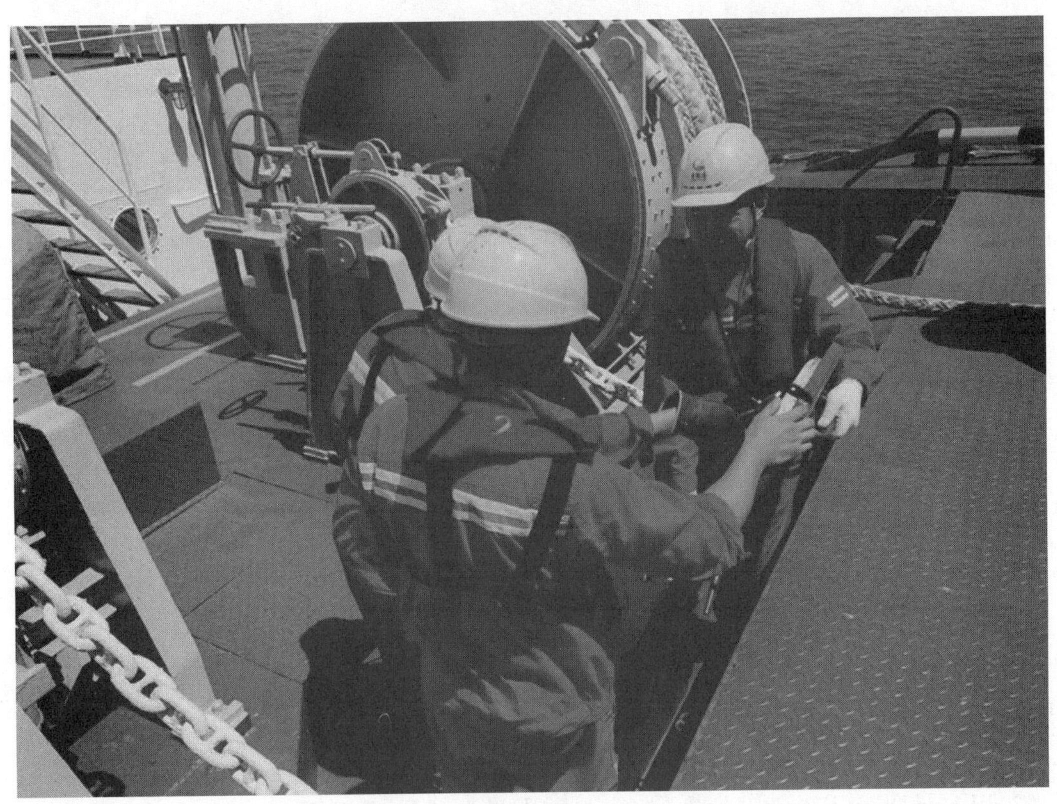

图 1-5　甲板作业穿戴劳保用品

第三节　现代船舶类型

随着海运技术的发展，现代船舶的类型越来越丰富，有各种各样的分类方法，如按船体材料分，有木船、钢船、铝合金船、水泥船等；按航行区域分，有远洋船、近洋船、沿海船和内河船等；按推进动力装置分，有内燃机船、蒸汽燃机船、电力船、核动力船、帆船等；按推进器分，有螺旋桨船、平旋推进器船和风帆助航船等；按航行方式分，有自航船和非自航船；按航行状态分，有排水型和非排水型船。在工作实践中，船舶登记证书和法定证书以及入级证书都要确定船舶类型，以便适用不同的登记要求和检验要求。

一、运输船舶（Transport ship）

(一)杂货船(General cargo ship)

运送成包、成箱、成捆、成扎和桶装等件杂货物的船舶称为杂货船,如图 1-6 所示。

图 1-6 杂货船

(二)散货船(Bulk carrier)

散货船是指专门用来载运谷物、煤炭、矿砂等粉状、粒状、块状大宗散装货物的运输船舶。散货船通常分为如下几个级别:

(1)好望角型船(Capesize bulk carrier),载重量为 15 万 t 左右。

(2)巴拿马型船(Panamax bulk carrier),载重量为 6 万~7.5 万 t。

(3)灵便型散货船(Handysize bulk carrier),载重量为 2 万~5 万 t,其中超过 4 万 t 的船舶又被称为大灵便型散货船(Handymax bulk carrier)。

(4)经由圣劳伦斯水道航行于美国、加拿大交界处五大湖区的大湖型散货船,载重量在 3 万 t 左右,大多配有起卸货设备。

为适应各种大批量散货的运输要求,各种专用散装船也发展起来,如通用型散货船、矿砂船、自卸式散货船等。

(1)通用型散货船是指装运谷物、煤炭等普通散货的船舶,如图 1-7 所示。

(2)矿砂船(Ore carrier)是专运矿砂的散货船,如图 1-8 所示。

图 1-7　通用型散货船

图 1-8　矿砂船

(3)自卸式散货船是一种装备自卸系统的散货船，图 1-9 所示为中船澄西改装的 7.4 万 t 自卸船。

(三)集装箱船(Container ship)

集装箱船(图 1-10)，又称"货柜船"。广义上集装箱船是指可用于装载国际标准集装箱的船舶；狭义上集装箱船是指全部舱室及甲板专用于装载集装箱的全集装箱船舶。其运货能力通常以装载 20 ft 换算标准箱的箱位表示。从 1960 年第一艘真正意义上的集装箱船"SUPAN-

图 1-9　中船澄西改装的 7.4 万 t 自卸船

YA”(箱位:610 TEU)出现至今,集装箱船发展迅猛。

图 1-10　集装箱船

(四)滚装船(Roll on-roll off ship, Ro-ro ship)

滚装船又称开上开下船,是用牵引车牵引载有箱货或其他货物的半挂车或轮式托盘直接进出货舱装卸的运输船舶,也即通过跳板采用滚装方式装卸载货车辆的“船舶”,如图 1-11 所示。滚装运输采用水平方式装卸(也有称“带轮”方式装卸),将传统的垂直上下装卸作业变成水平方向的滚动作业,是装卸作业的一个重大改革。

图 1-11 滚装船

(五)木材船(Lumber cargo ship)

木材船(图 1-12)是专门运输原木和木材、备有系固设备的船舶。

图 1-12 木材船

(六)冷藏船(Refrigerator ship)

冷藏船(图 1-13)是专门运输肉类、水果、蛋品之类的易腐鲜货的船。

图 1-13　冷藏船

(七)活鱼运输船(Live fish carrier)

活鱼运输船(图 1-14)是专门运输新鲜、无害的鱼的船,因此延长了加工鱼在市场上的货架期。

图 1-14　活鱼运输船

(八)牲畜运输船(Livestock carrier)

牲畜运输船是指专门运输羊、牛等牲畜的船舶,如图 1-15 所示。

图 1-15 牲畜运输船

(九)载驳船(Barge carrier)

载驳船即运输载货驳船的专用船舶,又称子母船。通俗地讲,先将货物装到驳船上,再将驳船装到大船(母船)上一起运输,这个母船即为载驳船,如图 1-16 所示。

图 1-16 载驳船

（十）渡船（Ferry）

渡船分为旅客渡船（Passenger ferry）、汽车渡船（Car ferry）和火车渡船（Train ferry），如图1-17、1-18 所示。

图 1-17　旅客渡船

图 1-18　汽车渡船

图 1-19　火车渡船

(十一)客船(Passenger ship)

客船是运送旅客及其所携带行李和邮件的船舶。兼运货物的客船也称客货船(Passenger-cargo ship),如图 1-20 所示;兼运汽车及其所载货物的客船称为滚装客船(Ro-ro passenger ship),如图 1-21 所示。根据《国际海上人命安全公约》(《SOLAS 公约》)的规定,凡载客超过 12 人的船舶应视为客船,如图 1-22 所示。

图 1-20　客货船

图 1-21　滚装客船

图 1-22　客船

在沿海或内河的一些短途客运航线上，出现了水翼艇(Hydrofoil craft)(图 1-23)、双体船(Catamaran)(图 1-24)和气垫船(Air-cushion vehicle)(图 1-25)等。

图 1-23　水翼艇

图 1-24　双体船

图 1-25　气垫船

(十二)液货船(Liquid cargo ship)

液货船是指运输散装易燃液体货物的船舶,包括油船(Oil tanker)、液体化学品船(Liquid chemical tanker)和液化气船(Liquefied gas carrier)。油船是载运散装原油和成品油的专用船,液化气船是载运液化天然气和液化石油气的专用船,液体化学品船则是运输各种液体化学品如醚、苯、醇、酸等的专用船。

1. 油船

油船(图 1-26)按所载货油成分可分为原油船和成品油船两大类型。按船舶规模与航线划分:

①灵便型(Handysize),载重量为 1 万~3.5 万 t;

②大灵便型(Handymax),载重量为 3.5 万~6 万 t;

③巴拿马型(Panamax):船型以巴拿马运河(Panama Canal)通航条件为上限(譬如运河对船宽、吃水的限制,船宽不超过 32.2 m),载重量为 6 万~8 万 t。

④阿芙拉型(Aframax):平均运费指数 AFRA(Average Freight Rate Assessment)最高船型,经济性最佳,是适合白令海(Bering Sea)冰区航行油船的最佳船型,重量为 8 万~12 万 t。

⑤苏伊士型(Suezmax):船型以苏伊士运河(Suez Canal)通航条件为上限,载重量为 12 万~20 万 t。

⑥VLCC(Very Large Crude Carrier):大型原油船,载重量为 20 万~30 万 t。

⑦ULCC(Ultra Large Crude Carrier):超大型原油船,载重量在 30 万 t 以上。

2. 液体化学品船

液体化学品船(图 1-27)外形与内部结构同油船相似,其装运的液体化学品多为有毒、易燃和强腐蚀性物质。为了便于装载和防止泄漏,液舱分得较小,且均设置双层底。有的船部分

图 1-26　油船

或全部的液舱采用不锈钢材料,以增强抗腐蚀能力。

图 1-27　液体化学品船

3. 液化气船

液化气船有液化石油气船(Liquefied petroleum gas carrier,LPG carrier)和液化天然气船(Liquefied natural gas carrier, LNG carrier)两大类型。

(1)液化石油气船(LPG carrier)

液化石油气船(图 1-28)是运输液态石油气的专用船,最早出现于 20 世纪 30 年代。依液化石油气船液化方式及液货舱结构之不同,液化石油气船可以分为全压式、半冷半压式和全冷式三种类型。

图 1-28　液化石油气船

(2)液化天然气船(LNG carrier)

液化天然气船(图 1-29)是运输液态天然气的专用船舶。天然气的主要成分是甲烷,如果在常温下加压,无论施加多大压力都不能使甲烷液化,必须把温度降到-82.6 ℃以下再加压方可。因为甲烷液化难度很大,所以液化天然气船的出现要晚于液化石油气船。

图 1-29　液化天然气船

目前液化天然气船均为全冷式，液货舱温度控制在-162 ℃以下。在这样的低温下，普通的船用钢材会变脆，因此液化天然气船的液货舱均采用含镍不锈钢或铝合金材质，并且建造难度非常大。货舱类型有薄膜型、球形和棱柱形三种。

(十三) 多用途船(Multipurpose ship)

多用途船是指为了争取往返货载以减少空放、提高船舶营运率而设计的能够满足多种用途的船型。常见的种类有矿油船、油散矿船、集装箱/杂货船、杂货/散货船、杂货/重大件货船等。

(1) 矿油船(Ore/Oil carrier)又称 O/O 船

矿油船用于运输矿砂和原油。这种船的中间货舱比较窄，占整个船舶货舱舱容的 40%~50%。运输矿砂时装在中间货舱内，而运输原油时，装在两侧边舱和中间舱内。

(2) 油散矿船(Ore/Bulk/Oil ship)

用于运输矿砂、较轻的散货和原油，简称 OBO 船。这种船货舱的形状和散装船的货舱类似，设有上、下边舱，并设有双层船壳，形成中间货舱和两侧边舱，且中间舱比较宽大，占整个船舶货舱容积的 70%~75%。中间货舱用来装运散货和矿砂，由于舱容较大，为了提高船舶重心，要隔舱装货。装载原油时，原油装在中间货舱和两侧边舱及上边舱。

二、工程船 (Engineering ship)

通常将从事航道保证、救助打捞、海上施工、水利建设、港口作业和船舶修理的船舶称为工程船舶，包括挖泥船(Dredger)、起重船(Floating crane)、敷缆船(Cable ship)、航标船(buoy tender)等。工程船舶常配备成套的相关的专用设备，专业性强、技术先进。

(一) 挖泥船

挖泥船(图 1-30)是专门用来挖掘水底泥、沙、石块，清理水底污杂物，以疏浚航道及锚地，或开掘运河的工程船，按施工特点可分为耙吸式、绞吸式、链斗式、抓斗式和铲斗式等。

(二) 起重船

起重船，又称为浮吊船，如图 1-31 所示。用于水上起重、吊装作业，一般为非自航，也有自航的。起重船上装有吊机。作业频繁的起重船通常为自航式，其起重机可旋转。当吊重特大件时，可用两个起重船合并作业。

(三) 敷缆船

敷缆船是为铺设和修理海底动力电缆或通信电缆而设计的专用船舶，如图 1-32 所示。常见的是以驳船或 DP 动力定位船作为工作母船，在母船上设置电缆舱或托盘，通过退扭架、张紧器、门形起重机、水下埋设犁等专用设备，将海底电缆直接敷设于海床上或埋设到海底里。

图 1-30　挖泥船

图 1-31　起重船

(四)铺管船(Pipelaying vessel)

铺管船主要是用于在海床上铺设实心或柔性管道的船舶,如图 1-33 所示。

图 1-32　海底电缆敷设船

图 1-33　铺管船

(五)航标船

航标船是指设有起放航标的起重机和绞盘等设备,在航道与其附近的暗礁、浅滩、岩石处进行航标布设、巡检、补给、修理、维护作业的船舶,如图 1-34 所示。它的外形与小型货船相似,甲板上设有一台起吊航标的起重机,在首部设有货舱及宽敞的甲板,用来储放大型浮标,船上甲板室内有航标修理室和航标仪器仪表仓库。除布设航标外,平时用来定期巡视水上各处的灯塔、灯船、灯标,进行维护修理及更换电池等补给工作。它多用于内河。

图 1-34 航标船

三、工作船舶(Working ship)

为船舶航行安全提供服务或从事与航行直接相关的专业工作的船舶称为工作船舶,包括拖船(Tug)、供应船(Supply ship)、海难救助船(Salvage and rescue ship)、破冰船(Icebreaker)、消防船(Fire boat)等。

(一)拖船

拖船(图 1-35)按用途分为运输拖船、港作拖船和救助拖船;按航区分为海洋拖船和内河拖船;海洋拖船又可分为远洋拖船和沿海拖船。

(二)供应船

供应船(图 1-36)是向船舶和海上设施运送供应物资的船。

图 1-35　拖船

图 1-36　供应船

（三）海难救助船

海难救助船（图 1-37）是专用于救援难船的工作船，其外形与大型拖船相似，但航速较快，具有良好的适航性能，并配有各种救助设备。

图 1-37　海难救助船

（四）海事巡逻船

大型海事巡逻船（图 1-38）是集海事巡航和救助于一体的深远海综合指挥，履行海上巡航执法、应急协调指挥、防治船舶污染等职责的海事执法平台。

图 1-38　海事巡逻船

（五）破冰船

破冰船（图 1-39）是用于在冰封水域开辟航道和救助被冰封的船舶。

图 1-39　破冰船

（六）消防船

消防船（图 1-40）是专门用于扑灭营运中的船舶、油井、水上或临水建筑发生的火灾的船舶。它分为专用消防船和多用途消防船两种类型。

图 1-40　消防船

四、海洋开发用船舶（Ocean exploit ship）

海洋开发用船舶包括海洋调查船（Oceanographic research vessel）、海洋资源开采船（Marine-resources-exploit ship）及海洋防污保护船（Ocean pollution prevention ship）。

(一)海洋调查船

海洋调查船(图1-41)用于考察研究海洋表面状态、水流结构、水文气象、地球重力场和磁场、海底地理状况、海水中声传播规律和海洋生物等,是活动的海洋研究基地。

图1-41　海洋调查船

(二)钻井平台

钻井平台(图1-42)是在海上开采海底资源的作业平台,它具有生产和生活多种功能。目前常见的钻井平台有地接式和浮动式两大类。

图1-42　钻井平台

（三）浮油回收船

浮油回收船（图1-43）专门从事港口和海上油田等发生溢油、造成浮油大面积污染时的浮油回收和消除污染工作。

图1-43　浮油回收船

（四）浮式生产储油船（FPSO）

FPSO（Floating Production Storage and Offloading）是浮式生产储油船，是一种集生产处理、储存外输及生活、动力供应于一体的船舶，如图1-44所示。

图1-44　浮式生产储油船

五、高速船（Highspeed ship）

常见的高速船有滑行艇、水翼船(Hydrofoil craft)、气垫船(Air-cushion vehicle)、地效翼船(Ground-effect wing ship)及高速双体船(Twin-hull craft)等。

1. 滑行艇

滑行艇利用滑行平板的原理,在高速时艇体上抬以减少艇体浸湿面积从而达到减阻的目的。早期研制的滑行艇(常规滑行艇)(图1-45)艇底剖面V度不大,有利于产生较大的动升力,但在波浪中吃水较小,耐波性较差;深V滑行艇主要是加大剖面V度以改善艇的耐波性;断级滑行艇是在艇底纵向设置横向断级,在高速时断级后的艇底不与水接触从而进一步减少摩擦面积以达到预计的高航速。

图1-45　滑行艇

2. 水翼船

水翼船(图1-46)底部装有前后各一对水翼,船在高速航行时,水翼产生的升力将船体托出水面,因而能减少水对船的阻力,并能减少波浪对船的作用。水翼船有浮航和翼航两种航行状态:在速度很低时,水翼船处于浮航状态,达到一定速度后,转为翼航状态。

图1-46　水翼船

3. 气垫船

气垫船(图 1-47)是利用船上的大功率风机产生高于大气压的空气,把空气压入船底并与水面或地面之间形成气垫,将船体全部或大部分抬离水面而高速航行的船只。气垫船按航行状态分为全垫升气垫船和侧壁式气垫船两种。

图 1-47 气垫船

4. 地效翼船

地效翼船(图 1-48)是一种在水面低空飞行的交通运输工具。它贴水飞行,使升阻比高于飞机,产生除了普通意义上的升力之外的"地(水)面效应力"。可以说,地效飞行器是人类的新发明,是继车辆、船舶、飞机之后的第四大交通运输工具。

图 1-48 地效翼船

5. 高速双体船

高速双体船(图 1-49)就是将两个单体船横向固联在一起所构成的船。现代高性能双体船主要包括小水线面双体船、穿浪双体船、高速双体船与复合型双体船等四大类。高速双体船是当今双体船中发展较快的一种。典型的高速双体船的外形由 2 个瘦长的单体船(称为片体)组成,片体上部用甲板连接,片体内设置动力装置、电站等设备,甲板桥上部安置上层建筑,内设客舱、生活设施等。

图 1-49 高速双体船

第四节 成为船员的条件

前两节介绍了什么是船员,大家对船员这个职业有了一定的了解。有的人可能会问:“我怎样才能成为一名船员呢?”其实,这个问题比较大,也比较复杂,很难用三言两语说明白。通过第一章我们也都知道,船员是一个职业,是一个集体名词,是指包括船长、轮机长、大副、水手、厨师等船上职务的统称,并不是指一个具体的岗位。要清楚准确地回答“如何成为一名船员”这个问题,相当于要回答诸如“如何成为一名船长”“如何成为一名轮机长”“如何成为一名水手”等一系列问题。从一名最基本的普通船员(如水手)到船上部门最高职务(如船长)是有路径可循的,具体的船员成长路径和职务发展在本书第四章有专门的介绍。此处仅回答如何成为一名最普通的船员。

一、成为一名船员的基本条件

要成为一名最普通的船员（水手或机工），就必须取得相应的船员适任证书，见图 1-50。

中华人民共和国
海船船员适任证书
CERTIFICATE FOR SEAFARERS OF THE PEOPLE'S REPUBLIC OF CHINA

持证人姓名：
Full name of the holder:
国籍/Nationality:　中国　China
出生日期/Date of Birth:
性别/Gender:　男　Male
证书编号/Certificate No.:
有效期至/Date of Expiry:　2038年08月26日　26 Aug.2038
签发日期/Issued on:　2020年09月15日　15 Sept.2020
持证人签名/Signature of the holder:

本证书依据《中华人民共和国海船船员适任考试和发证规则》的规定签发，证明持证人具备在海船船舶上任职的资格。

This certificate is issued in accordance with the Regulations on Examination and Certification for Seafarers of the People's Republic of China as the evidence of the holder's qualification to work onboard of seagoing ships.

S 00228073

持证人可担任主管机关规定的下列职务：
The holder of this certificate may serve in the following capacity or capacities specified by the Administration(s):

职务 CAPACITY	适用范围 APPLICATIONS
其他 Others	不参加航行和轮机值班 For ratings not forming part of a navigational or engine-room watch 适用于无限航区 For unlimited navigation area

正式授权的官员签名/Signature of duly authorized official:
正式授权的官员姓名：
Name of duly authorized official:
授权签发机关（盖章）：　中华人民共和国大连海事局
Issuing Administration(Official Seal):
Dalian Maritime Safety Administration, the People's Republic of China
海事机构签注/Official Use Only:

当持证人在船上服务时，本证书原件须保存在船上。
The original certificate shall be kept available onboard the ship for which the holder is serving.
在船舶上任职时，应持有相应的培训合格证。
The holder may need appropriate Certificate(s) of Proficiency when working onboard.

图 1-50　非值班普通船员适任证书

要取得值班船员适任证书，应当具备以下四个条件，分别是：

（1）年满 18 周岁（在船实习、见习人员年满 16 周岁）且初次申请不超过 60 周岁；

（2）符合船员任职岗位健康要求；

（3）经过船员基本安全培训；

（4）经过相应的适任考试。

如果想成为一名国际航行船舶的船员，还应当通过船员专业外语考试。通过考试的学员，可获得海事管理机构颁发的国际航行船舶船员专业英语考试合格证明，见图 1-51。

二、船员应具备的身体条件

如果读者朋友有意愿成为一名船员，或者有意愿让自己的孩子选择航海院校海上专业并在未来成为一名船员时，应提前了解成为一名船员所应具备的基本身体条件。

（一）年龄要求

《船员条例》是以通过规定船员取得船员适任证书应具备条件的方式，限定了船员年龄范围。《船员条例》第五条规定：申请船员适任证书，应当年满 18 岁（在船实习、见习人员年满 16 周岁）且初次申请不超过 60 周岁。

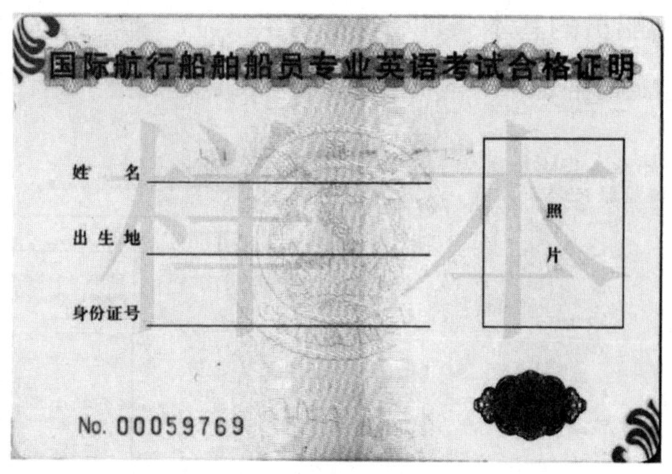

(a)

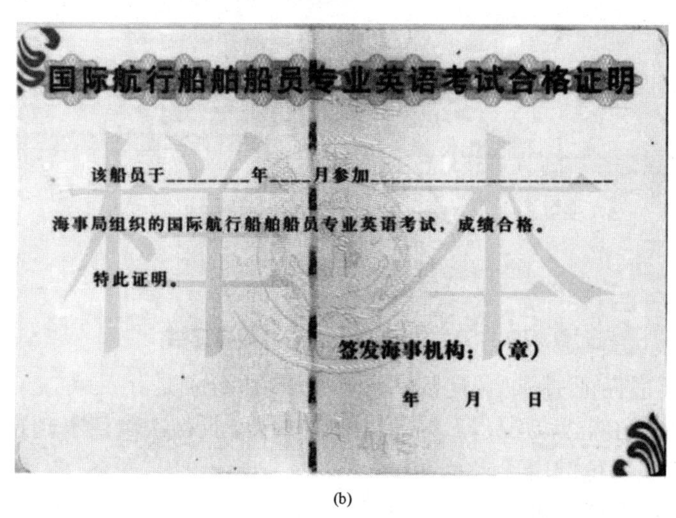

(b)

图 1-51 国际航行船舶船员专业英语考试合格证明

根据《中华人民共和国海船船员适任考试和发证规则》(交通运输部 2020 年第 11 号令)第十八条规定:参加航行和轮机值班的船员适任证书有效期不超过 5 年,不参加航行和轮机值班的船员适任证书长期有效。适任证书有效期截止日期不超过持证人 65 周岁生日。

综上所述,我国公民申请成为船员的年龄最低为 16 岁,初次申请成为船员时候的年龄不能超过 60 岁,在船工作时的最大年龄不能超过 65 周岁。

(二)视力要求

为保证船舶航行安全,船员职业对视力有着严格要求,而且对船长和甲板部船员的视力要求尤为严格。

1. 船长和甲板部船员的视力要求

远视力要达到：采用 GB/T 11533 规定的视力表小数记录法，双眼裸视力均能达 0.5 及以上；或者双眼裸视力均能达到 0.1 及以上，且矫正视力均能达到 0.8 及以上。

近视力要达到：采用 GB/T 11533 规定的视力表小数记录法，双眼裸视力均能达 0.8 及以上；或者双眼裸视力均能达到 0.1 及以上，且矫正视力均能达到 1.0 及以上。

2. 轮机部船员、无线电操作人员、餐饮及其他船员的视力要求

远视力要达到：采用 GB/T 11533 规定的视力表小数记录法，双眼裸视力均能达 0.4 及以上；或者双眼裸视力均能达到 0.1 及以上，且矫正视力均能达到 0.4 及以上。

近视力要达到：采用 GB/T 11533 规定的视力表小数记录法，双眼裸视力均能达 0.8 及以上；或者双眼裸视力均能达到 0.1 及以上，且矫正视力均能达到 1.0 及以上。

除视力要求外，《海船船员健康检查要求》对船员的色觉也有严格要求。要求船长和甲板部船员的辨色力正常，既不能是色盲，也不能是色弱。要求轮机部船员、无线电操作人员、餐饮及其他船员不能是红、绿色盲。

除以上视力要求外，《海船船员健康检查要求》还要求船员视野正常，无复视。

学生在报考航海院校的航海技术专业和轮机工程技术专业前，要事先了解自己的视力情况，以及不同专业对视力的不同要求后再慎重选择专业。

（三）听力要求

根据《海船船员健康检查要求》，船长和甲板部船员、轮机部船员及无线电操作人员、餐饮服务及其他船员应符合：

以电测听力计测定，一耳裸听力在 0.5 kHz、1.0 kHz、2.0 kHz、3.0 kHz 频段上平均小于或等于 30 dB；另一耳裸听力在 0.5 kHz、1.0 kHz、2.0 kHz、3.0 kHz 频段上平均小于或等于 40 dB。

（四）身高要求

（1）海船船长和甲板部值班船员身高不低于 160 cm。

（2）海船轮机部值班船员及无线电操作人员身高不低于 155 cm。

（3）在海船上工作的餐饮服务及其他船员身高不低于 150 cm。

此外，船员的身体条件还有一些职业限制，如：肠道传染性疾病病原携带者、患有化脓性或者渗出性皮肤病以及其他有碍食品或公共卫生的疾病者不准许在船担任服务船员。具体情况详见《船员健康检查要求》[（GB 30035—2021），可在国家标准化管理委员会网站 http://www.sac.gov.cn“国家标准全文公开”专栏浏览和下载]附录 A。

三、船员的健康检查

船员应到正规的船员体检机构进行健康检查。从事船员体检的机构应当向所在地海事管理机构报告相关信息并上报国家海事管理机构。国家海事管理机构则通过官方网站向社会提供可供查询的体检机构及主检医师信息。因此,船员可以到国家海事管理机构的官方网站查询哪些是被认可的船员体检机构。具体的查询方法如下:

(1)登录中华人民共和国海事局的官方网站(https://www.msa.gov.cn/);

(2)在界面中部的“在线查询”点击“体检机构”,见图 1-52;

图 1-52 船员体检机构模块

(3)在查询界面“单位所在省份”中选择想在哪个省的体检机构,再输入验证码,点击“查询”按钮就可以获得查询结果,见图 1-53。

船员在体检机构进行健康体检,体检机构按照《船员健康检查要求》规定的项目和标准进行职业健康体检,如果检查合格,则由体检机构及其主检医师签发健康证明。海船船员健康证明是指用以表明海船船员身体状况符合船员任职岗位健康要求的职业医学证明,见图 1-54。该健康证明的有效期不超过 2 年;对年龄小于 18 周岁的海船船员,健康证明有效期不超过 1 年。

四、船员的心理健康

当读者朋友有志向成为一名船员时,除了衡量自身身体条件是否满足上船工作条件的同时,还应客观评价自身心理情况,在心理健康、性格等方面去衡量自身是否适合船员职业。

船员心理健康问题并非新鲜事物,而是伴随船员职业诞生以来就一直存在,是由船员职业特殊性决定的。

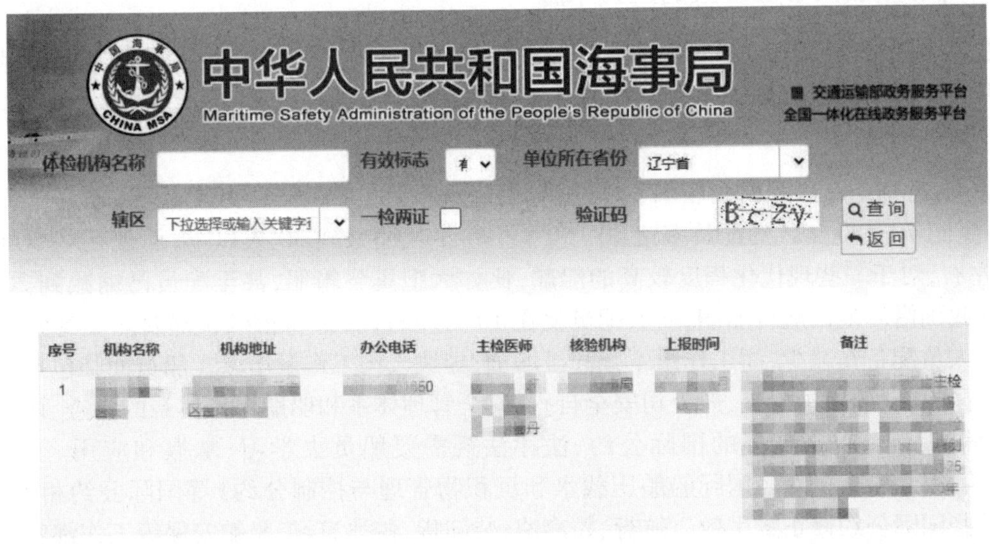

图 1-53　船员体检机构查询结果

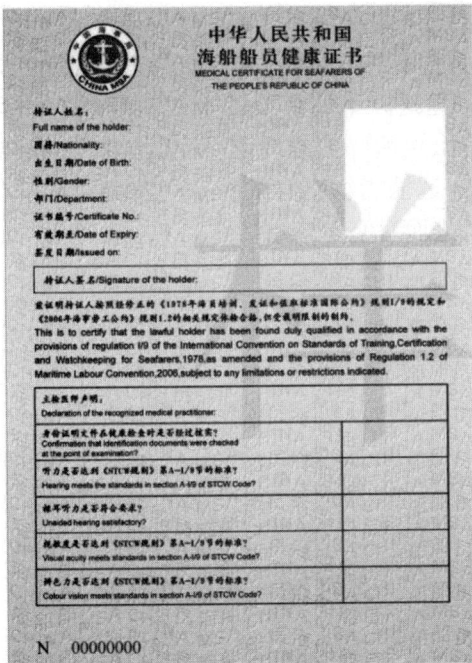

中华人民共和国
海船船员健康证书
MEDICAL CERTIFICATE FOR SEAFARERS OF THE PEOPLE'S REPUBLIC OF CHINA

持证人姓名：
Full name of the holder:
国籍/Nationality:
出生日期/Date of Birth:
性别/Gender:
部门/Department:
证书编号/Certificate No.:
有效期至/Date of Expiry:
签发日期/Issued on:

持证人签名/Signature of the holder:

兹证明持证人按照经修正的《1978年海员培训、发证和值班标准国际公约》规则I/9的规定和《2006年海事劳工公约》规则1.2的相关规定体检合格，但受载明限制的制约。
This is to certify that the lawful holder has been found duly qualified in accordance with the provisions of regulation I/9 of the International Convention on Standards of Training,Certification and Watchkeeping for Seafarers,1978,as amended and the provisions of Regulation 1.2 of Maritime Labour Convention,2006,subject to any limitations or restrictions indicated.

主检医师声明： Declaration of the recognized medical practitioner:	
身份证明文件在健康检查时是否经过核实？ Confirmation that identification documents were checked at the point of examination?	
听力是否达到《STCW规则》第A-I/9节的标准？ Hearing meets the standards in section A-I/9 of STCW Code?	
裸耳听力是否符合要求？ Unaided hearing satisfactory?	
视敏度是否达到《STCW规则》第A-I/9节的标准？ Visual acuity meets standards in section A-I/9 of STCW Code?	
辨色力是否达到《STCW规则》第A-I/9节的标准？ Colour vision meets standards in section A-I/9 of STCW Code?	

N　00000000

上一次辨色力测试日期 Date of last colour vision test	
是否适合承担了望职责？ Fit for look-out duties?	
海员是否不存在下列身体状况，由于海上服务而使健康恶化，或可能使海员不适合该服务，或使其他船上人员的健康受到危害？ Is the seafarer free from any medical condition likely to be aggravated by service at sea or to render the seafarer unfit for such service or to endanger the health of other persons on board?	
对适于职责有无限制？若有限制，具体说明何种限制。 Any limitations or restrictions on fitness?If "Y",specify limitations or restrictions.	

授权机关：
Authorizing authority:

主检医师签名/Signature of the recognized medical practitioner:

主检医师姓名：
Name of the recognized medical practitioner:

签发机构(印章)：
Issuing Authority(Seal):

按照经修正的STCW公约规则I/2第11段规定，当持证人在船上服务时，本证书原件须保存在船上。
The original of this certificate must be kept available in accordance with regulation I/2,paragraph 11 of the revised STCW Convention while its holder is serving on a ship.
若在航行中健康证书有效期期满，则本健康证书在到达下一个有缔约方认可的从业医生的停靠港之前仍然有效，但为期不得超过3个月。
If the period of validity of a medical certificate expires in the course of a voyage,then the medical certificate shall continue in force until the next port of call where a medical practitioner recognized by the Party is available,provided that the period shall not exceed three months.

证书查询网址/Online verification:http://www.msa.gov.cn

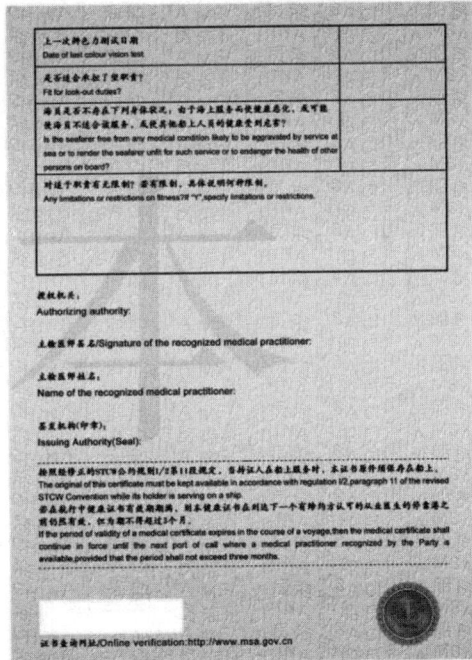

图 1-54　海船船员健康证明

(一)影响船员心理健康的压力来源

在成为船员前要有充分的思想和心理准备,避免由于不适应船上生活而中途退出,浪费时间和精力。影响船员心理健康的压力主要来自以下几个方面:

1. 工作压力大

船员,特别是在国际航线船舶工作的船员,普遍感觉在船工作压力较大。一艘普通万吨海轮,20 世纪 70—80 年代的配员多达 40~50 人,90 年代缩减到 30 人以下,而现在基本维持在 25 人左右,对于一些现代化程度较高的船舶,比如大型集装箱船,甚至配员已缩减到 20 人左右。在我国沿海地区航行船舶,一般配员就在 10 人左右,船长和轮机长都要兼职驾驶员和轮机员。人员配备在减少,而工作量不减甚至增加,导致人均工作量增多。船员面临包括但不限于港口国检查、船旗国检查、船公司安全自查、安全管理体系和船舶保安体系的自查、评估以及内外审等工作。越来越多的国际公约、法律法规需要船员去学习、掌握和应用。近年来,《2006 年海事劳工公约》《国际船舶压载水和沉积物管理与控制公约》等国际公约相继生效,其他一些国际公约修正案生效。航行、靠离泊、装卸货、各类演习,船舶安保等工作都容不得有任何差错。油船、化学品船、集装箱船等危险性大、附加值高的船舶,稍有不慎,就会酿成严重后果。所以船员在工作中不能有一丝懈怠,要时刻处于精神高度紧张状态。

2. 工作环境艰苦

尽管现代船舶生活条件已有很大改善,高级船员都有独立舱室,普通船员也能做到两人一个房间甚至一人一个房间,空调、热水也都是标配。但这并不能从根本上改变船舶“天然”的艰苦工作和生活环境。航行中船舶摇摆、颠簸和震动,机舱噪声与高温,甲板作业时的高温与暴晒,油漆、稀释剂、汽油、润滑油等产生的刺鼻异味,运输货物自身的特殊气味都会给船员带来身体上的不适,如恶心、头昏、心慌、疲乏、晕船等,进而对心理产生影响。

3. 船员在船工作时间过长

研究表明,在上船开始 3 个月时间,船员体力比较充沛,精神状态较好。3 个月之后,身体上各类不适和心理上的障碍逐渐开始显现。如船员在船工作时间超过 6 个月,身体和心理健康水平明显下降。9 个月左右,其心理健康水平会严重下降。如果船员在船连续工作一年以上而得不到公休,他们的情绪可能濒临崩溃,烦躁、不安、失态、愤恨、抱怨,甚至产生过激思想和行为。

还有船上人际交往、婚恋及家庭问题等问题,这些都是影响船员心理健康的压力来源。

(二)如何保持船员的心理健康

以上讨论了船员心理压力的主要来源,那么面对这些压力,船员能否保持心理健康呢?

船员职业特殊性,决定了一旦成为船员,必然面临艰苦工作环境,容易出现心理健康问题。但是,人的个体差异决定了在相同环境下,面对类似问题时,个体表现天差地别。有的人天生性格开朗,人际关系处理起来得心应手,面对船上工作压力,能够很好地自我调节,不会出现心理健康方面大的问题,即使出现症状表现也较轻,不会给正常工作带来过多不利影响。而有的人天生性格内向,不愿与人交流,或者性格孤僻,遇事爱钻牛角尖,这种性格就非常不适合做船员。

合格船员应具备综合性素质,航海环境的特殊性和航海工作的复杂性对船员提出了特殊的职业要求,一个考试优秀的学生却不一定能成为一名合格船员。并不是通过船员考试,有了适任证书就能上船工作。目前的船员健康证书,只能证明船员身体健康与否,无法表明船员心理健康状态。这造成了部分心理素质不适合上船工作的人进入船员队伍,随之出现了一些问题。

以上介绍了心理因素对船员的影响。其实心理问题影响着每一个人,但由于船上工作的特殊性,导致心理问题对船员个体的影响相较其他职业群体会更加明显。

综合分析,缓解船员心理压力最有效方法是不要让船员在船上工作过长时间,较为合理的工作时长为 6 个月左右。适当开展适合船舶的体育锻炼项目,对缓解船员心理压力有积极作用。由于船舶上的空间有限,且船体由于航行会经常处于摇摆之中,因此选择体育锻炼项目应与实际情况结合,如:广播体操、健身操、武术、拳击、健身跑、船上定向运动、太极拳、瑜伽、八段锦、五禽戏及其他健身气功、哑铃操、俯卧撑、跳绳、下蹲、跑步、飞镖、掷准等运动。船长可以利用锚泊、靠港、大洋航行等相对不太繁忙的时间段,组织船员进行一些团体运动项目,比如定向折返跑等。通过互相之间的默契配合、频繁交流,逐步缓解抑郁情绪,既能够使单调的船上生活变得丰富多彩,也能够增进船员间的相互了解和信任。

第二章　船员培训

上一章已经介绍了，要成为一名船员，必须参加船员培训并考试合格。船员培训实行社会化及许可制度，开展船员培训的机构须取得主管机关颁发的“船员培训许可证”，如图 2-1 所示。船员培训是强制性的，船员应当在取得船员培训许可证的培训机构，完成规定项目的船员培训。不同的船员培训机构具有不同船员培训项目的资格，主管机关在其官网公布了详细的情况。船员朋友根据自身需要选定需参加的培训项目，选择一个有资质的正规的培训机构。

第一节　船员培训的种类

船员培训按照培训内容分为船员基本安全培训、船员适任培训和船员特殊培训三类。

一、船员基本安全培训

申请在船舶上工作的船员，都应完成船员基本安全培训。船员基本安全培训，是指船员在上船任职前接受的个人求生技能、防火与灭火、基本急救以及个人安全与社会责任等方面的培训。

二、船员适任培训

船员适任培训，是指船员在取得适任证书前接受的适应拟任岗位所需的专业技术知识和专业技能的培训，包括船员岗位适任培训和船员专业技能适任培训。

(一) 岗位适任培训

1. 岗位适任培训的种类

船员岗位适任培训，指船员在取得适任证书前接受的适应拟任岗位所需的专业技术知识。海船船员岗位适任培训主要包含以下培训类别：

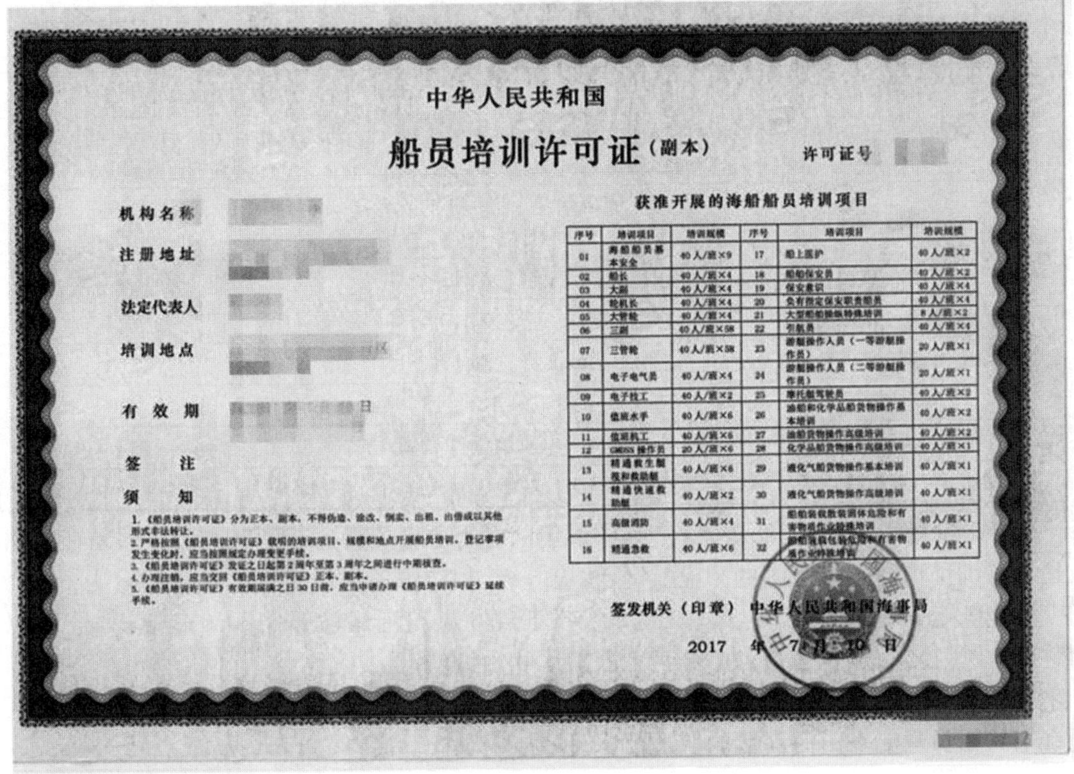

中华人民共和国

船员培训许可证（副本）　　许可证号

机构名称

注册地址

法定代表人

培训地点

有效期　　日

签注

须知

1.《船员培训许可证》分为正本、副本，不得伪造、涂改、倒卖、出租、出借或以其他形式非法转让。
2.严格按照《船员培训许可证》载明的培训项目、规模和地点开展船员培训，登记事项发生变化时，应当按照规定办理变更手续。
3.《船员培训许可证》发证之日起第2周年至第3周年之间进行中期核查。
4.办理注销，应当交回《船员培训许可证》正本、副本。
5.《船员培训许可证》有效期届满之日30日前，应当申请办理《船员培训许可证》延续手续。

获准开展的海船船员培训项目

序号	培训项目	培训规模	序号	培训项目	培训规模
01	海船船员基本安全	40人/班×9	17	船上医护	40人/班×2
02	船长	40人/班×4	18	船舶保安员	40人/班×2
03	大副	40人/班×4	19	保安意识	40人/班×4
04	轮机长	40人/班×4	20	负有指定保安职责船员	40人/班×4
05	大管轮	40人/班×4	21	大型船舶操纵特殊培训	8人/班×2
06	三副	40人/班×58	22	引航员	40人/班×4
07	三管轮	40人/班×58	23	游艇操作人员（一等游艇操作员）	20人/班×1
08	电子电气员	40人/班×4	24	游艇操作人员（二等游艇操作员）	20人/班×1
09	电子技工	40人/班×2	25	摩托艇驾驶员	40人/班×2
10	值班水手	40人/班×6	26	油船和化学品船货物操作基本培训	40人/班×2
11	值班机工	40人/班×6	27	油船货物操作高级培训	40人/班×2
12	GMDSS操作员	20人/班×6	28	化学品船货物操作高级培训	40人/班×1
13	精通救生艇筏和救助艇	40人/班×6	29	液化气船货物操作基本培训	40人/班×1
14	精通快速救助艇	40人/班×2	30	液化气船货物操作高级培训	40人/班×1
15	高级消防	40人/班×4	31	船舶装载散装固体危险和有害物质作业特殊培训	40人/班×1
16	精通急救	40人/班×6	32	船舶装载包装危险和有害物质作业特殊培训	40人/班×1

签发机关（印章）　中华人民共和国海事局

2017　年　7　月　10　日

图 2-1　船员培训许可证

（一）船长；

（二）轮机长；

（三）大副；

（四）大管轮；

（五）三副；

（六）三管轮；

（七）电子电气员；

（八）值班机工；

（九）值班水手；

（十）电子技工；

（十一）全球海上遇险与安全系统（GMDSS）操作员；

（十二）引航员；

（十三）非自航船舶船员；

（十四）地效翼船船员；

（十五）游艇操作人员；

（十六）摩托艇驾驶员。

船员的任职资历是能够报名参加适任培训的最重要条件之一。根据船员职务晋升的要求，基本的海上服务资历要求如表 2-1 所示。

表 2-1 申请海船船员适任证书的海上服务资历要求

申请职务	海上服务资历要求
高级值班水手、高级值班机工	担任值班水手、值班机工满 18 个月
	担任值班水手、值班机工满 12 个月,其中后 6 个月中按照见习计划和见习记录簿的要求,完成不少于 3 个月的船上见习
三副、三管轮	担任值班水手、值班机工或者高级值班水手、高级值班机工合计不少于 18 个月
二副、二管轮	担任三副、三管轮满 12 个月
大副、大管轮	担任二副、二管轮满 12 个月
船长、轮机长	担任大副、大管轮满 18 个月
电子电气员	担任电子技工满 18 个月
GMDSS 二级无线电电子员	担任 GMDSS 通用操作员满 12 个月
GMDSS 一级无线电电子员	担任 GMDSS 二级无线电电子员满 18 个月

表 2-1 中“海上服务资历要求”一列中规定的海上服务资历,如无其他规定,须是在参加岗位适任培训前取得的 5 年内的相应航区、相应等级、相应职务的资历。

《中华人民共和国海船船员适任考试和发证规则》(交通运输部令 2020 年第 11 号)(以下简称《20 规则》)将船员适任证书分为无限航区和沿海航区。

持有无限航区适任证书的船员可以在无限航区或沿海航区的船上任职;持有沿海航区适任证书的船员只能在沿海航区的船上任职。

2. 船员岗位适任培训资历要求

(1)对航区的要求

职务晋升对航区的要求:申请无限航区适任证书职务晋升所要求的海上服务资历至少有 6 个月是在无限航区的船舶上任职,其余时间可以在沿海航区的船舶上任职。例如申请无限航区船长适任证书,需要具有 18 个月以上的大副资历,其中至少 6 个月是在无限航区船上任职。

航区扩大对航区的要求:申请沿海航区适任证书航区扩大为无限航区适任证书,应当持有有效的沿海航区相同船舶等级和职务的适任证书,并实际担任其职务不少于 6 个月。例如申请无限航区船长适任证书,需要持有沿海航区相同船舶等级的船长适任证书,并且在沿海航区船上任职不少于 6 个月。

(2)对船舶等级的要求

正常情况下,申请职务晋升所要求的海上服务资历均应为在相同等级的船上任职的资历。例如申请总吨 3 000 以上船舶适任证书的职务晋升,其全部资历均应为总吨 3 000 以上的船舶任职的资历。

但是针对申请晋升总吨 3 000 及以上大副或者 3 000 kW 及以上大管轮的船员有例外。在具有 12 个月以上的二副或者二管轮任职资历情况下,如果这 12 个月的资历不全是在总吨 3 000 以上或者 3 000 kW 以上船舶任职,可以用担任三副或三管轮职务期间在总吨 3 000 以上或者 3 000 kW 以上船上任职的资历顶替,只要二/三副或者二/三管轮在总吨 3 000 以上或者 3 000 kW 以上的合计资历满足 12 个月以上也可以申请职务晋升。

对于申请适任证书吨位或者功率提高者,应当持有有效的与所申请的吨位或者功率较低一级但航区和职务相同的适任证书,并实际担任其职务满 12 个月。例如,申请无限航区船长证书吨位提高至总吨 3 000 以上,需要持有无限航区总吨 500 及以上至总吨的 3 000 船长证书,并且实际担任船长职务满 12 个月。

(3)对非运输船任职资历的要求

根据《20 规则》,非运输船是指工程船舶、拖船等不从事货物(或者旅客)运输的机动船舶。

在拖船上工作的船长和甲板部船员适任证书是根据拖船的主机功率确定,而不是拖船的总吨确定的。例如在主机功率 3 000 kW 拖船上工作的船长或者甲板部船员需要持有总吨 3 000 以上等级的船员适任证书。

对于持有运输船舶适任证书的船员,其在非运输船上任职的资历可以作为适任证书再有效的资历。例如已经持有运输船舶二副适任证书的船员,他在原证书到期申请换发新的二副适任证书时,他在非运输船上的任职资历可以作为换发运输船舶二副适任证书的资历。

对于持有运输船舶适任证书的大副、二副,2020 年 11 月 1 日前在非运输船上任职的资历可以作为申请晋升运输船舶船长、大副职务的资历。在此日期之后的资历则不能够作为申请职务晋升的资历。

对于在非运输船舶上任职的水手,申请晋升三副时,是不区分运输船舶还是非运输船舶的。其在参加岗位适任培训和适任考试时,培训课程、理论考试和评估都要包含货物运输的内容。如果通过适任考试后,在运输船舶上完成见习,就可以申请运输船舶三副适任证书;在非运输船舶上完成见习,就只能申请非运输船舶三副证书。

3. 参加船员岗位适任培训的资历要求

参加培训报名前,船员要做好相应准备工作:一是准备好相关证件,包括身份证、适任证书、海员证、护照、船员服务簿等;二是完成船员服务簿资历填报。

(1)从中国海事局网站(网址:https://www.msa.gov.cn/)首页登录“中国海事局综合服务平台”,在综合服务平台上完成船员服务簿资历填报。

图 2-2　中国海事局官网上的综合服务平台接口

(2)在“中国海事局综合服务平台”输入个人信息和验证码,登录进入“船员管理”。

图 2-3 中国海事综合服务平登录界面

(3)“船员管理”菜单下进入“船员电子申报系统”。

图 2-4 船员电子申报系统界面

(4)进入“船员服务簿资历填报”菜单。

船员服务簿资历录入的内容应该与船员服务簿记载内容完全一致,包含任职船名、上下船地点、日期、职务等信息。船员服务簿是记载船员在船任职资历的重要文件,是船员参加岗位适任培训、申请适任考试和申领适任证书的重要依据。船员上船任职后和离船解职前,应当主动将船员服务簿交与船长进行任解职签注。船员服务簿的职务填写要使用标准的职务名称:船长、大副、二副、三副、一级无线电电子员、二级无线电电子员、通用操作员、限用操作员、高级

图 2-5　船员服务簿资历填报界面

值班水手、值班水手、轮机长、大管轮、二管轮、三管轮、电子电气员、高级值班机工、值班机工。见习职务应在相应职务前加“见习”二字，并且另起一行单独记录。在船担任的职务应如实填写，即使所持适任证书高于担任职务也应按照在船实际任职填写。填写错误时应划掉本行，重新填写一行。

上述信息录入后，系统会自动计算每一条船的服务资历和该职务下的累计资历。任职资历与见习资历要分别录入。船员要了解如何计算个人服务资历，根据《STCW 公约》的规定，船员的任职资历是按照月来计算的。就是每个日历月为一个月，其余的天数合计，每 30 天为一个月。例如 5 月 5 日上船，12 月 10 日下船，从 5 月 5 日至 12 月 4 日为 7 个月，从 12 月 5 日至 10 日为 6 天，因此这条船资历为 7 个月零 6 天，如果需要 12 个月的资历，下条船的资历满足 4 个月零 24 天就可以。

同时要准备好的相关证据包括：船员服务簿个人信息页、船员服务簿服务资历页、海员证个人信息页、海员证出入境签注页、护照个人信息页、护照出入境签注页。船员服务簿个人信息页、船员服务簿服务资历页必须拍照上传。海员证及护照的个人信息页、签注页只需在确实使用了该类证件出入境的情况下拍照上传。附件名称按照“船员服务簿个人信息页”“船员服务簿资历页第 1 页”“船员服务簿资历页第 2 页”“海员证个人信息页”“海员证签注页第 1 页”等格式进行命名。船员服务簿资历页同一页只需上传一张附件，当资历页发生变更（追加记录行）时，只需删除原附件重新拍照上传。建议将船员服务簿、海员证以及护照扫描或者拍照保存成电子版本，以免相关证件丢失时，所有的记载内容都没有了。

船员服务簿信息录入完成后，还应在“船员综合信息查询”模块下查询船员服务簿资历信息与任解职登记信息（见图 2-6）是否一致。如果存在不一致要咨询船公司或者船员外派公司，及时了解原因，尽早进行信息的变更。对于存在资历与其他船员重复的情况，应准备好相关的证明材料，包括本人在船的航海日志、轮机日志、交接班记录表的复印件、公司或船舶出具的证明材料、公司调配证明等，这些材料能够证实船员确实在船工作。这些证明材料均可以在“船员服务簿资历相关证据”模块进行上传。

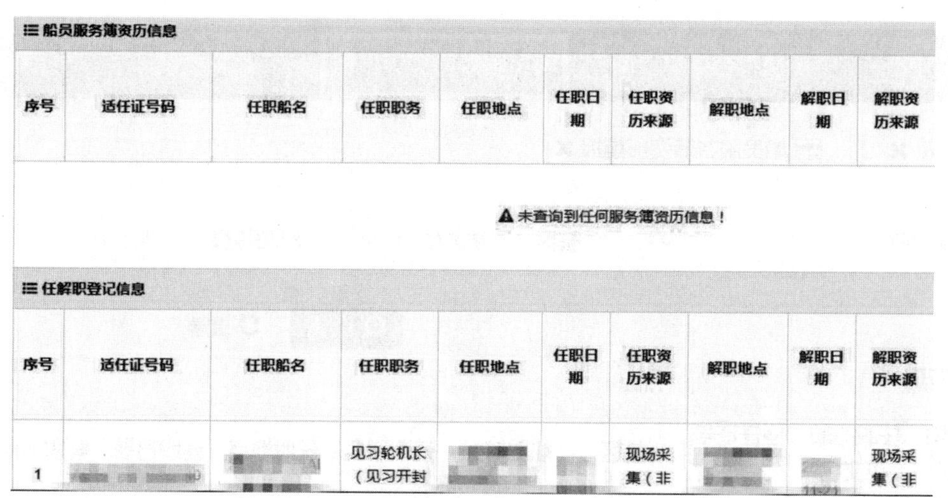

☰ 船员服务簿资历信息

序号	适任证号码	任职船名	任职职务	任职地点	任职日期	任职资历来源	解职地点	解职日期	解职资历来源
▲未查询到任何服务簿资历信息！									

☰ 任解职登记信息

序号	适任证号码	任职船名	任职职务	任职地点	任职日期	任职资历来源	解职地点	解职日期	解职资历来源
1			见习轮机长（见习开封			现场采集（非			现场采集（非

图 2-6　船员服务簿资历信息与任解职登记信息

船员在报名参加培训前，应提前与培训机构联系了解培训相关信息，知晓培训报名条件：船员年龄、持证情况、船上服务资历、见习资历、安全任职记录、身体健康状况等方面的要求，同时应了解培训时间、培训地点、培训方式、培训费用以及需要提交的材料等，并按照培训机构的要求做好准备。

培训机构在接收船员报名材料后，培训机构在招生时会针对船员提供的报名材料进行初步审核，将审核合格的学员名单录入海事局船员培训系统，并至少提前 3 天提交至海事管理机构审核。在此期间，船员应保持通信联系畅通，以便海事管理机构在审核的过程中及时与船员联系核实情况。

4. 学生考试

对于非航海类学生参加的船员岗位适任培训，属于一种特殊类型的岗位适任培训。根据《20 规则》附件的要求：完成全日制非航海类大专及以上教育并接受不少于 12 个月三副、三管轮、电子电气员岗位适任培训的学员，在完成全部理论和实践教学内容后，可以相应地申请无限航区三副、三管轮、电子电气员的适任考试。这种岗位适任培训俗称“3+1”或者“4+1”，其中“3+1”意为起点为 3 年制大专毕业生加 1 年岗位适任培训，“4+1”意为起点为 4 年制本科毕业生加 1 年岗位适任培训。报名参加此类培训，需要持有国家教育部门认可的全日制非航海类专业毕业证书，培训学制不少于 12 个月。

对于全日制航海类专业学生，根据《中华人民共和国船员培训管理规则》（交通运输部令 2019 年第 5 号）第五十条的规定：具有开展全日制航海中专、专科及以上学历教育资格的院校，经中华人民共和国海事局同意后，招收的全日制航海专业学生按照船员培训大纲完成相应的培训，其毕业证书等同完成本规则规定的三副、三管轮、电子电气员岗位适任培训。

（二）专业技能适任培训

船员专业技能适任培训仅针对海船船员，包含以下培训项目：

（1）精通救生艇筏和救助艇培训；

（2）精通快速救助艇培训；

（3）高级消防培训；
（4）精通急救培训；
（5）船上医护培训；
（6）保安意识培训；
（7）负有指定保安职责船员培训；
（8）船舶保安员培训；
（9）船上厨师和膳食服务辅助人员培训。

1. 精通救生艇筏和救助艇培训

精通救生艇筏和救助艇培训适用于在总吨500或750 kW以上船舶上服务的船长、高级船员（普通货船GMDSS限用操作员除外）、高级值班水手、高级值班机工、电子技工；总吨未满500或未满750 kW的油船、化学品船、液化气船、客船、高速船、适用气体或低燃点船、极地水域航行船的船长、高级船员。根据交通运输部办公厅发布的《海船船员培训大纲（2021版）》，精通救生艇筏和救助艇培训的课时为28学时，其中理论培训10学时，实操训练18学时。实践中，培训机构开展的经海事管理机构确认的培训课程的培训学时可能会稍有不同（下述相关培训的培训学时均为类似情况）。参加精通救生艇筏和救助艇培训合格证培训前，应当完成基本安全培训。图2-7所示为封闭式救生艇。

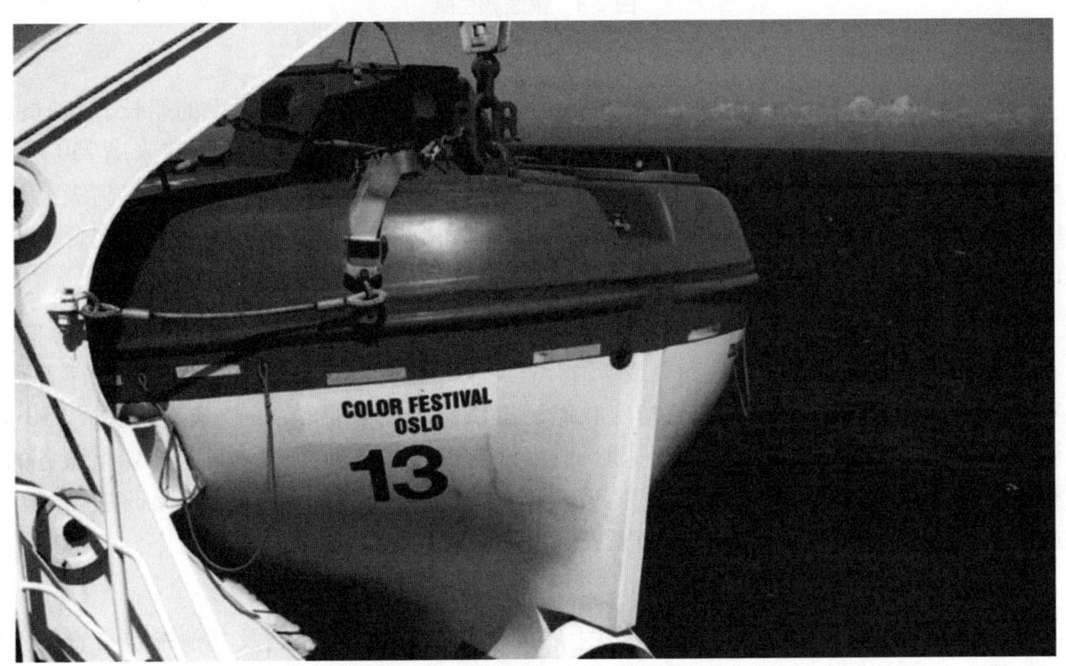

图2-7　封闭式救生艇

2. 精通快速救助艇培训

精通快速救助艇培训适用于在配备快速救助艇的船舶上服务的船长、驾驶员、轮机长、轮机员及其他指定操纵快速救助艇的船员。精通快速救助艇培训的课时为24学时，其中理论培训10学时，实操训练14学时。参加精通快速救助艇培训合格证培训前，应当完成基本安全培训。图2-8所示为快速救生艇。

图 2-8　快速救生艇

3. 高级消防培训

高级消防培训合格证适用于在总吨 500 或 750 kW 及以上船舶上服役的船长、驾驶员、轮机长、轮机员、电子电气员及其他指定控制消防作业的船员；在总吨未满 500 或未满 750 kW 的油船、化学品船、液化气船、客船、高速船上服务的船长、驾驶员、轮机长、轮机员。高级消防培训的课时为 36 学时，其中理论培训 16 学时，实操训练 20 学时。参加高级消防培训合格证培训前，船员应当完成基本安全培训。

4. 精通急救培训

精通急救培训适用于在总吨 500 或 750 kW 及以上船舶上服务的船长、高级船员（普通货船 GMDSS 限用操作员除外）及其他指定在船上提供急救的船员；在总吨未满 500 或 750 kW 的油船、化学品船、液化气船、客船、高速船、适用气体或低燃点船、极地水域航行船上服务的船长和高级船员。精通急救培训的课时为 30 学时，其中理论培训 18 学时，实操训练 12 学时。参加精通急救培训合格证培训前，应当完成基本安全培训。

5. 船上医护培训

船上医护培训适用于在总吨 500 及以上船舶上服务的船长、大副及其他指定负责船上医护的船员。船上医护培训的课时为 48 学时，其中理论培训 30 学时，实操训练 18 学时。参加船上医护培训合格证培训前，应当完成基本安全培训和通过精通急救培训合格证考试。

6. 保安意识培训

保安意识培训适用范围为海船上所有船员。保安意识培训的课时为 6 学时，全部为理论培训。参加保安意识培训合格证培训前，应当完成基本安全培训。

图 2-9 高级消防培训

7. 负有指定保安职责船员培训

负有指定保安职责船员培训适用于船长、高级船员、值班水手、值班机工、高级值班水手、高级值班机工、电子技工及其他负有指定保安职责的船员。负有指定保安职责船员培训的课时为 12 学时,其中理论培训 11 学时,实操训练 1 学时。参加负有指定保安职责船员培训合格证培训前,应当完成基本安全培训。

8. 船舶保安员培训

船舶保安员培训适用于船舶上担任船舶保安员的船员。船舶保安员培训的课时为 30 学时,其中理论培训 24 学时,实操训练 6 学时。参加船舶保安员培训合格证培训前,应当完成基本安全培训。

9. 船上厨师和膳食服务辅助人员培训

自 2013 年 8 月 20 日起,在从事商业活动的中国籍国际航行海船上从事船上厨师工作的船员,需持有"船上厨师培训合格证明"(图 2-10);除船上厨师以外的负有协助厨师制备船员膳食、为船员进餐提供服务及清洁厨房和餐厅等责任的船员(以下简称"膳食服务辅助人员")在船工作需持有"船上膳食服务辅助人员培训证明"(图 2-11)。配员 10 人及以上的船舶,应配备持有有效"船上厨师培训合格证明"的船上厨师;配员 10 人以下的船舶,船上厨师可由接受过适当培训和指导的膳食服务辅助人员担任。不得雇用或聘用 18 岁以下的船员担任船上厨师工作。

2013 年 8 月 20 日前(止)已在船从事船上厨师工作至少 3 个月的船员或已持有陆上厨师

资格证书并成为海船船员，并符合《船员健康检查要求》中关于服务船员体检要求的船员，应参加船上厨师培训。已经或拟在船从事膳食服务辅助工作的注册船员，符合《船员健康检查要求》中关于餐饮服务船员体检要求的船员，应参加膳食服务辅助人员培训。

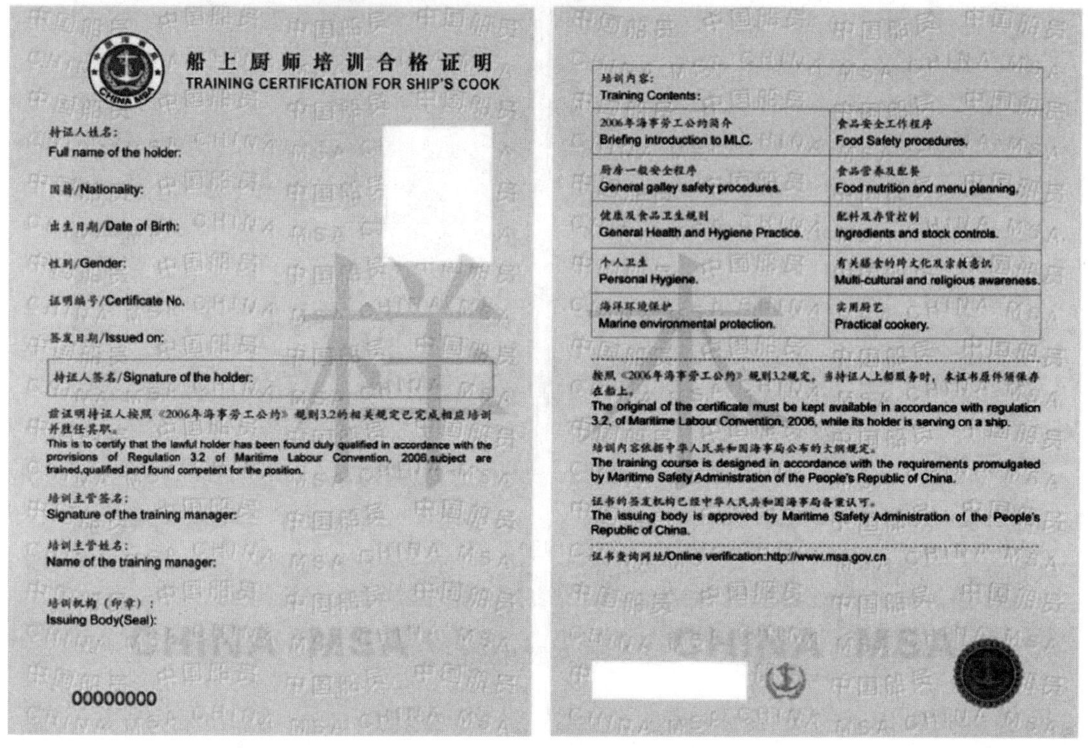

船上厨师培训合格证明
TRAINING CERTIFICATION FOR SHIP'S COOK

持证人姓名：
Full name of the holder:

国籍/Nationality:

出生日期/Date of Birth:

性别/Gender:

证明编号/Certificate No.

签发日期/Issued on:

持证人签名/Signature of the holder:

兹证明持证人按照《2006年海事劳工公约》规则3.2的相关规定已完成相应培训并胜任其职。
This is to certify that the lawful holder has been found duly qualified in accordance with the provisions of Regulation 3.2 of Maritime Labour Convention, 2006,subject are trained,qualified and found competent for the position.

培训主管签名：
Signature of the training manager:

培训主管姓名：
Name of the training manager:

培训机构（印章）：
Issuing Body(Seal):

00000000

培训内容： Training Contents:	
2006年海事劳工公约简介 Briefing introduction to MLC.	食品安全工作程序 Food Safety procedures.
厨房一般安全程序 General galley safety procedures.	食品营养及配餐 Food nutrition and menu planning.
健康及食品卫生规则 General Health and Hygiene Practice.	配料及存货控制 Ingredients and stock controls.
个人卫生 Personal Hygiene.	有关膳食的跨文化及宗教意识 Multi-cultural and religious awareness.
海洋环境保护 Marine environmental protection.	实用厨艺 Practical cookery.

按照《2006年海事劳工公约》规则3.2规定，当持证人上船服务时，本证书原件须保存在船上。
The original of the certificate must be kept available in accordance with regulation 3.2, of Maritime Labour Convention, 2006, while its holder is serving on a ship.

培训内容依据中华人民共和国海事局公布的大纲规定。
The training course is designed in accordance with the requirements promulgated by Maritime Safety Administration of the People's Republic of China.

证书的签发机构已经中华人民共和国海事局备案认可。
The issuing body is approved by Maritime Safety Administration of the People's Republic of China.

证书查询网址/Online verification:http://www.msa.gov.cn

图 2-10　船上厨师培训合格证明

三、船员特殊培训

根据《STCW 公约》和我国船员管理的相关法规的规定，拟在油船、化学品船、液化气船、客船、高速船、大型船、使用气体或者其他低闪点燃料船舶等特殊类型船舶或者极地水域船舶上任职的，还应当按照相关规定完成相应的船员特殊培训，并取得培训合格证。

(一)特殊培训的种类

特殊培训，指针对在危险品船、客船、大型船舶等特殊船舶上工作的船员所进行的培训，包括以下培训种类：

(1)油船和化学品船货物操作基本培训；
(2)油船货物操作高级培训；
(3)化学品船货物操作高级培训；
(4)液化气船货物操作基本培训；
(5)液化气船货物操作高级培训；
(6)客船船员特殊培训；
(7)大型船舶操纵特殊培训；

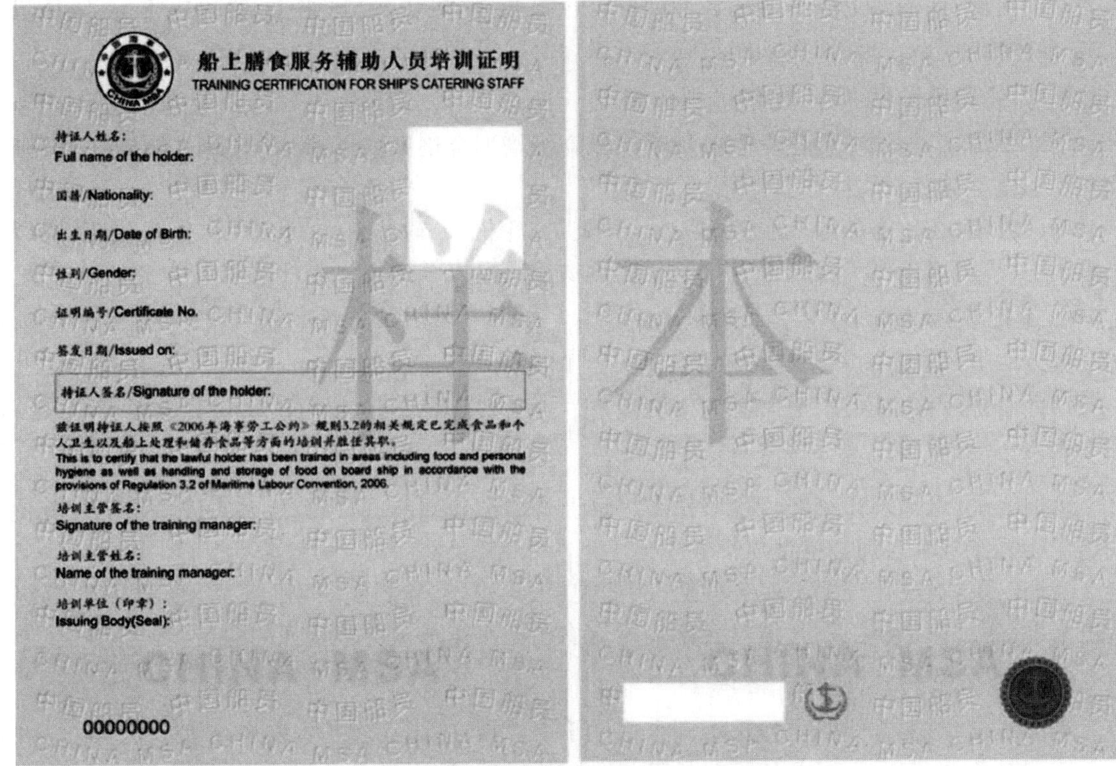

船上膳食服务辅助人员培训证明
TRAINING CERTIFICATION FOR SHIP'S CATERING STAFF

持证人姓名:
Full name of the holder:

国籍/Nationality:

出生日期/Date of Birth:

性别/Gender:

证明编号/Certificate No.

签发日期/Issued on:

持证人签名/Signature of the holder:

兹证明持证人按照《2006年海事劳工公约》规则3.2的相关规定已完成食品和个人卫生以及船上处理和储存食品等方面的培训并胜任其职。
This is to certify that the lawful holder has been trained in areas including food and personal hygiene as well as handling and storage of food on board ship in accordance with the provisions of Regulation 3.2 of Maritime Labour Convention, 2006.

培训主管签名:
Signature of the training manager:

培训主管姓名:
Name of the training manager:

培训单位（印章）:
Issuing Body(Seal):

00000000

图 2-11　船上膳食服务辅助人员培训证明

(8)高速船船员特殊培训;

(9)船舶装载散装固体危险和有害物质作业特殊培训;

(10)船舶装载包装危险和有害物质作业特殊培训;

(11)使用气体或者其他低闪点燃料船舶船员基本培训;

(12)使用气体或者其他低闪点燃料船舶船员高级培训;

(13)极地水域船舶操作船员基本培训;

(14)极地水域船舶操作船员高级培训;

(15)水上飞机驾驶员特殊培训。

(二)特殊培训的要求及培训对象

特殊培训合格证的培训要求及培训对象,具体如下:

1. 油船和化学品船货物操作基本培训合格证

培训要求:参加油船和化学品船货物操作基本培训合格证培训前,应当完成基本安全培训。

培训对象:在油船和化学品船上服务的所有船员。

2. 油船货物操作高级培训合格证

培训要求:参加油船和化学品船货物操作高级培训合格证培训前,应当完成基本安全培训及油船和化学品船货物操作基本培训。

培训对象：在油船上服务的船长、驾驶员、轮机长、轮机员、值班水手、值班机工、高级值班水手、高级值班机工及其他对油船货物相关操作承担直接责任的船员。

3. 化学品船货物操作高级培训合格证

培训要求：参加油船和化学品船货物操作高级培训合格证培训前，应当完成基本安全培训及油船和化学品船货物操作基本培训。

培训对象：在化学品船上服务的船长、驾驶员、轮机长、轮机员、值班水手、值班机工、高级值班水手、高级值班机工及其他对化学品船货物相关操作承担直接责任的船员。

4. 液化气船货物操作基本培训合格证

培训要求：参加液化气船货物操作基本培训合格证培训前，应当完成基本安全培训。

培训对象：在液化气船上服务的所有船员。

5. 液化气船货物操作高级培训合格证

培训要求：参加液化气船货物操作高级培训合格证培训前，应当完成基本安全培训及液化气船货物操作基本培训合格证培训。

培训对象：在液化气船上服务的船长、驾驶员、轮机长、轮机员、值班水手、值班机工、高级值班水手、高级值班机工及其他对液化气船货物相关操作承担直接责任的船员。

6. 客船船员特殊培训合格证Ⅰ

培训要求：参加客船船员特殊培训合格证Ⅰ培训前，应当完成基本安全培训。

培训对象：在客船上服务的除船长、驾驶员、轮机长、轮机员、电子电气员外其他船员。

7. 客船船员特殊培训合格证Ⅱ

培训要求：参加客船船员特殊培训合格证Ⅱ培训前，应当完成基本安全培训。

培训对象：在客船和滚装客船上服务的船长、驾驶员、轮机长、轮机员、电子电气员，以及在客船应变部署表中指定的其他在船舶紧急情况下对乘客负有安全责任的船员。

8. 客船船员特殊培训合格证Ⅲ

培训要求：参加客船船员特殊培训合格证Ⅲ培训前，应当完成基本安全培训及客船船员特殊培训合格证Ⅰ或客船船员特殊培训合格证Ⅱ培训。

培训对象：在滚装客船上服务的船长、驾驶员、轮机长、轮机员、电子电气员，以及在滚装客船应变部署表中指定的其他直接负责货物装卸和系固、关闭船体开口及在滚装处所负责乘客上下船的船员。

9. 大型船舶操纵特殊培训合格证

培训要求：参加大型船舶操纵特殊培训合格证培训前，应当完成基本安全培训。

培训对象：在中国籍大型船舶上服务的船长和大副。

10. 高速船船员特殊培训合格证

培训要求：参加高速船船员特殊培训合格证培训前，应当完成基本安全培训。

培训对象：在高速船上服务的船长、驾驶员、轮机长、轮机员。

11. 船舶装载散装固体危险和有害物质作业船员特殊培训合格证

培训要求：参加船舶装载散装固体危险和有害物质作业船员特殊培训合格证培训前，应当完成基本安全培训。

培训对象:在装载散装固体危险和有害物质船上负责货物作业的船长、高级船员和普通船员。

12. 船舶装载包装危险和有害物质作业船员特殊培训合格证

培训要求:参加船舶装载包装危险和有害物质作业船员特殊培训合格证培训前,应当完成基本安全培训。

培训对象:在装载包装危险和有害物质船上负责货物作业的船长、高级船员和普通船员。

13. 使用气体或者其他低闪点燃料船舶船员基本培训合格证

培训要求:参加使用气体或者其他低闪点燃料船舶船员基本培训合格证培训前,应当完成基本安全培训。

培训对象:在使用气体或者其他低闪点燃料船舶上服务的船员。

14. 使用气体或者其他低闪点燃料船舶船员高级培训合格证

培训要求:参加使用气体或者其他低闪点燃料船舶船员高级培训合格证培训前,应当完成基本安全培训及使用气体或者其他低闪点燃料船舶船员基本培训合格证培训。

培训对象:在使用气体或者其他低闪点燃料船舶上服务的其他对燃料和燃料系统的管理、操作负有直接责任的船员。

15. 极地水域船舶操作船员基本培训合格证

培训要求:参加极地水域船舶操作船员基本培训合格证培训前,应当完成基本安全培训。

培训对象:在极地水域航行船舶上服务的船长和驾驶员。

16. 极地水域船舶操作船员高级培训合格证

培训要求:参加极地水域船舶操作船员高级培训合格证培训前,应当完成基本安全培训及极地水域船舶操作船员基本培训合格证培训。

培训对象:在极地水域航行船舶上服务的船长和驾驶员。

17. 水上飞机驾驶员特殊培训合格证

培训要求:年龄不小于18周岁,未满60周岁;身体健康,符合《海船船员体检要求》。

培训对象:在中国籍水上飞机上任职的驾驶员。

四、船员船上培训

船上培训是指为取得海船船员适任证书、培训合格证或者船员履职而进行的船上培训,包括船上见习、船上熟悉培训、船上知识更新培训。船上见习,包括职务晋升船上见习、吨位(功率)提高船上见习、培训合格证船上见习、船长和高级船员客船消限船上见习、适任证书过期10年以上再有效所需的船上见习;船上熟悉培训,是指船员履职前在船开展的安全熟悉培训、保安熟悉培训、液货船货物特性和操作熟悉培训等岗位熟悉培训;船上知识更新培训,是指航运公司为本公司自有船员在船开展的适任证书和培训合格证再有效知识更新培训。

对于船员来说,最常见的是船上见习。见习前,船员肯定已经完成了相应的岗位适任培训,并通过了理论考试。船员船上见习,首先应由派遣公司在船员开展船员见习前,向辖区海事管理机构报送船上见习信息表(见习开封)。船员上船后,公司应报备船员的实任职务和见习职务，船长在服务簿上签注船员的实任职务和见习职务。

船员在船期间，应在船上培训师的指导下完成规定内容的培训，及时在“船上见习记录簿”中如实记载。船员完成本船见习任务后，船长应根据船员的见习记录、船上培训师的评估意见以及对船员船上见习的检查情况，在“船上见习记录簿”中填写鉴定意见，签名并加盖船章，送交公司。

公司在收到“船上见习记录簿”后，由公司培训师根据见习记录、鉴定意见和公司跟踪管理情况，在“船上见习记录簿”中客观、公正地填写公司的鉴定意见，清楚说明船员是否已完成规定的船上见习任务、是否达到“船上见习记录簿”规定的相关能力要求，以及见习期间的表现情况，加盖公司公章。

评价报告 REPORT OF EVALUATION

姓名 Name		船上见习时间 Training period		船员服务簿注册号码 Seafarer's registration No.	
船长的鉴定意见 Evaluating competence by master 签名/船章 日期 Initials/ Ship's official stamp Date					
公司的鉴定意见 Evaluating competence by master 签名/船章 日期 Initials/ Ship's official stamp Date					

图 2-12 见习记录簿评价报告页

船员完成船上见习需要如下步骤，缺一不可：见习开封、规定的见习资历、完成见习记录簿（船长鉴定、公司鉴定）。其中船长和高级船员客船消限船上见习不需要填写见习记录簿。

我国申请不同证书所需船上见习的具体要求，详见表 2-2。

表 2-2 申请不同证书所需船上见习的具体要求

申请职务	适任考试	海上任职资历	
		考前海上服务资历	考试通过后的船上见习
油船、化学品船、液化气船货物操作高级培训合格证	通过相应的油船、化学品船、液化气船货物操作高级培训	未做要求	1. 具有不少于 3 个月认可的相应种类船舶的海上服务资历
			2. 完成不少于 1 个月的相应种类船舶的船上见习及不少于 3 次装货操作、3 次卸货操作

（续表）

申请职务	适任考试	海上任职资历	
		考前海上服务资历	考试通过后的船上见习
高速船船员特殊培训合格证	通过相应的高速船船员特殊培训	未做要求	完成高速船船长、驾驶员、轮机长、轮机员相应职务的不少于1个月或50个单航次的船上见习
值班水手、值班机工	通过相应的值班水手、值班机工适任考试	未做要求	1. 具有相应等级的船舶的不少于6个月的海上服务资历,其中至少应有3个月是在船上合格的高级船员或者合格的支持级船员的直接监督之下履行了值班职责
			2. 按照见习计划和见习记录簿的要求,完成3个月的船上见习
高级值班水手、高级值班机工	通过相应的高级值班水手、高级值班机工适任考试	担任值班水手、值班机工满18个月	1. 免除
		未做要求	2. 担任值班水手、值班机工满12个月,其中后6个月中按照见习计划和见习记录簿的要求,完成不少于3个月的船上见习
三副、三管轮	通过三副、三管轮适任考试	担任值班水手、值班机工或者高级值班水手、高级值班机工合计不少于18个月	申请总吨未满500或者750 kW适任证书者应在相应等级船舶上;其他适任证书申请者在总吨500或者750 kW及以上船舶上,在船长或者合格的高级船员的指导下履行了不少于6个月的驾驶台或者机舱值班职责
大副、大管轮	通过大副、大管轮适任考试	担任二副、二管轮满12个月	在相应航区相应等级的船舶上完成不少于3个月的船上见习
船长、轮机长	通过船长、轮机长适任考试	担任大副、大管轮满18个月	在相应航区相应等级的船舶上完成不少于3个月的船上见习
电子技工	通过电子技工适任考试	未做要求	具有不少于6个月的海上服务资历,其中至少应有3个月是在船上合格的高级船员或者合格的支持级船员的直接监督之下履行了值班职责
电子电气员	通过电子电气员适任考试	担任电子技工满18个月	在相应等级的船舶上完成不少于6个月的船上见习

第二节　参加船员培训

一、培训机构

船员培训实行社会化，由经过海事局批准，并颁发“中华人民共和国船员培训许可证”的相关船员培训机构组织，海事局负责对培训机构的资质进行审核和日常监管。根据培训管理规则以及实施办法的要求，培训机构应具备相应的培训场地、设施和设备、教学人员和管理人员、船员培训管理制度和安全防护制度以及船员培训质量控制体系。国内的培训机构主要由航海院校的培训中心以及社会化的培训机构构成，在“中华人民共和国船员培训许可证”上列明培训机构的名称、地址、法定代表人、准予开展的船员培训项目、地点、有效期及其他有关事项。

二、培训报名

如何获得全国培训机构名单及其培训资格呢？船员可以登录中华人民共和国海事局的官方网站进行查询。具体可通过如下途径查询：

1. 登录中华人民共和国海事局的官方网站（https://www.msa.gov.cn/）；

2. 在界面中部的“在线查询”点击“培训机构”，见图 2-13；

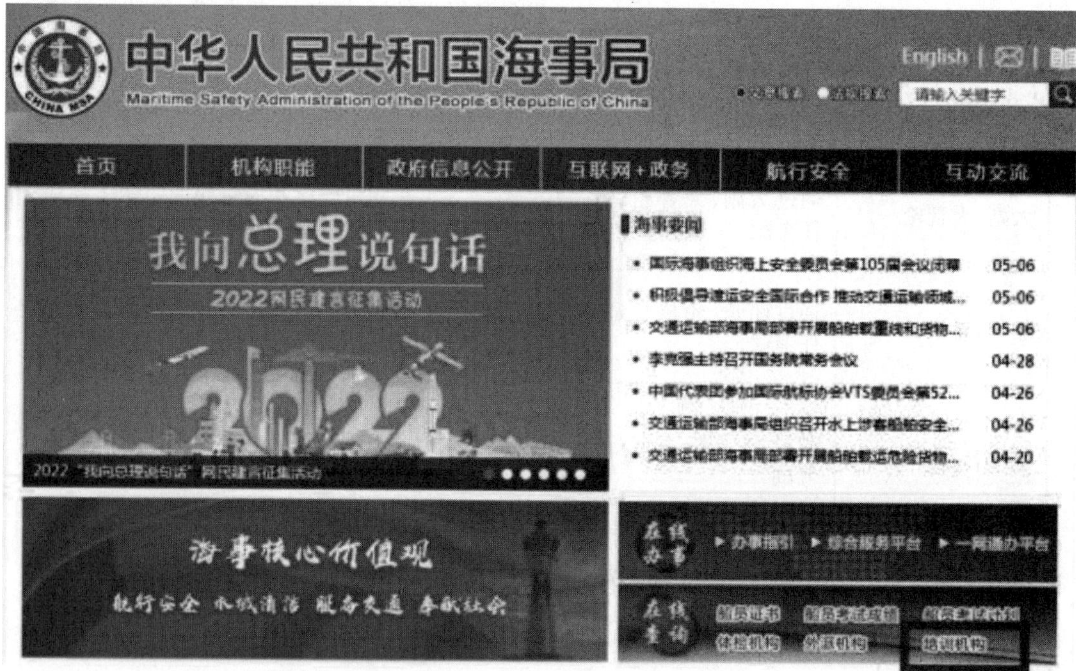

图 2-13　培训机构模块

3. 在查询界面“单位所在省份”“培训项目名称”分别输入相应的内容，再输入验证码，点击“查询”按钮就可以获得查询结果，见图 2-14。

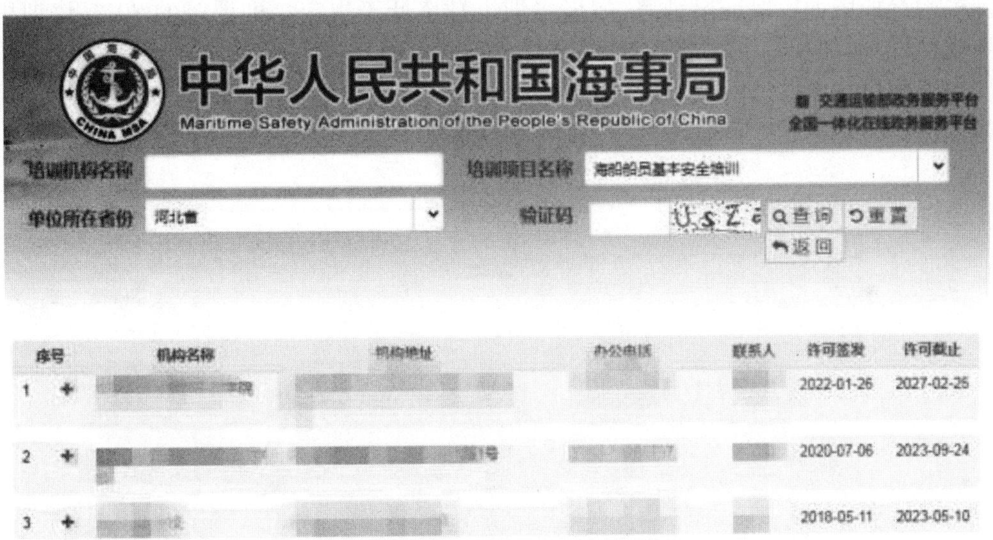

图 2-14　培训机构查询结果

4. 点击培训机构名称前面的“+”号，当“+”变成“-”时，就可以看到该培训机构能够开展的所有培训项目，见图 2-15。

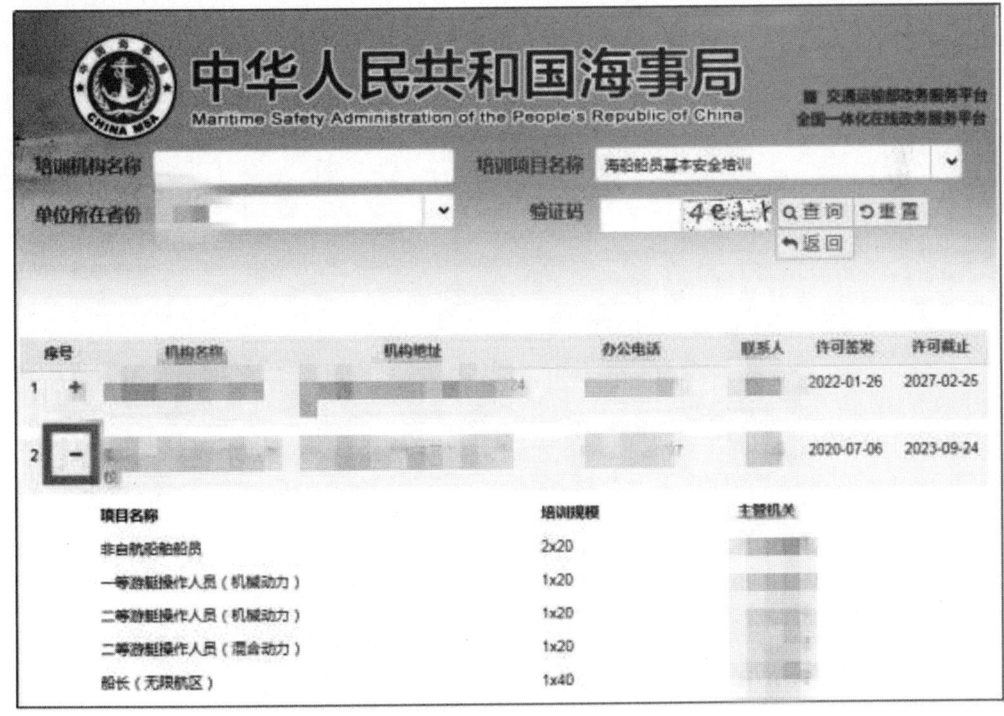

图 2-15　培训机构详细的培训项目

培训机构在招生时应当向学员告知中华人民共和国海事局规定的有关培训项目中对船员年龄、持证情况、船上服务资历、见习资历、安全任职记录、身体健康状况等方面的要求。学员在培训机构参加培训应保证出勤率，如果培训出勤率低于规定培训课时的90%，培训机构不得向该船员出具“船员培训证明”。学员完成培训并取得培训证明后，可以向海事管理机构申请相应培训项目的考试、评估。对已按照规定完成培训并且考试、评估合格的学员，由海事管理机构依据相关规定签发相应的考试、评估合格证明。

第三章 船员考试

船员参加并通过考试是船员取得相应证书的基本条件。船员考试包括基本安全培训合格证考试、专业技能适任培训合格证考试、特殊培训合格证考试和适任证书考试。船员考试包括理论考试和评估(实际操作考试)。理论考试以理论知识为主要考试内容,重点对海船船员专业知识的掌握和理解程度进行测试。评估通过对相应船舶、模拟器或者其他设备的操作,国际通用语言听力测验与口试等方式,重点对海船船员专业知识综合运用、操作及应急等能力进行技能测评。参加考试的船员应当完成规定项目的培训并取得培训证明后,向船员培训机构所在地具有管辖权的海事管理机构报名参加相应培训项目的考试。

第一节 船员考试的种类和内容

一、合格证培训考试的种类和考试内容

除保安意识、负有指定保安职责船员培训合格证考试只有理论考试外,基本安全、其余专业技能适任培训与全部特殊培训合格证考试,均包括理论考试与评估。

培训合格证理论考试满分为 100 分,除船舶保安员培训合格证 80 分及以上为及格外,其他培训合格证 60 分及以上为及格。评估成绩分为及格和不及格两种。规定的培训合格证理论考试和评估均及格,方为通过培训合格证考试。培训合格证考试有科目或项目不及格者,可以自初次考试之日起 1 年内办理 1 次补考。逾期不能通过全部考试的,已有考试成绩失效并应重新参加培训和考试。海事管理机构应当在考试结束后 5 个工作日内公布成绩。培训合格证考试成绩有效期自考试全部通过之日起计算,成绩有效期为 5 年。

按照目前考试模式,理论考试全部在计算机上进行,考生自行交卷或者考试时间结束后,考试系统当场自动给出考试成绩,根据科目的不同,考试时长、试题量、试题类型、及格分数线都有所不同。

具体理论考试科目如下：基本安全培训合格证、精通救生艇筏和救助艇培训合格证、精通快速救助艇培训合格证、高级消防培训合格证、精通急救培训合格证、船上医护培训合格证、保安意识培训合格证、负有指定保安职责船员培训合格证、船舶保安员培训合格证、油船和化学品船货物操作基本培训合格证、油船货物操作高级培训合格证、化学品船货物操作高级培训合格证、液化气船货物操作基本培训合格证、液化气船货物操作高级培训合格证、客船船员特殊培训合格证Ⅰ、客船船员特殊培训合格证Ⅱ、客船船员特殊培训合格证Ⅲ、大型船舶操纵特殊培训合格证、高速船船员特殊培训合格证、船舶装载散装固体危险和有害物质作业船员特殊培训合格证、船舶装载包装危险和有害物质作业船员特殊培训合格证、使用气体或者其他低闪点燃料船舶船员基本培训合格证、使用气体或者其他低闪点燃料船舶船员高级培训合格证、极地水域船舶操作船员基本培训合格证、极地水域船舶操作船员高级培训合格证。

图 3-1　船员参加理论考试

按照目前的考试模式，评估除了部分项目（例如英语听力与会话、船长气象传真图、货物积载与系固等）在计算机终端上进行，其余的评估项目在相应的设备或模拟器上进行。评估结束后，评估员会根据考生的操作或者回答问题的情况给出评估成绩。根据评估项目的不同，考试时长、总分、及格分数线都有所不同。

具体评估项目如下：基本安全（个人求生、基本急救、防火灭火、个人安全与社会责任）培训合格证、精通救生艇筏和救助艇培训合格证、精通快速救助艇培训合格证、高级消防培训合格证、精通急救培训合格证、船上医护培训合格证、船舶保安员培训合格证、油船和化学品船货物操作基本培训合格证、油船货物操作高级培训合格证、化学品船货物操作高级培训合格证、液化气船货物操作基本培训合格证、液化气船货物操作高级培训合格证、客船船员特殊培训合格证Ⅰ、客船船员特殊培训合格证Ⅱ、客船船员特殊培训合格证Ⅲ、大型船舶操纵特殊培训合格证、高速船船员特殊培训合格证、船舶装载散装固体危险和有害物质作业船员特殊培训合格证、船舶装载包装危险和有害物质作业船员特殊培训合格证、使用气体或者其他低闪点燃料船舶船员基本培训合格证、使用气体或者其他低闪点燃料船舶船员高级培训合格证、极地水域船舶操作船员基本培训合格证、极地水域船舶操作船员高级培训合格证。

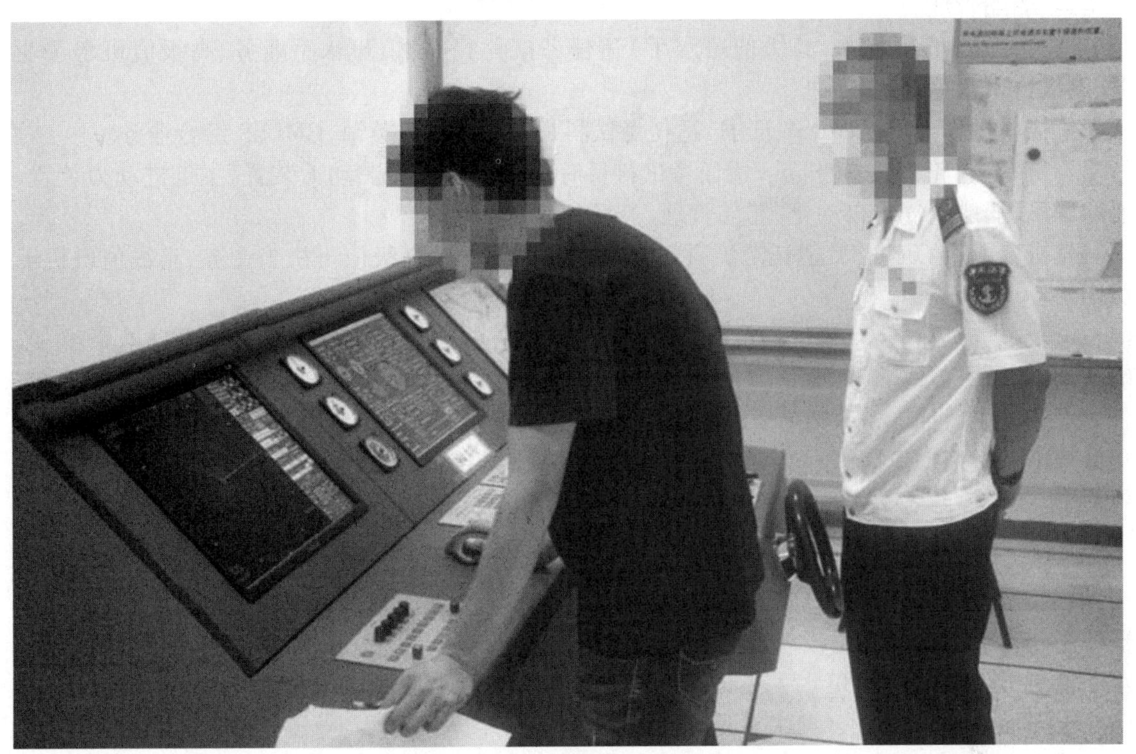

图 3-2　船员正在进行评估

二、船员适任考试的种类和考试内容

船员适任考试科目、大纲由交通运输部海事局统一制定并公布。相关海事管理机构应当在职责范围内制订并公布适任考试具体计划，明确适任考试的时间、地点、申请程序等相关信息。

申请参加相应适任考试的船员，应当按照公布的申请程序向有相应权限的海事管理机构提供下列信息：

①身份证件；

②所申请考试的适任证书类别；

③符合海事管理机构要求的照片；

④相应培训证明和海上任职资历。

海事管理机构应当于适任考试开始前 5 日向申请人发放准考证，并告知申请人查询适任考试成绩的途径等事项。适任考试有科目或者项目不及格的，可以在初次适任考试准考证签发之日起 3 年内申请 5 次补考。逾期不能通过全部适任考试的，所有适任考试成绩失效。海事管理机构应当在考试结束后10日内公布成绩。适任考试成绩自全部理论考试和评估成绩均自合格之日起5年内有效。

1. 船员适任考试的种类分为:理论考试和评估。

2. 理论考试的内容:

驾驶专业(船长、驾驶员)适任考试科目有:航海英语、船舶操纵与避碰、航海学、船舶结构与货运、船舶管理。

驾驶专业(值班水手,高级值班水手)适任考试科目有:值班水手业务、高级值班水手业务、高级值班水手英语。

无线电操作人员(GMDSS证书)适任考试科目有:GMDSS英语、GMDSS综合业务。

轮机专业(轮机长、轮机员)适任考试科目有:轮机英语、船舶动力装置、主推进动力装置、船舶辅机、船舶电气与自动化、船舶管理。

轮机专业(值班机工)适任考试科目有:值班机工业务、高级值班机工业务、高级值班机工英语。

电子电气员适任考试科目有:船舶电气、船舶机舱自动化、信息技术与通信导航系统、船舶管理、电子员英语。

电子技工适任考试科目有:电子技工业务、电子技工英语。

理论考试根据航区、船舶等级、职务的不同,考试科目、考试时长和及格分数线也有不同。

3. 评估的内容:

驾驶专业(船长、驾驶员、无线电操作员、高级值班水手、值班水手)适任考试项目有:船舶操纵、避碰与驾驶台资源管理、电子海图显示与信息系统(电子海图系统)、航次计划、航海仪器使用、航线设计、货物积载与系固、雷达操作与应用、气象传真图分析、航海英语听力与会话、水手值班、水手工艺、值班水手英语听力与会话、GMDSS英语听力与会话、GMDSS键盘操作、GMDSS设备操作与维护、GMDSS设备操作。

轮机专业(轮机长、轮机员、电子电气员、高级值班机工、值班机工、电子技工)适任考试项目有:轮机模拟器、动力装置测试分析与操作、电气与自动控制、船舶电工工艺和电气设备、动力设备操作、动力设备拆装、机舱资源管理、金工工艺、轮机英语听力与会话、船舶电站操作和维护、船舶电子电气管理与工艺、通信与导航设备维护、计算机与自动化、船舶电子电气员英语听力与会话、设备拆装与操作、动力设备操作与管理、值班机工英语听力与会话、电子技工实际操作、电子技工英语听力与会话。

评估根据航区、船舶等级、职务的不同,评估项目、评估时长和及格分数线也有不同。

第二节　参加船员考试

一、报名参加船员适任考试的条件及报考流程

各级海事管理机构在职责范围内制订并公布适任考试具体计划,明确适任考试的时间、地点、申请程序等相关信息。关于适任考试计划的相关信息可以在各海事管理机构的官方网站

上进行查询。

申请考试的类型包括初考和补考两种类型(适任证书过期或者换证资历不满足要求而参加的抽考属于特殊类型的初考)。参加完成岗位适任培训或者航海院校在校学生参加初考报名,一般由所在培训机构或者航海院校统一组织考试报名。个人参加初考报名需要登录中国海事综合服务平台进行。

具体报名流程见本书第六章第三节“适任考试报名”。

理论考试和评估是分别计算的,初考报名可以只报考理论考试或者只报考评估,但是理论考试或者评估的所有科目都必须选择。无论是理论考试或者评估,只要初考报名成功,准考证签发之日,考试时间就开始计算。按照正常的要求是要在初考报名 3 年内理论考试和评估的所有科目都及格才算通过了适任考试,理论考试和评估分别有 5 次补考机会。如果 3 年内没有通过所有考试或者补考次数用光,只有重新参加岗位适任培训后才能够再次申请考试。

关于补考的要求,如果是理论考试,可以参加各地直属海事机构组织的适任考试,如果是评估,只能参加初考所在地的直属海事机构组织的适任考试。

关于航海类学生的再次报名考试问题。根据《20 规则》第十六条的规定,全日制中专以上航海类毕业生,在完成入学和毕业报备后,如果在毕业 5 年内没有参加过适任考试,则在 5 年内可以直接申请参加适任考试;如果毕业超过 5 年或者参加过适任考试成绩未通过或者成绩失效者,需要具有 12 个月支持级海上服务资历后,可以不用参加岗位适任培训,再次申请参加适任考试。此轮考试未通过者,需要参加岗位适任培训后才能申请第三次适任考试。

二、参加船员适任考试的注意事项

(一)关注考试计划安排

各级海事管理机构一般提前一个月公布上半年或者下半年考试计划。有考试需求的船员可以关注各级海事管理机构官网或者官方微信公众号以及“幸福船员”微信公众号(图 3-3)上的信息,获取考试计划安排,结合自身的考试需求,做好参加考试的准备。

图 3-3　“幸福船员”微信公众号二维码

(二)按时报名和缴费

在颁布的考试计划安排中,包含有每期考试的期号、可以报名参加考试的对象、考试地点、考试的类型、报名和缴费的时段等。船员决定报名参加考试后,应该尽早登录“综合服务平台”或者“一网通办平台”报名,避免临近考试报名期结束时,出现网络拥堵等情况无法报名。报名时要仔细阅读报名须知,看自己是否符合报名条件。报名结束后,按照流程及时缴纳考试费用。缴纳考试费用可以使用网上银行缴费,也可以直接到海事机构的政务服务大厅缴费。去政务服务大厅缴费时应携带身份证件、银行卡,有的海事机构也开通了微信或者支付宝支付方式,去政务服务大厅前可以咨询清楚。船员、引航员考试费收费标准明细如表 3-1 所示。

表 3-1　船员、引航员考试费收费标准明细表

项目 \ 收费标准(单位:元/人/期) \ 考试方式			理论考试		实际操作考试	
			初考	补考	初考	补考
船员适任证书考试	海船船员	管理级与操作级船员	345	170	450	225
		支持级船员	150	75	250	125
	内河船员		80	40	80	40
专业培训和特殊培训合格证考试	所有人员		60	30	60	30
引航员适任证书考试	所有人员		345	170	450	225

(三)及时下载打印准考证

海事管理机构在报名缴费时段结束后,对没有按时缴费船员的考试申请予以退回处理。完成报名汇总后,根据报名人数、考试终端或者考场配置情况安排各科目的考试。在所有的考生的报考申请全部安排完成后,海事管理机构在适任考试开始 5 日前发放准考证,船员注册手机会收到发布准考证的短信提示,考生收到提示短信后,登录综合服务平台个人账户或者“幸福船员”微信公众号,可以下载和打印准考证。

(四)做好考试前的准备

参加考试前的准备工作,除了应做好相关科目的复习和备考准备外,还应该规划好参加考试的行程安排,根据准考证上的要求,准备好需要的文具、计算器等物品,携带身份证、准考证。

(五)考试现场的注意事项

船员要按时抵达考试现场,按照工作人员的指示,出示相关证件,到达指定位置参加考试。进入考场后,必须关闭手机,将手机和个人物品放到指定位置。注意遵守考场纪律,尤其不能采用作弊手段去通过考试。所有的计算机考场都配备了 360°无死角监控录像设备,并且开启手机信号屏蔽设备,至少 2 名考官进行监考;所有的评估考场,考官会使用执法记录仪记录评估过程,因此海事管理机构对考试过程的监控是十分严格的。对作弊考生的处理也是非常严厉的,一旦被发现作弊,轻则取消本科目考试成绩,重则取消当期所有考试成绩;情节严重者甚至会取消考生申考该职务下所有各科考试、评估成绩,并在一年内不得再次参加相应的船员适任考试,并且会进行水上交通安全类违法记分和其他的行政处罚。船员应该恪守职业道德,认真做好考试准备,凭借真本领通过适任考试。

(六)及格分数、成绩发布和查询

对于采用计算机终端考试的理论考试,每科目考试结束后或者考生主动交卷后,客观题目答案完成上传,当场就能够看到考试成绩。对于评估,一般在每项目考试结束后,当天会宣布考试成绩。对于有主观题的评估项目,如英语听力与会话、气象传真图分析,评估成绩在当期考试结束后 5 个工作日内公布。

表 3-2　海船船员适任考试题型、时长、分值、及格分数设置

专业	科目	试卷代号	适用对象	单选题×分值	是非题×分值	关联题×分值	考试时长(分钟)	总分	及格分数线
驾驶专业(船长、驾驶员)	航海英语	9001	无限航区总吨 500 及以上船舶船长	76×1		4×6	100	100	70
		9002	无限航区总吨 500 及以上船舶大副	76×1		4×6	100	100	70
		9003	无限航区总吨 500 及以上船舶二/三副	76×1		4×6	100	100	70
	船舶操纵与避碰	9101	总吨 3 000 及以上船舶船长	160×0. 625			150	100	80
		9102	总吨 500~3 000 船舶船长	160×0. 625			150	100	80
		9103	总吨 3 000 及以上船舶大副	160×0. 625			150	100	80
		9104	总吨 500~3 000 船舶大副	160×0. 625			150	100	80
		9105	总吨 3 000 及以上船舶二/三副	160×0. 625			150	100	80
		9106	总吨 500~3 000 船舶二/三副	160×0. 625			150	150	80
		9107	总吨未满 500 船舶船长	100×1			100	100	70
		9108	总吨未满 500 船舶大副	100×1			100	100	70
		9109	总吨未满 500 船舶二/三副	100×1			100	100	70
	航海学	9201	无限航区总吨 500 及以上船舶船长	160×0. 625			150	100	70
		9202	沿海航区总吨 500 及以上船舶船长	160×0. 625			150	100	70
		9203	无限航区总吨 500 及以上船舶大副	150×0. 625		1×10×0. 625	150	100	70
		9204	沿海航区总吨 500 及以上船舶大副	150×0. 625		1×10×0. 625	150	100	70
		9205	无限航区总吨 500 及以上船舶二/三副	150×0. 625		1×10×0. 625	150	100	70
		9206	沿海航区总吨 500 及以上船舶二/三副	150×0. 625		1×10	150	100	140
		9207	总吨未满 500 船舶船长	100×1			100	100	60
		9208	总吨未满 500 船舶大副	100×1			100	100	60
		9209	总吨未满 500 船舶二/三副	100×1			100	100	60

（续表）

专业	科目	试卷代号	适用对象	单选题×分值	是非题×分值	关联题×分值	考试时长（分钟）	总分	及格分数线
驾驶专业（船长、驾驶员）	船舶结构与货运	9301	总吨 3 000 及以上船舶船长/大副	160×0.625			150	100	70
		9302	总吨 500～3 000 船舶船长/大副	160×0.625			150	100	70
		9303	总吨 3 000 及以上船舶二/三副	160×0.625			150	100	70
		9304	总吨 500～3 000 船舶二/三副	160×0.625			150	100	70
		9305	总吨未满 500 船舶大副	100×1			100	100	60
		9306	总吨未满 500 船舶二/三副	100×1			100	100	60
	船舶管理	9401	无限航区总吨 500 及以上船舶船长	160×0.625			150	100	70
		9402	沿海航区总吨 500 及以上船舶船长	160×0.625			150	100	70
		9403	无限航区总吨 500 及以上船舶大副	160×0.625			150	100	70
		9404	沿海航区总吨 500 及以上船舶大副	160×0.625			150	100	70
		9405	无限航区总吨 500 及以上船舶二/三副	160×0.625			150	100	70
		9406	沿海航区总吨 500 及以上船舶二/三副	160×0.625			150	100	70
		9407	总吨未满 500 船舶船长	100×1			100	100	60
		9408	总吨未满 500 船舶大副	100×1			100	100	60
		9409	总吨未满 500 船舶二/三副	100×1			100	100	60
GMDSS	GMDSS 英语	1003	GMDSS 通用操作员	68×1		4×8	100	100	60
	GMDSS 综合业务	1013	GMDSS 通用操作员	100×1			100	100	60
	GMDSS 综合业务	1014	GMDSS 限用操作员	100×1			100	100	60
驾驶专业（值班水手、高级值班水手）	值班水手业务	9601	总吨 500 及以上船舶值班水手	80×1	20×1		100	100	60
		9602	总吨未满 500 船舶值班水手	60×1	40×1		100	100	60
	高级值班水手业务	9701	无限航区总吨 500 及以上船舶高级值班水手	100×1			100	100	60
		9702	沿海航区总吨 500 及以上船舶高级值班水手	100×1			100	100	60
	高级值班水手英语	9801	无限航区总吨 500 及以上船舶高级值班水手	82×1		3×6	100	100	60

（续表）

专业	科目	试卷代号	适用对象	单选题×分值	是非题×分值	关联题×分值	考试时长（分钟）	总分	及格分数线
轮机专业（轮机长、轮机员）	轮机英语	8001	无限航区 750 kW 及以上船舶轮机长	76×1		4×6	100	100	70
		8002	无限航区 750 kW 及以上船舶大管轮	76×1		4×6	100	100	70
		8003	无限航区 750 kW 及以上船舶二/三管轮	76×1		4×6	100	100	70
	船舶动力装置	8101	3 000 kW 及以上船舶轮机长	160×0. 625			150	100	70
		8102	750~3 000 kW 船舶轮机长	160×0. 625			150	100	70
		8103	未满 750 kW 船舶轮机长	100×1			100	100	60
	主推进动力装置	8201	3 000 kW 及以上船舶大管轮	160×0. 625			150	100	70
		8202	750~3 000 kW 船舶大管轮	160×0. 625			150	100	70
		8203	3 000 kW 及以上船舶二/三管轮	160×0. 625			150	100	70
		8204	750~3 000 kW 船舶二/三管轮	160×0. 625			150	100	70
		8205	未满 750 kW 船舶大管轮	100×1			100	100	60
		8206	未满 750 kW 船舶二/三管轮	100×1			100	100	60
	船舶辅机	8301	3 000 kW 及以上船舶大管轮	160×0. 625			150	100	70
		8302	750~3 000 kW 船舶大管轮	160×0. 625			150	100	70
		8303	3 000 kW 及以上船舶二/三管轮	160×0. 625			150	100	70
		8304	750~3 000 kW 船舶二/三管轮	160×0. 625			150	100	70
		8305	未满 750 kW 船舶大管轮	100×1			100	100	60
		8306	未满 750 kW 船舶二/三管轮	100×1			100	100	60
	船舶电气与自动化	8401	3 000 kW 及以上船舶大管轮	160×0. 625			150	100	70
		8402	750~3 000 kW 船舶大管轮	160×0. 625			150	100	70
		8403	3 000 kW 及以上船舶二/三管轮	160×0. 625			150	100	70
		8404	750~3 000 kW 船舶二/三管轮	160×0. 625			150	100	70
		8405	未满 750 kW 船舶大管轮	100×1			100	100	60
		8406	未满 750 kW 船舶二/三管轮	100×1			100	100	60
	船舶管理	8501	无限航区 750 kW 及以上船舶轮机长	160×0. 625			150	100	70
		8502	沿海航区 750 kW 及以上船舶轮机长	160×0. 625			150	100	70
		8503	无限航区 750 kW 及以上船舶大管轮	160×0. 625			150	100	70
		8504	沿海航区 750 kW 及以上船舶大管轮	160×0. 625			150	100	70
		8505	无限航区 750 kW 及以上船舶二/三管轮	160×0. 625			150	100	70
		8506	沿海航区 750 kW 及以上船舶二/三管轮	160×0. 625			150	100	70
		8507	未满 750 kW 船舶轮机长	100×1			100	100	60
		8508	未满 750 kW 船舶大管轮	100×1			100	100	60
		8509	未满 750 kW 船舶二/三管轮	100×1			100	100	60

（续表）

<table>
<tr><th>专业</th><th>科目</th><th>试卷代号</th><th>适用对象</th><th>单选题×分值</th><th>是非题×分值</th><th>关联题×分值</th><th>考试时长（分钟）</th><th>总分</th><th>及格分数线</th></tr>
<tr><td rowspan="4">轮机专业（值班机工、高级值班机工）</td><td rowspan="2">值班机工业务</td><td>8601</td><td>750 kW 及以上船舶值班机工</td><td>80×1</td><td>20×1</td><td></td><td>100</td><td>100</td><td>60</td></tr>
<tr><td>8602</td><td>未满 750 kW 船舶值班机工</td><td>60×1</td><td>40×1</td><td></td><td>100</td><td>100</td><td>60</td></tr>
<tr><td>高级值班机工业务</td><td>8701</td><td>无限航区/沿海航区 750 kW 及以上船舶高级值班机工</td><td>100×1</td><td></td><td></td><td>100</td><td>100</td><td>60</td></tr>
<tr><td>高级值班机工英语</td><td>8801</td><td>无限航区 750 kW 及以上船舶高级值班机工</td><td>82×1</td><td></td><td>3×6</td><td>100</td><td>100</td><td>60</td></tr>
<tr><td rowspan="6">电子电气员</td><td>船舶电气</td><td>7101</td><td>750 kW 及以上船舶电子电气员</td><td>100×1</td><td></td><td></td><td>100</td><td>100</td><td>70</td></tr>
<tr><td>船舶机舱自动化</td><td>7201</td><td>750 kW 及以上船舶电子电气员</td><td>100×1</td><td></td><td></td><td>100</td><td>100</td><td>70</td></tr>
<tr><td>信息技术与通信导航系统</td><td>7301</td><td>750 kW 及以上船舶电子电气员</td><td>100×1</td><td></td><td></td><td>100</td><td>100</td><td>70</td></tr>
<tr><td rowspan="2">船舶管理</td><td>7401</td><td>无限航区 750 kW 及以上船舶电子电气员</td><td>100×1</td><td></td><td></td><td>100</td><td>100</td><td>70</td></tr>
<tr><td>7402</td><td>沿海航区 750 kW 及以上船舶电子电气员</td><td>100×1</td><td></td><td></td><td>100</td><td>100</td><td>70</td></tr>
<tr><td>电子员英语</td><td>7001</td><td>无限航区 750 kW 及以上船舶电子电气员</td><td>76×1</td><td></td><td>4×6</td><td>100</td><td>100</td><td>70</td></tr>
<tr><td rowspan="3">电子技工</td><td rowspan="2">电子技工业务</td><td>7601</td><td>无限航区 750 kW 及以上船舶电子技工</td><td>100×1</td><td></td><td></td><td>100</td><td>100</td><td>60</td></tr>
<tr><td>7602</td><td>沿海航区 750 kW 及以上船舶电子技工</td><td>100×1</td><td></td><td></td><td>100</td><td>100</td><td>60</td></tr>
<tr><td>电子技工英语</td><td>7801</td><td>无限航区 750 kW 及以上船舶电子技工</td><td>82×1</td><td></td><td>3×6</td><td>100</td><td>100</td><td>60</td></tr>
</table>

表 3-3　海船船员培训合格证考试题型、时长、分值、及格分数设置

专业	科目	试卷代号	适用对象	单选题×分值	是非题×分值	考试时长（分钟）	总分	及格分数线
海船船员培训合格证	油船和化学品船货物操作基本培训合格证	T01	在油船和化学品船上服务的所有船员	80×1	20×1	60	100	60
	油船货物操作高级培训合格证	T02	在油船上服务的船长、高级船员、（高级）值班水手机工及其他对油船货物相关操作承担直接责任的船员	80×1	20×1	60	100	60
	化学品船货物操作高级培训合格证	T03	在化学品船上服务的船长、高级船员、（高级）值班水手机工及其他对化学品船货物相关操作承担直接责任的船员	80×1	20×1	60	100	60
	液化气船货物操作基本培训合格证	T04	在液化气船上服务的所有船员	80×1	20×1	60	100	60
	液化气船货物操作高级培训合格证	T05	在液化气船上服务的船长、高级船员、（高级）值班水手机工及其他对液化气船货物相关操作承担直接责任的船员	80×1	20×1	60	100	60
	客船船员特殊培训合格证	T06	在客船上服务的所有船员	80×1	20×1	60	100	60
	大型船舶操纵特殊培训合格证	T07	在中国籍大型船舶上服务的船长和大副	40×2	10×2	40	100	60
	高速船船员特殊培训合格证（船长和驾驶员）	T081	在高速船上服务的船长、驾驶员	40×2	10×2	40	100	60
	高速船船员特殊培训合格证（轮机长和轮机员）	T082	在高速船上服务的轮机长、轮机员	40×2	10×2	40	100	60
	船舶装载散装固体危险和有害物质作业船员特殊培训合格证	T09	在装载散装固体危险和有害物质船上负责货物作业的船长、高级船员和普通船员	40×2	10×2	40	100	60
	船舶装载包装危险和有害物质作业船员特殊培训合格证	T10	在装载包装危险和有害物质作业船上负责货物作业的船长、高级船员和普通船员	40×2	10×2	40	100	60
	基本安全培训合格证	Z01	海船上所有船员	160×0.5	40×0.5	120	100	60
	精通救生艇筏和救助艇培训合格证	Z02	精通救生艇筏和救助艇培训船员	40×2	10×2	40	100	60

（续表）

专业	科目	试卷代号	适用对象	单选题×分值	是非题×分值	考试时长（分钟）	总分	及格分数线
	精通快速救助艇培训合格证	Z03	在配备快速救助艇的船舶上服务的船长、驾驶员、轮机长、轮机员及其他指定操纵快速救助艇的船员	40×2	10×2	40	100	60
	高级消防培训合格证	Z04	高级消防培训船员	80×1	20×1	60	100	60
	精通急救培训合格证	Z05	精通急救培训船员	80×1	20×1	60	100	60
	船上医护培训合格证	Z06	在总吨500及以上船舶上服务的船长、大副及其他指定负责船上医护的船员	80×1	20×1	60	100	60
	保安意识培训合格证	Z07	海船上所有船员	40×2	10×2	40	100	60
	负有指定保安职责船员培训合格证	Z08	船长、高级船员、值班水手、值班机工、高级值班水手、高级值班机工、电子技工及其他负有指定保安职责的船员	40×2	10×2	40	100	60
	船舶保安员培训合格证	Z09	船舶上担任船舶保安员的船员	40×2	10×2	40	100	80

表 3-4　值班水手、机工英语听力与会话题型与题量设置

适用对象	科目	词汇题（题×分值）		单句题×分值	场景题×分值	考试时长（分钟）	总分	及格分数线
		听录音选图	看图说英语单词或词汇					
值班水手	英语听力与会话	25×1	25×1	10×2	10×3	60	100	60
值班机工	英语听力与会话	25×1	25×1	10×2	10×3	60	100	60

注：1. 单句题为根据听到的单句选择对应的中文；

2. 场景题为根据对话、图片或动画场景回答问题；

3. 评估方式采用计算机终端考试方式进行评估，每个试题可播放2次；

4. 值班水手听力与会话中关于航行安全部分的试题为必对项，答错其中1题则本次评估判定为不及格。

船员可以在中华人民共和国海事局官方网站查询船员考试成绩。登录中华人民共和国海事局官方网站 www. msa. gov. cn，进入“公共服务”→“船员管理”→“信息查询”→“考试成绩查询”栏目，输入身份证号码和准考证号码即可查询相应的海船船员适任考试和培训考试成绩。船员也可以通过“幸福船员”微信公众号查阅考试成绩。

如果考生对公布的考试成绩有异议，可在公布成绩后7个工作日内向组织考试的海事管理机构申请复查。海事管理机构收到成绩复查申请后，会在7日内回复核查结果。

第三节　其他类型的船员转为海船船员

一、内河船舶船员转为海船船员

内河船舶船员转任海船船员申请海船船员适任证书，应当具备下列条件：

①经注册，持有“海船船员服务簿”；

②符合海船船员健康标准；

③持有有效的内河船舶船员适任证书；

④满足表3-5、表3-6中的任职资历，并且任职表现和安全记录良好；

⑤完成相应的海船船员合格证和岗位适任培训，并通过相应的考试，满足按职务晋升要求的见习。

表3-5　内河船舶船员申请海船船员适任考试和发证等级职务、任职资历对照表(驾驶专业)(单位:月)

海船船员等级职务 / 内河船舶船员等级职务		无限航区	沿海航区									
		值班水手	总吨3 000及以上			总吨500~3 000			总吨未满500			值班水手
			大副	二副	三副	大副	二副	三副	大副	二副	三副	
一类	船长	0	24	12	0	12	0	0	0	0	0	0
	大副	0	—	24	12	18	12	0	12	0	0	0
	二副	0	—	—	24	—	18	12	—	12	0	0
	三副	0	—	—	36	—	—	24	—	—	12	0
二类	船长	0	—	—	—	24	18	12	18	12	0	0
	驾驶员	0	—	—	—	—	36	24	36	24	12	0

说明：1. 持有船舶吨位限制的内河一类适任证书船员，其申请海船船员适任证书时等同于二类适任证书所对应的等级和职务，持有船舶吨位限制的内河二类适任证书船员不得申请海船船员适任证书考试。

2. 表中资历为船员申请海船船员适任考试之日起向前5年内其所持适任证书所载类别、等级和职务相同的水上服务资历。

表 3-6　内河船舶船员申请海船船员适任考试和发证等级职务、任职资历对照表（轮机专业）（单位：月）

海船船员等级职务 / 内河船舶船员等级职务		无限航区	沿海航区									
		值班机工	主动力推进装置 3 000 kW 及以上			主动力推进装置 750～3 000 kW			主动力推进装置 未满 750 kW			值班机工
			大管轮	二管轮	三管轮	大管轮	二管轮	三管轮	大管轮	二管轮	三管轮	
一类	轮机长	0	24	12	0	12	0	0	0	0	0	0
	大管轮	0	—	24	12	18	12	0	12	0	0	0
	二管轮	0	—	—	24	—	18	12	—	12	0	0
	三管轮	0	—	—	36	—	—	24	—	—	12	0
二类	轮机长	0	—	—	—	24	18	12	18	12	0	0
	轮机员	0	—	—	—	—	36	24	36	24	12	0

说明：1. 持有船舶主机功率限制的内河一类适任证书船员，其申请海船船员适任证书时等同于二类适任证书所对应的等级和职务，持有船舶主机功率限制的内河二类适任证书船员不得申请海船船员适任证书考试。

2. 表中资历为船员申请海船船员适任考试之日起向前 5 年内其所持适任证书所载类别、等级和职务相同的水上服务资历。

内河船员申请海船船员适任考试，理论考试科目和实操评估项目按《中华人民共和国海船船员适任考试和发证规则》（2020 年第 11 号）职务晋升的要求实施。申请海船大副适任考试者，还应增加航线设计、雷达操作与应用、航海仪器的使用评估项目；申请 750 kW 及以上海船大管轮适任考试者，还应增加船舶电工工艺和电气设备、金工工艺、动力设备操作评估项目；申请未满 750 kW 海船大管轮适任考试者，还应增加电气与自动控制、动力设备操作评估项目。

二、渔船船员转为海船船员

下文主要针对渔船船员如何成为海船船员进行阐述。

渔船船员转任海船船员申请海船船员适任证书，应当具备下列条件：

①经注册，持有“海船船员服务簿”；

②符合海船船员健康标准；

③持有海洋渔业船舶船员应持有有效的海洋渔业职务船员证书；

④满足表 3-7、表 3-8 中的任职资历，并且任职表现和安全记录良好；

⑤完成相应的海船船员合格证和岗位适任培训，并通过相应的考试，满足按职务晋升要求的见习。

渔船船员转海船船员培训、考试和发证工作遵循辖区培考发一体化管理原则，应做到“谁培训、谁考试、谁发证”。后续职务晋升、航区扩大、吨位/功率提高以及适任证书再有效等相关工作仍由初次签发其海船船员适任证书的直属海事管理机构负责。

海洋渔业职务船员初次申请海船船员适任证书培训、考试和发证，应持有有效的海洋渔业职务船员适任证书，并满足表 3-7、表 3-8 对应职务和任职资历要求。渔船船员转任海船船员参加培训前应签署所持渔业船员证书及资历真实性承诺书，如承诺事项存在造假行为，已取得的海船船员适任证书依法吊销,有关培训证明、考试成绩予以作废,并记入个人诚信记录。

海洋渔业职务船员应在取得相应船员培训许可项目的培训机构完成岗位适任培训。培训机构开展培训前,按照《海船船员培训大纲(2021 版)》制定培训课程,并经确认。其中大副、大管轮岗位适任培训课程应充分考虑渔船、海船对船员适任培训要求的不同,在完成对应的大副、大管轮培训大纲基础上,还应完成本通知所增加的适任评估项目对应的培训内容。

海洋渔业职务船员应按照《中华人民共和国海船船员适任考试和发证规则》(2020 年第 11 号)及其实施办法规定,申请参加相应的海船船员适任考试,其中申请总吨未满 500 大副适任考试者,还应增加航线设计、航海仪器的使用评估项目;申请未满 750 kW 海船大管轮适任考试者,还应增加电气与自动控制、动力设备操作评估项目。

海洋渔业职务船员通过海船船员适任理论考试后,完成相应的船上见习方可申请适任评估。申请大副、大管轮适任证书者应在相应等级的船舶上完成不少于 3 个月的船上见习并在船上见习记录簿中记载;申请三/二副、三/二管轮适任证书者应在船长或者合格的高级船员的指导下履行不少于 6 个月的驾驶台或者机舱值班职责并在船上见习记录簿中记载。

表 3-7 渔船船长和驾驶员申请海船船员适任证书考试和证书任职资历要求 (单位:月)

海船船员等级职务 / 海洋渔业职务船员等级职务		沿海航区				
		总吨 500 及以上		总吨未满 500		
		二副	三副	大副	二副	三副
一级	船长	0	0	0	0	0
	船副	—	12	—	12	0
二级	船长	—	—	—	0	0
	船副	—	—	—	—	12

表 3-8 渔船轮机长和轮机员申请海船船员适任证书考试和证书任职资历要求 (单位:月)

海船船员等级职务 / 海洋渔业职务船员等级职务		沿海航区				
		750 kW 及以上		未满 750 kW		
		二管轮	三管轮	大管轮	二管轮	三管轮
一级	轮机长	0	0	0	0	0
	管轮	—	12	—	12	0
二级	轮机长	—	—	—	0	0
	管轮	—	—	—	—	12

说明:表中明确需要资历的,应为海洋渔业职务船员参加岗位适任培训之日起向前 5 年内其所持海洋渔业职务船员证书所载等级和职务相同的海洋渔业船舶服务资历。

三、军队复转人员转为海船船员

为了便于理解,我们把军队复转人员简单分为军事船舶复转人员和普通退役军人两大类。

普通退役军人中高中(含中专、职高、技校)毕业及以上文化程度的,可以参加海船无限航区三副、三管轮及电子电气员岗位适任培训,初中毕业及以上文化程度的,可以参加海船沿海航区三副、三管轮、电子电气员岗位适任培训。初高中毕业的退役军人参加的岗位适任培训应先完成6个月的数学、物理、力学、英语(内河可免除英语)等基础知识学习,按相应大纲规定的培训内容完成不少于12个月的岗位适任培训,并取得培训证明后,方可参加相应的适任考试。取得三副、三管轮、电子电气员培训证明的退役军人,可以免于培训直接申请相应的值班水手、值班机工、电子技工适任考试。

军事船舶复转人员转任海船船员申请海船船员适任证书,应当具备下列条件:

①经注册,持有海船船员服务簿;

②符合海船船员健康标准;

③军事船舶复转人员应持有军队主管机关签发的独立操纵(值更)合格证、全训合格证或舰艇军官、士官技术证书;

④具备表3-9、表3-10中的任职资历,并且任职表现和安全记录良好;

⑤完成相应的海船船员合格证和岗位适任培训,并通过相应的考试,满足按职务晋升要求的见习。

军事船舶复转人员申请海船船员适任考试,申报驾驶专业的免于《航海学》理论考试科目的考试;申报轮机专业(限曾在全柴油机动力装置舰艇上服役的复转人员)的免于《主推进动力装置》理论考试科目的考试。

军事船舶复转人员具有全日制航海院校航海类专业大专及以上学历或军事院校航海技术、轮机工程相关专业大专及以上学历申请海船船员适任证书的免于岗位适任培训。具有军事船舶水兵和轮机兵资历的人员申请值班水手或值班机工证书也可免于岗位适任培训。

表3-9 甲板部复转人员申请海船船员适任考试和发证等级职务、任职资历对照表 (单位:月)

海船船员等级职务 / 军事船舶复转人员等级职务		无限航区							沿海航区									
		总吨3 000及以上			总吨500~3 000			值班水手	总吨3 000及以上			总吨500~3 000			总吨未满500			值班水手
		大副	二副	三副	大副	二副	三副		大副	二副	三副	大副	二副	三副	大副	二副	三副	
团级	舰(艇)长	6	0	0	6	0	0	0	6	0	0	6	0	0	6	0	0	0
	航海长	—	12	0	–	6	0	0	–	12	0	12	0	0	6	0	0	0
	值更官	–	–	12	–	–	12	0	–	–	12	–	–	12	12	0	0	0
营级	艇长	–	6	0	6	0	0	0	–	6	0	6	0	0	6	0	0	0
	航海长	–	–	12	–	6	0	0	–	–	12	–	6	0	6	0	0	0
	值更官	–	–	12	–	12	0	0	–	–	12	–	12	0	12	0	0	0
连级	艇长	–	–	12	–	–	6	0	–	–	12	–	–	6	12	0	0	0
士官		–	–	12	–	–	12	0	–	–	12	–	–	12	–	–	12	0
水兵		–	–	–	–	–	–	12	–	–	–	–	–	–	–	–	–	12

说明:1. 副舰(艇)长按航海长对待,观通长按值更官对待。

2. 表中资历应由所服役舰艇的上级机关(团级及以上)出具证明,包括:何时在何等级(团、营、连)何种舰艇(动力装置类型)任何种职务等信息。

3. 表中资历为船员申请海船船员适任考试之日起向前5年内其所持适任证书所载类别、等级和职务相同的水上服务资历。

表 3-10　机电部复转人员申请海船船员适任考试和发证等级职务、任职资历对照表　（单位:月）

海船船员等级职务 / 军事船舶复转人员等级职务		无限航区							沿海航区									
		主动力推进装置 3 000 kW 及以上			主动力推进装置 750~3 000 kW			值班机工	主动力推进装置 3 000 kW 及以上			主动力推进装置 750~3 000 kW			主动力推进装置未满 750 kW			值班机工
		大管轮	二管轮	三管轮	大管轮	二管轮	三管轮		大管轮	二管轮	三管轮	大管轮	二管轮	三管轮	大管轮	二管轮	三管轮	
团级	机电长	6	0	0	6	0	0	0	6	0	0	6	0	0	6	0	0	0
	副机电长	—	12	0	—	6	0	0	—	12	0	6	0	0	6	0	0	0
	分队长	—	–	12	—	—	12	0	—	—	12	—	—	12	12	0	0	0
营级	机电长	—	6	0	6	0	0	0	—	6	0	6	0	0	6	0	0	0
	副机电长	—	—	12	—	6	0	0	—	—	12	—	6	0	6	0	0	0
	分队长	—	—	12	—	12	0	0	—	—	12	—	12	0	12	0	0	0
连级	机电长	—	—	12	—	—	6	0	—	—	12	—	—	6	12	0	0	0
士官		—	—	12	—	—	12	0	—	—	12	—	—	12	—	—	12	0
轮机兵		—	—	—	—	—	—	12	—	—	—	—	—	—	—	—	—	12

说明:1. 表中资历为船员申请海船船员适任考试之日起向前 5 年内其所持适任证书所载类别、等级和职务相应的水上服务资历。

2. 表中资历应由所服役舰艇的上级机关(团级及以上)出具证明,包括:何时在何等级(团、营、连)何种舰艇(动力装置类型)任何种职务等信息。

第四章　船员的职务晋升及职业规划

在船上，不同的职务往高一级职务晋升需要满足的条件不尽相同，本章将一一做出介绍。

有的船员在船上工作一段时间后由于各种原因不想再从事船员这个职业了，或者不希望长期从事这个职业，于是希望下船在陆地上寻求一个稳定的职业，这就是船员的职业规划。本章也将介绍船员离船登陆后寻求发展的职业方向，供船员朋友参考。

第一节　船员职务晋升

一、船员职务晋升的影响因素

基于我国船员职务晋升相关政策、航运市场用工、船员培训机构开设培训课程等情况，船员职务晋升会受到如下因素的制约：船员市场供需关系、海上服务资历、岗位适任培训及考试等。

（一）船员市场供需关系

船员市场供需关系在很大程度上影响船员的晋升路径选择。例如，无限航区三副紧缺时，持有无限航区三副证书的船员容易上船任职、提升薪资待遇；持有沿海航区三副证书的船员在沿海航区二副不紧缺的情况下，一般会选择航区扩大的晋升路径；出现相反情况时，则会选择职务晋升的路径。

由此可见，船员市场供需关系，通过市场这一无形的手，在调节船员市场供需平衡的同时，也无形中影响着船员职务晋升路径的选择。

（二）海上服务资历

海上服务资历包括两个方面：职务晋升政策强制规定的海上服务资历和获取海上服务资

历所花费的时间。前者属于政策层面的规定,船员需要充分研究政策,根据政策文件制订自己的船上工作计划。后者是船员通过自己努力获得的,具有很大的主观能动性。

船员海上资历的获取受船公司用工需求、个人生活、工作情况的影响较大,航运公司、船东或管理机构通常会在职务晋升强制性规定的基础上,根据公司的实际情况设有额外的规定。通常情况下,船员需要在家庭、工作之间做出权衡,基于相关法律法规对职务晋升资历的要求,以及所在公司职务晋升要求,尽快获得足够的海上资历。

(三)岗位适任培训及考试

岗位适任培训基本会伴随各个职务船员的晋升过程,其开班频次直接影响到船员晋升的时间。船员应提前了解培训机构岗位适任培训的开班情况,以及适任考试的时间,合理规划自己的船上工作时间,为自己的职务晋升节省时间。

二、船员职务晋升条件及流程

(一)自然人如何成为值班水手/值班机工

1. 基本要求

(1)年满 18 周岁且初次申请不超过 60 周岁;

(2)初中及以上文化程度,具有一定的英语基础;

(3)无色盲、色弱等情况,对于水手要求裸眼视力不低于 0.5;

(4)身体健康,符合海员体检标准。

2. 晋升条件及流程

(1)基本安全和专业技能适任培训

完成基本安全培训、保安意识培训和负有指定保安职责船员的培训。

(2)岗位适任培训

完成相应的值班水手/值班机工适任培训,时间通常为 3 个月左右。

(3)资历要求

无。

(4)船上见习要求

实习 6 个月。

(5)适任考试

通过水手、机工适任考试。

(6)特别规定

总吨未满 500 或者主推进动力装置未满 750 kW 的船舶(特殊类型船舶除外),免除精通救生艇筏和救助艇培训。

(二)值班水手/值班机工晋升三副/三管轮(无限航区)

1. 学历或培训要求

(1)已取得 18 个月海上任职资历的值班水手/值班机工,申请总吨 500 及以上船舶三副/

三管轮适任证书者,应具有下列任一项的学历要求:

①具有全日制航海类本科学历;

②具有全日制航海类高职/高专学历;

③完成不少于1年的适任培训。

(2)未取得18个月海上任职资历的值班水手/值班机工:申请500总吨及以上船舶三副/三管轮适任证书者,应完成不少于2年的航海类相关专业的职业教育或者完成航海类中专及以上的学历教育,即:

①具有全日制航海类本科学历;或

②具有全日制航海类高职/高专学历;或

③具有中职/中专学历。

2. 晋升条件及流程

值班水手/值班机工晋升三副/三管轮的条件及流程如图4-1所示。

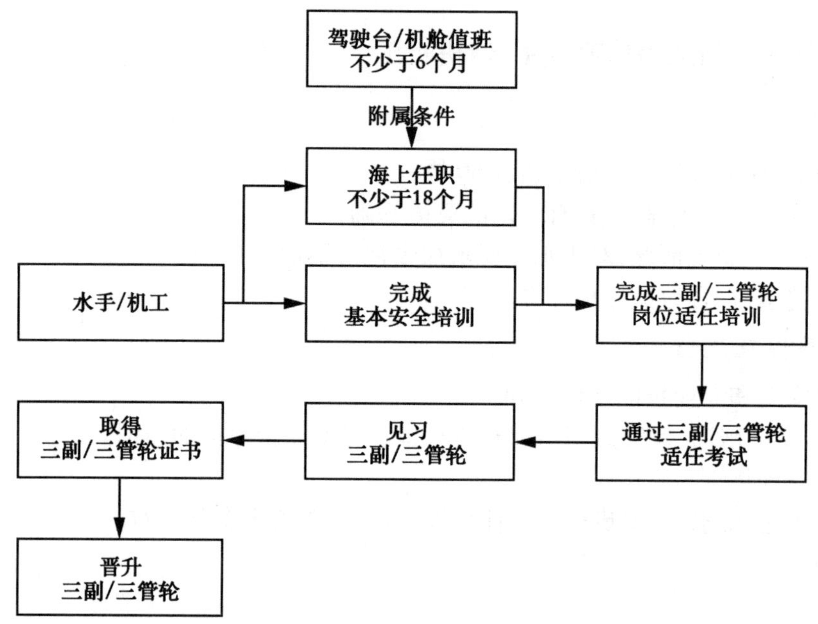

图4-1 值班水手/值班机工晋升三副/三管轮的条件及流程

详细晋升条件及流程如下:

(1)基本安全和专业技能适任培训

完成基本安全培训、精通救生艇筏和救助艇培训、高级消防培训、精通急救培训、保安意识培训和负有指定保安职责船员的培训。

(2)岗位适任培训

完成相应的三副/三管轮岗位适任培训。

(3)资历要求

担任值班水手、值班机工或者高级值班水手、高级值班机工合计不少于18个月。

(4)船上见习要求

在相应航区相应等级或者低一航区或者低一等级的船舶上,在船长或者合格的高级船员的指导下履行了不少于6个月的驾驶台或者机舱值班职责。

(5)适任考试

通过三副/三管轮适任考试。

(6)特别规定

总吨未满500或者主推进动力装置未满750 kW的船舶(特殊类型船舶除外),免除精通救生艇筏和救助艇培训、高级消防培训、精通急救培训。

(三)三副/三管轮晋升二副/二管轮(无限航区)

三副/三管轮晋升二副/二管轮的条件及流程如图4-2所示。

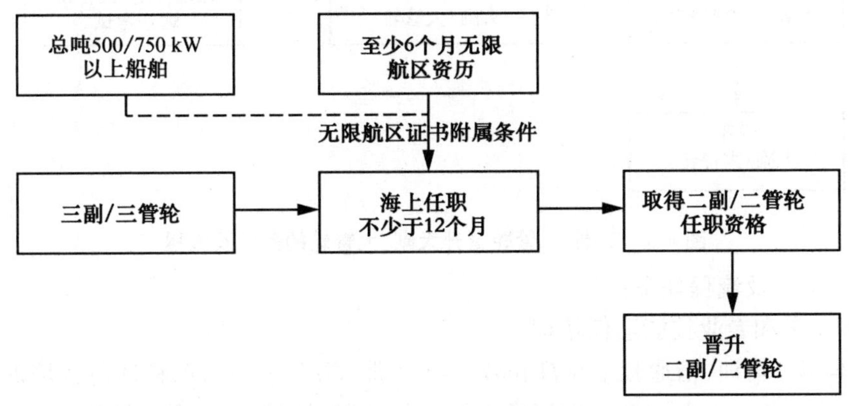

图4-2　三副/三管轮晋升二副/二管轮的条件及流程

详细晋升条件及流程如下:

(1)岗位适任培训

免除。

(2)资历要求

担任三副/三管轮满12个月。

(3)船上见习要求

免除。

(4)适任考试

免除。

(5)特别规定

总吨未满500或者主推进动力装置未满750 kW的船舶(特殊类型船舶除外),免除精通救生艇筏和救助艇培训、高级消防培训、精通急救培训。

经交通运输部海事局认可,教育培训质量良好的航海院校的全日制航海类本科教育学生,完成全部理论和实践教学内容后,可以相应地申请无限航区二副、二管轮的适任考试。

(四)二副/二管轮晋升大副/大管轮(无限航区)

二副/二管轮晋升大副/大管轮的条件及流程如图 4-3 所示。

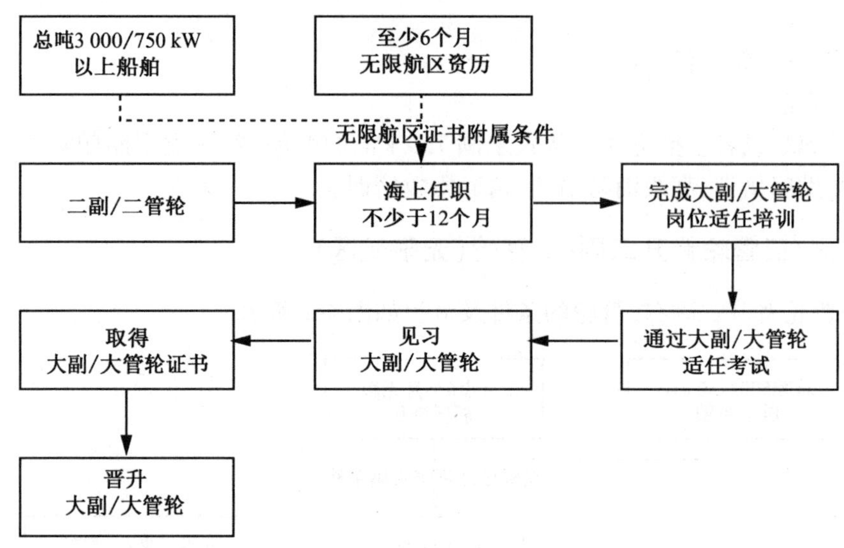

图 4-3　二副/二管轮晋升大副/大管轮的条件及流程

详细晋升条件及流程如下:

(1)基本安全和专业技能适任培训

完成基本安全培训、精通救生艇筏和救助艇培训、高级消防培训、精通急救培训、船上医护培训(仅限总吨 500 及以上大副)、保安意识培训和负有指定保安职责船员的培训。

(2)岗位适任培训

完成相应的大副/大管轮岗位适任培训(4 个月)。

(3)资历要求

担任二副/二管轮满 12 个月。对于总吨 3 000 以上无限航区证书,需满足 5 年内总吨 3 000 及以上二/三副、二/三管轮资历合计 12 个月。

(4)船上见习要求

在相应航区相应等级的船舶上完成不少于 3 个月的任职前船上见习。

(5)适任考试

通过大副/大管轮适任考试。

(6)特别规定

总吨未满 500 或者主推进动力装置未满 750 kW 的船舶(特殊类型船舶除外),免除精通救生艇筏和救助艇培训、高级消防培训、精通急救培训。

(五)大副/大管轮晋升船长/轮机长

大副/大管轮晋升船长/轮机长的条件及流程如图 4-4 所示。

详细晋升条件及流程如下:

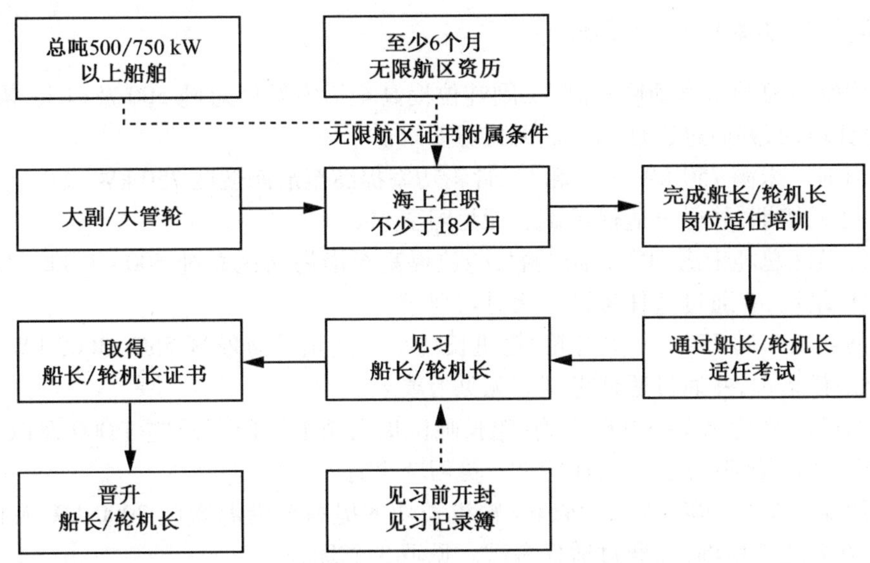

图 4-4　大副/大管轮晋升船长/轮机长的条件及流程

(1)基本安全和专业技能适任培训

完成基本安全培训、精通救生艇筏和救助艇培训、高级消防培训、精通急救培训、船上医护培训(仅限总吨 500 及以上船长)、保安意识培训和负有指定保安职责船员的培训。

(2)岗位适任培训

完成相应的船长/轮机长岗位适任培训(4 个月)。

(3)资历要求

在相应吨位的无限航区的船舶上,担任大副/大管轮满 18 个月。

(4)船上见习要求

在相应航区相应等级的船舶上完成不少于 3 个月的任职前船上见习。

(5)适任考试

通过船长/轮机长适任考试。

(6)特别规定

总吨未满 500 或者主推进动力装置未满 750 kW 的船舶(特殊类型船舶除外),免除精通救生艇筏和救助艇培训、高级消防培训、精通急救培训。

(六)沿海航区船员职务晋升要求

沿海航区适任证书分为三个等级:一等适用证书(总吨 3 000 及以上或主推进动力装置 3 000 kW 及以上船舶适用),二等适用证书(总吨 500 ~ 3 000 或主推进动力装置 750 ~ 3 000 kW 的船舶适用),三等适用证书(总吨未满 500 或主推进动力装置未满 750 kW 的船舶适用)。

每个职务船员证书的取得,与无限航区对应职务证书的取得条件基本一致,不同点在于:

(1)工作船型及航区不同;

(2)适任考试中不用考查英语及其他无限航区特有的必备理论。

(七)吨位或功率提高的情况

(1)沿海航区总吨未满 500 三副/二副吨位提高至沿海航区总吨 500 及以上,需要经过相应的补差适任培训,并通过适任考试。无见习要求。

(2)沿海航区未满 750 kW 三管轮/二管轮功率提高至沿海航区 750 kW 及以上,需要经过相应的补差适任培训,并通过适任考试。无见习要求。

(3)沿海航区总吨未满 500 大副/船长吨位提高至沿海航区总吨 500~3 000,需要经过相应的补差适任培训,并通过适任考试。无见习要求。

(4)沿海航区未满 750 kW 大管轮/轮机长功率提高至沿海航区 750~3000 kW,需要经过相应的补差适任培训,并通过适任考试。无见习要求。

(5)沿海航区总吨 500~3 000 大副/船长吨位提高至沿海航区总吨 3 000 及以上,需要经过相应的补差适任培训,并通过适任考试。见习 3 个月。

(6)沿海航区 750~3000 kW 大管轮/轮机长功率提高至沿海航区 3000 kW 及以上,需要经过相应的补差适任培训,并通过适任考试。见习 3 个月。

(八)航区扩大的情况

(1)沿海航区总吨 500 及以上三副/二副扩大航区至无限航区,需要经过相应的补差适任培训,并通过适任考试。无见习要求。

(2)沿海航区 750 kW 及以上三管轮/二管轮扩大航区至无限航区,需要经过相应的补差适任培训,并通过适任考试。无见习要求。

(3)沿海航区总吨 500~3 000 、总吨 3000 及以上大副/船长扩大航区至无限航区,需要经过相应的补差适任培训,并通过适任考试。无见习要求。

(4)沿海航区 750~3 000 kW、3 000 kW 及以上大管轮/轮机长扩大航区至无限航区,需要经过相应的补差适任培训,并通过适任考试。无见习要求。

第二节　船员离船上岸后的职业规划

一、船员上岸工作前准备

(一)心理准备

(1)适应陆上工作强度和性质。长时间在船工作,船员比较适应船上的工作习惯和节奏,与陆上的工作节奏会有些脱节,需要时间去适应。

(2)适应薪资待遇落差。与前些年相比,海陆工资差有所缩小,但毕竟还有一定的差距。如果选择从事陆上工作,则应有这样的心理准备并接受这种现实。

(3)适应社会人际交往。相比于陆上,船上的工作圈、社交圈相对要窄一些,船员要意识到这种局限性并在工作、生活和休假的各种环境中充分利用各种机会加以弥补。

(二)职业规划

在转行之前要有清晰的规划,具体需要明确如下内容:

(1)明确自己的优势和劣势;

(2)充分了解适合自己的行业,包括该行业所需要的基本技能、薪酬待遇等;

(3)选择第二行业时,尽可能与第一行业具有一些相关性,这样从第一行业转到第二行业会相对容易,平缓过渡;

(4)结合自身特点,针对选择的行业,制订一个属于自己的长期规划。

二、船员上岸的时机

船员上岸的时机主要和个人情况有关,如家庭婚姻经济情况、船上职务情况、身体情况、个人性格兴趣情况等不尽相同,因人而异,无法给出一个明确的建议和答案,只能由船员自己把握。

三、船员转行的去向

(一)从事航运相关工作

1. 海事局(部属/直属/地方)

简介:中国海事局(China MSA),对外称中华人民共和国海事局,对内称交通运输部海事局,是中华人民共和国交通运输部的直属正司级行政单位,实行垂直管理体制,从上至下分四个层级,分别是中国海事局、省级直属海事局、分支海事机构、派出海事机构。各级海事局在职权范围内履行水上交通安全监督管理、船舶及相关水上设施检验和登记、防止船舶污染和航海保障等行政管理和执法职责。

入职条件:满足招录岗位条件要求,通过全国国家公务员考试及海事局组织的面试。

专业要求:需参考当年招考须知,通常航海、轮机专业均有涉及。

2. 海事局事业单位、交通运输部各航海保障中心等

简介:包括海事局后勤保障中心,其中交通运输部各航海保障中心是交通运输部直属事业单位,包括北海航海保障中心、东海航海保障中心和南海航海保障中心。其下属的事业单位包括航标处、测绘中心、通信中心等。

入职条件:通过地方公务员考试和用工单位面试。

专业要求:需参考当年招考须知,通常航海、轮机专业均有涉及。

3. 渔政管理局

简介:中华人民共和国农业农村部渔业渔政管理局是中华人民共和国农业农村部内设机构。其主要职责为:起草渔业发展政策、规划;保护和合理开发利用渔业资源,指导水产健康养殖和水产品加工流通,组织水生动植物病害防控;承担重大涉外渔事纠纷处理工作;按分工维护国家海洋和淡水管辖水域渔业权益;组织渔业水域生态环境及水生野生动植物保护;监督执行国际渔业条约,监督管理远洋渔业和渔政渔港;指导渔业安全生产。

入职条件:满足招录岗位条件,参加用工单位组织的实操(或笔试)以及面试。

专业要求:需参考当年招考须知,通常航海、轮机专业均有涉及。

4. 海关

简介:海关总署现有 17 个内设部门、6 个直属事业单位,管理 4 个社会团体(海关学会、报关协会、口岸协会、保税区出口加工区协会),并在欧盟、俄罗斯、美国等派驻海关机构。中央纪委、国家监察委员会在海关总署派驻纪检组、监察局。全国海关目前共有 46 个直属海关单位(广东分署,天津、上海特派办,41 个直属海关,2 所海关院校),600 个隶属海关和办事处,通关监管点近 4 000 个。

入职条件:满足招录岗位条件要求,通过全国国家公务员考试及用工单位组织的面试。

专业要求:需参考当年招考须知,通常航海、轮机专业均有涉及。

5. 航道救捞等(国)企事业单位

简介:救助局、打捞局、航道工程局(国企)、中交航道局(国企)、中国极地中心,等等,这类单位虽属于国企或事业单位,但还是从事水上工作,与其他机关事业单位不同。

入职条件:直接面试。

专业要求:需参考当年招考须知,通常航海、轮机专业均有涉及。

6. 港航船检地方单位

简介:这些单位主要包括渔政执法总队、交通运输局、港航事务中心、水务所、海上应急服务中心、地方航道局、内河船闸处等。

入职条件:通过省考或事业单位招生考试。

专业要求:需参考当年招考须知,通常航海、轮机专业均有涉及。

7. 引航站

简介:引航站代表国家行使引航权,是专职引航机构,主要负责对进出中国港口的外国籍船舶实施强制引航,对提出申请的中国籍船舶提供引航及技术咨询服务。国内绝大多数沿海港口城市都设有引航站。

入职条件:需参考当年招聘须知,通常情况下,如果是航海院校的应届本科生,去单位报到后,需要上船做到二副,再在引航站见习、考试等一步步晋升;如果是社会船员,一般需要持有二副以上适任证书,需要参加相应的事业单位考试。

专业要求:航海专业。

8. 验船师

简介:从事海洋工程、船舶等现场检验工作;处理检验工作中遇到的技术性问题;按规定及核定的资质签发检验报告及有关技术文件;承担上级领导交办的其他工作。

入职条件:须取得适任证书。

专业要求:需参考当年招考须知,通常航海、轮机专业均有涉及。

9. 代理

简介:在船务管理公司任职,一般在沿海城市工作。船代是船公司的代理,货代是货主的代理。

入职条件:满足用工单位招聘岗位要求,通过面试即可。

专业要求:需参考当年招考须知,通常航海、轮机专业均有涉及。

10. 船舶机务/海务管理

简介:海务主管是指在船舶公司指导和负责船舶安全、货物配载、气象导航等事务的专业人员。海务主管对船舶安全和防污染管理实行监督、检查,根据 SMS 要求制定和修订船舶安全管理和防污染规章制度并督促实施;根据船舶动态,提供气象、海域资料和安全措施,指导货物安全装卸和船舶安全营运;负责 PSC 及 FSC 监控工作,调查、分析和处理海损事故及险情。

机务主管负责指导船舶设备管理,保证船舶完好;审批船舶维护保养计划,负责检查指导船舶设备维护工作;协助船舶编制修理项目单,负责船舶计划修理;组织处理船舶设备故障,审核实施船舶应急、零星修理项目;申请船舶检验及其他相关工作;制订关键性设备操作方案,协助处理船舶机务及污染事故;管理船舶资料、图纸及船检产品检验证书;编制船舶设备更新改造计划,审核船舶物料备件申购计划;编制船舶燃油消耗定额,指导船舶节约能源;对备件、物料的库存、消耗、使用情况进行跟踪并建立台账;公司安全管理体系规定其他工作及职责等。

入职条件:船舶机务管理人员任职要求较高,一般要求有丰富经验的高级船员,资历尚浅者可从机务助理做起。海务管理人员要求持有大副以上适任证书。

专业要求:需参考当年招考须知。通常航海、轮机专业均有涉及。

11. 航海相关互联网公司

简介:如航运 e 家、航运在线等相关互联网公司,不定期有各类岗位招聘,比如培训咨询师、派遣员、运营等,有相关专业背景或跑船经验会是工作优势。

入职条件:具有航运相关经验,通过用工单位面试。

专业要求:需参考当年招考须知,通常航海、轮机专业均有涉及。

12. 职业教师

简介:这类教师包括航海中专类学校和高校,其中有民办的,也有公办的,刚毕业的一般只能参加中专类院校的招聘。

入职条件:有笔试(公办高校需参加笔试)。

专业要求:需参考当年招考须知,通常航海、轮机专业均有涉及。

(二)从事非航海相关工作

如果有大专及以上学历,很多工作都可以试试,选一个自己感兴趣的行业或者职业,比如互联网、房地产、金融、教育培训、餐饮业、物流业等;如果是大专以下学历,可以尝试一些学历门槛相对较低的工作,比如汽车销售、房产销售/中介、保险销售、教育培训招募等;也可以学一门技术,比如理发、装修、电焊、模具、汽车修理等。

1. 军队文职

简介:航海专业毕业的学生一般到海军、海警部队里当教员助理,轮机专业毕业的则是进行舰艇维修等。

入职条件:满足用工单位基本要求,通过笔试、面试。

专业要求:军队文职每年 4—5 月会在军队人才网发布公告进行招聘。

2. 直招士官、军官

简介:直招士官涉及道路运输、汽车制造、电子信息、通信、计算机、机电设备、机械、医药等军民通用专业。

入职条件:满足用工单位基本要求,通过笔试、面试。

专业要求:需参考当年招考须知,通常航海、轮机专业均有涉及。

3. 港口调度员等

简介:港口调度就是保证港口企业生产计划组织实施而进行的一系列部署和指挥、检查和督促、协调和平衡的总称。通常,港口调度根据调度对象的不同可划分为船舶调度、堆场调度、装卸作业机械及人员调度、集疏运工具调度等五大部分。港口调度员工作和岸上的机场调度类似,也是需要白班夜班倒的。各个沿海城市的港口集团一般是国企。

入职条件:满足用工单位基本要求,通过面试。

专业要求:需参考当年招考须知,通常航海、轮机专业均有涉及。

4. 考研、出国留学等

考研及出国留学会给人带来更多的工作机会,但是工作之后选择考研或者出国留学,需要考虑如下问题:年龄问题、专业选择问题、毕业后的工作问题。上述几个问题是在做出考研或者出国留学决定前需要明确的最基本的问题。

第五章　船员证书及申请条件

本章将介绍船员培训合格证书、适任证书、船员服务簿、海员证、健康证明、国际旅行健康检查证明书、疫苗接种或预防措施国际证书、专业技术资格证等各类船员证书的详细情况，介绍各类船员证书的申请条件和应提交的申请材料。

第一节　证书种类

我国船员的证书一般都采取中英文对照方式，除证书的持证人签名栏、正式授权的官员签名栏和健康证书的主检医师签名栏须亲笔手书外，其他栏目均用打印机制作。

一、培训合格证书

培训合格证书是指向海船船员签发的除按《船员条例》规定的适任证书以外的，表明符合经修正的《1978 年海员培训、发证和值班标准国际公约》有关培训、适任或海上服务资历相关要求的证书。培训合格证书共有 29 种，各证书项目、代码及有效期见表 5-1。海员在海上服务时，必须按照其所任职务需要，完成规定专业培训，并持有相应培训合格证才能上岗。

表 5-1　海船船员培训合格证书项目、代码及最长有效期对照表

序号	海船船员培训合格证书项目	代码	最长有效期
1	基本安全培训合格证	Z01	5 年
2	精通救生艇筏和救助艇培训合格证	Z02	5 年
3	精通快速救助艇培训合格证	Z03	5 年
4	高级消防培训合格证	Z04	5 年
5	精通急救培训合格证	Z05	长期
6	船上医护培训合格证	Z06	长期

（续表）

序号	海船船员培训合格证书项目	代码	最长有效期
7	保安意识培训合格证	Z07	长期
8	负有指定保安职责船员培训合格证	Z08	长期
9	船舶保安员培训合格证	Z09	长期
10	油船和化学品船货物操作基本培训合格证	T01	5 年
11	油船货物操作高级培训合格证	T02	5 年
12	化学品船货物操作高级培训合格证	T03	5 年
13	液化气船货物操作基本培训合格证	T04	5 年
14	液化气船货物操作高级培训合格证	T05	5 年
15	客船船员特殊培训合格证Ⅰ	T06-1	5 年
16	客船船员特殊培训合格证Ⅱ	T06-2	5 年
17	客船船员特殊培训合格证Ⅲ	T06-3	5 年
18	大型船舶操纵特殊培训合格证	T07	长期
19	高速船船员特殊培训合格证(全垫升气垫船)	T08-1	2 年
20	高速船船员特殊培训合格证(水面效应船)	T08-2	2 年
21	高速船船员特殊培训合格证(水翼船)	T08-3	2 年
22	高速船船员特殊培训合格证(单体船)	T08-4	2 年
23	高速船船员特殊培训合格证(多体船)	T08-5	2 年
24	船舶装载散装固体危险和有害物质作业船员特殊培训合格证	T09	长期
25	船舶装载包装危险和有害物质作业船员特殊培训合格证	T10	长期
26	使用气体或其他低闪点燃料船舶船员基本培训合格证	T11	5 年
27	使用气体或其他低闪点燃料船舶船员高级培训合格证	T12	5 年
28	极地水域船舶操作船员基本培训合格证	T13	5 年
29	极地水域船舶操作船员高级培训合格证	T14	5 年

注:上述海船船员培训合格证书有效期截止日期均不超过持证人 65 周岁生日。

海船船员培训合格证书的基本内容包括:

①培训合格证书证书编号;

②持证人姓名、性别、出生日期、国籍、持证人签名及照片;

③有关国际公约的适用条款;

④培训合格证书对应的项目名称;

⑤发证日期、有效期起始日期和截止日期;

⑥签发机关名称和签发官员署名;

⑦其他需要规定的内容。

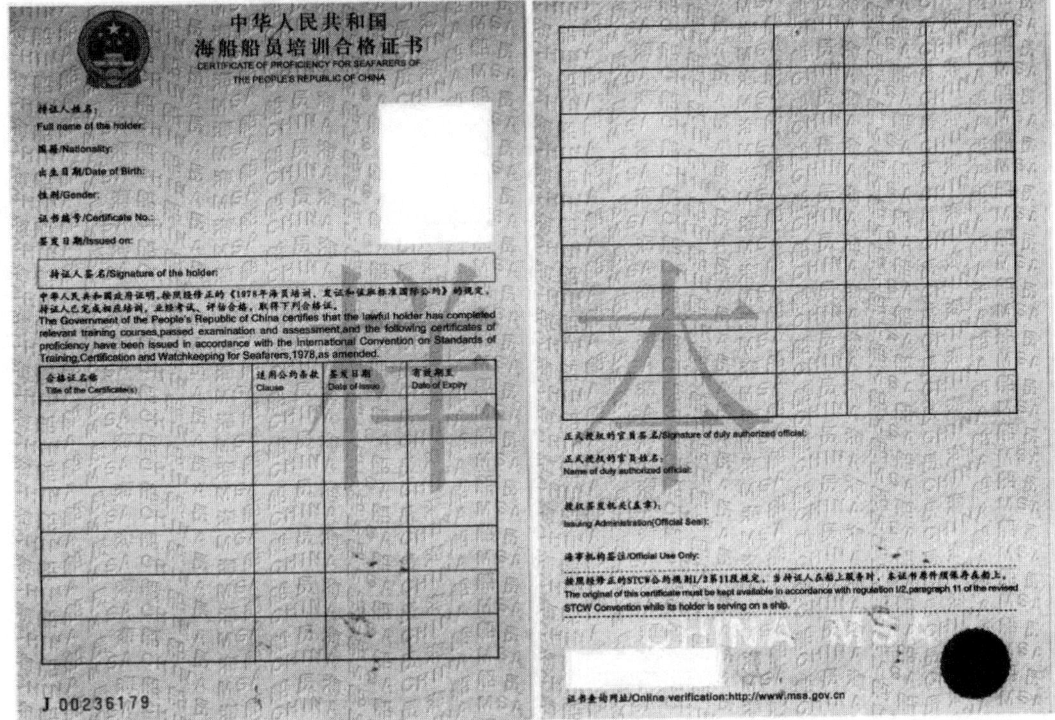

中华人民共和国
海船船员培训合格证书
CERTIFICATE OF PROFICIENCY FOR SEAFARERS OF
THE PEOPLE'S REPUBLIC OF CHINA

持证人姓名:
Full name of the holder:
国籍/Nationality:
出生日期/Date of Birth:
性别/Gender:
证书编号/Certificate No.:
签发日期/Issued on:

持证人签名/Signature of the holder:

中华人民共和国政府证明,按照经修正的《1978年海员培训、发证和值班标准国际公约》的规定,持证人已完成相应培训,并经考试、评估合格,取得下列合格证。
The Government of the People's Republic of China certifies that the lawful holder has completed relevant training courses,passed examination and assessment,and the following certificates of proficiency have been issued in accordance with the International Convention on Standards of Training,Certification and Watchkeeping for Seafarers,1978,as amended.

合格证名称 Title of the Certificate(s)	适用公约条款 Clause	签发日期 Date of Issue	有效期至 Date of Expiry

J 00236179

正式授权的官员签名/Signature of duly authorized official:

正式授权的官员姓名:
Name of duly authorized official:

授权签发机关(盖章):
Issuing Administration(Official Seal):

海事机构签注/Official Use Only:

按照经修正的STCW公约规则I/2第11段规定,当持证人在船上服务时,本证书原件须保存在船上。
The original of this certificate must be kept available in accordance with regulation I/2,paragraph 11 of the revised STCW Convention while its holder is serving on a ship.

证书查询网址/Online verification:http://www.msa.gov.cn

图 5-1 培训合格证书

二、适任证书

适任证书是指船员考试发证机关认为持证者具备担任某类船舶某一技术职务的资格证明文件。我国的海船船员适任证书由主管机关授权的海事管理机构依照相应的权限依法签发。按照《中华人民共和国海上交通安全法》的规定,中国籍船员应当依照有关船员管理的法律、行政法规的规定向海事管理机构申请取得船员适任证书,并取得健康证明。也即所有船员,无论在船上是不是值班船员,都应该取得船员适任证书。适任证书分为船长和高级船员适任证书、值班普通船员适任证书、非值班普通船员适任证书,样本如图 5-2、图 5-3 所示。

适任证书包含以下基本内容:

①持证人姓名、性别、出生日期、国籍、持证人签名及照片;

②证书编号;

③持证人适任的航区、职务;

④发证日期和有效期;

⑤签发机关名称和签发官员署名;

⑥规定需要载明的其他内容。

参加航行和轮机值班的适任证书还应当包含证书等级、职能,有关国际公约的适用条款,持证人适任的船舶种类、主推进动力装置类型、特殊设备操作等内容。

持证人适任的航区分为无限航区和沿海航区,但无线电操作人员适任的海区为 A1、A2、A3 和 A4 海区。

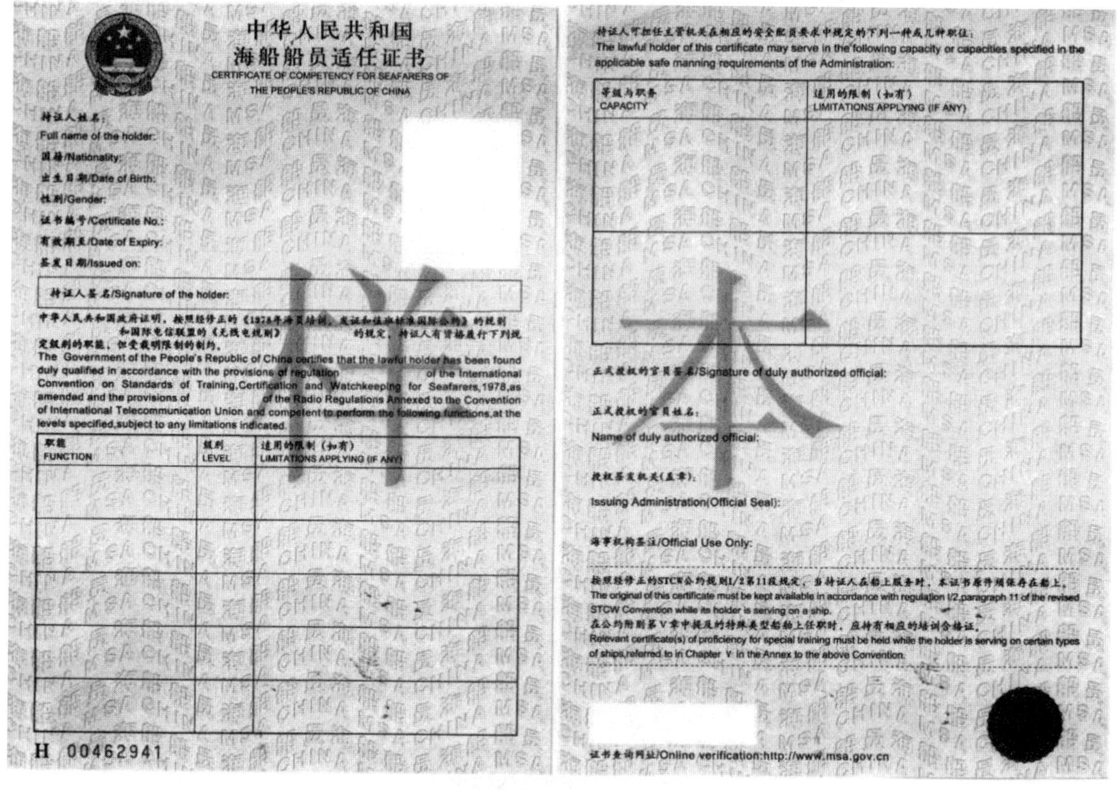

中华人民共和国
海船船员适任证书
CERTIFICATE OF COMPETENCY FOR SEAFARERS OF THE PEOPLE'S REPUBLIC OF CHINA

持证人姓名：
Full name of the holder:
国籍/Nationality:
出生日期/Date of Birth:
性别/Gender:
证书编号/Certificate No.:
有效期至/Date of Expiry:
签发日期/Issued on:

持证人签名/Signature of the holder:

中华人民共和国政府证明，按照经修正的《1978年海员培训、发证和值班标准国际公约》的规则　　和国际电信联盟的《无线电规则》　　的规定，持证人有资格履行下列规定级别的职能，但受载明限制的制约。
The Government of the People's Republic of China certifies that the lawful holder has been found duly qualified in accordance with the provisions of regulation　　of the International Convention on Standards of Training, Certification and Watchkeeping for Seafarers, 1978, as amended and the provisions of　　of the Radio Regulations Annexed to the Convention of International Telecommunication Union and competent to perform the following functions, at the levels specified, subject to any limitations indicated.

职能 FUNCTION	级别 LEVEL	适用的限制（如有） LIMITATIONS APPLYING (IF ANY)

H 00462941

持证人可担任主管机关在相应的安全配员要求中规定的下列一种或几种职位：
The lawful holder of this certificate may serve in the following capacity or capacities specified in the applicable safe manning requirements of the Administration:

等级与职务 CAPACITY	适用的限制（如有） LIMITATIONS APPLYING (IF ANY)

正式授权的官员签名/Signature of duly authorized official:

正式授权的官员姓名：
Name of duly authorized official:

授权签发机关(盖章)：
Issuing Administration(Official Seal):

海事机构签注/Official Use Only:

按照经修正的STCW公约规则I/2第11段规定，当持证人在船上服务时，本证书原件须保存在船上。
The original of this certificate must be kept available in accordance with regulation I/2, paragraph 11 of the revised STCW Convention while its holder is serving on a ship.
在公约附则第Ⅴ章中提及的特殊类型船舶上任职时，应持有相应的培训合格证。
Relevant certificate(s) of proficiency for special training must be held while the holder is serving on certain types of ships, referred to in Chapter Ⅴ in the Annex to the above Convention.

证书查询网址/Online verification:http://www.msa.gov.cn

图 5-2　高级船员适任证书

(一)适任证书分类

1. 船长、驾驶员、轮机长、轮机员适任证书

(1)船长、大副、轮机长、大管轮无限航区适任证书分为两个等级：

①一等适任证书：适用于总吨 3 000 及以上或者主推进动力装置 3 000 kW 及以上的船舶；

②二等适任证书：适用于总吨 500~3 000 或者主推进动力装置 750~3 000 kW 的船舶。

(2)二副、三副、二管轮、三管轮无限航区适任证书适用于总吨 500 及以上或者主推进动力装置 750 kW 及以上的船舶。

(3)船长、大副、轮机长、大管轮沿海航区适任证书分为三个等级：

①一等适任证书：适用于总吨 3 000 及以上或者主推进动力装置 3 000 kW 及以上的船舶；

②二等适任证书：适用于总吨 500~3 000 或者主推进动力装置 750~3 000 kW 的船舶；

③三等适任证书：适用于总吨未满 500 或者主推进动力装置未满 750 kW 的船舶。

(4)二副、三副、二管轮、三管轮沿海航区适任证书分为两个等级：

①一等适任证书：适用于总吨 500 及以上或者主推进动力装置 750 kW 及以上的船舶；

②二等适任证书：适用于总吨未满 500 或者主推进动力装置未满 750 kW 的船舶。

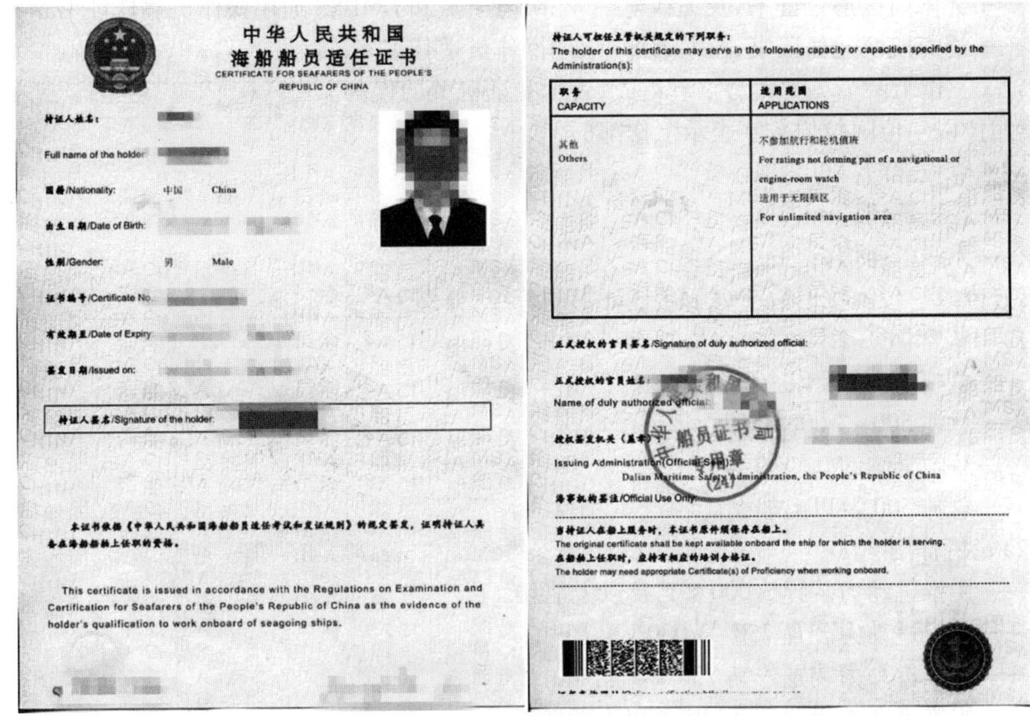

中华人民共和国
海船船员适任证书
CERTIFICATE FOR SEAFARERS OF THE PEOPLE'S REPUBLIC OF CHINA

持证人姓名：
Full name of the holder:
国籍/Nationality: 中国 China
出生日期/Date of Birth:
性别/Gender: 男 Male
证书编号/Certificate No.
有效期至/Date of Expiry:
签发日期/Issued on:
持证人签名/Signature of the holder:

本证书依据《中华人民共和国海船船员适任考试和发证规则》的规定签发，证明持证人具备在海船船舶上任职的资格。

This certificate is issued in accordance with the Regulations on Examination and Certification for Seafarers of the People's Republic of China as the evidence of the holder's qualification to work onboard of seagoing ships.

持证人可担任主管机关规定的下列职务：
The holder of this certificate may serve in the following capacity or capacities specified by the Administration(s):

职务 CAPACITY	适用范围 APPLICATIONS
其他 Others	不参加航行和轮机值班 For ratings not forming part of a navigational or engine-room watch 适用于无限航区 For unlimited navigation area

正式授权的官员签名/Signature of duly authorized official:
正式授权的官员姓名：
Name of duly authorized official:
授权签发机关（盖章）
Issuing Administration(Official Seal):
Dalian Maritime Safety Administration, the People's Republic of China
海事机构签注/Official Use Only:

当持证人在船上服务时，本证书原件须保存在船上。
The original certificate shall be kept available onboard the ship for which the holder is serving.
在船舶上任职时，应持有相应的培训合格证。
The holder may need appropriate Certificate(s) of Proficiency when working onboard.

图 5-3　非值班普通船员适任证书

2. 水手、机工适任证书

高级值班水手、高级值班机工适任证书适用于总吨 500 及以上或者主推进动力装置 750 kW 及以上的船舶。

值班水手、值班机工适任证书等级分为：

(1)无限航区适任证书适用于总吨 500 及以上或者主推进动力装置 750 kW 及以上的船舶；

(2)沿海航区适任证书分为两个等级：

①一等适任证书：适用于总吨 500 及以上或者主推进动力装置 750 kW 及以上的船舶；

②二等适任证书：适用于总吨未满 500 或者主推进动力装置未满 750 kW 的船舶。

3. 电子电气员、电子技工适任证书

电子电气员和电子技工适任证书适用于主推进动力装置 750 kW 及以上的船舶。

在拖船上任职的船长和甲板部船员所持适任证书等级与该拖船的主推进动力装置功率的等级相对应。

不参加航行和轮机值班的船员适任证书不分等级。

(二)适任证书编码

在证书编号栏填写规定格式的编号。该编号格式由英文大写字母和阿拉伯数字共十五位组成，并由计算机自动生成。

第一位以一个英文大写字母表示适任证书的类别，其中：

A——无限航区适任证书,及无线电一、二级电子员和 GMDSS 通用操作员适任证书。
B——沿海航区适任证书,及 GMDSS 限用操作员适任证书。
第二、三位由两个英文大写字母组成,表示发证机关的代码。
第四位以一位阿拉伯数字表示工作部门,其中:
1——甲板部门;
2——轮机部门;
3——无线电通信。
第五位以一位阿拉伯数字表示适任证书的等级,分别为:
(1)甲板部门
1——总吨 3 000 及以上船舶;
2——总吨 500~3 000 船舶;
3——总吨未满 500 船舶;
4——总吨 500 及以上船舶。
(2)轮机部门
1——主推进动力装置 3 000 kW 及以上船舶;
2——主推进动力装置 750~3 000 kW 船舶;
3——主推进动力装置未满 750 kW 船舶;
4——主推进动力装置 750 kW 及以上船舶。
(3)无线电通信
1——GMDSS 无线电电子;
2——GMDSS 无线电操作员。
第六位以一位阿拉伯数字表示船上职务,分别为:
(1)甲板部门
1——船长;
2——大副;
3——二副;
4——三副;
5——值班水手;
6——高级值班水手。
(2)轮机部门
1——轮机长;
2——大管轮;
3——二管轮;
4——三管轮;
5——值班机工;
6——高级值班机工;
7——电子电气员;
8——电子技工。

(3)无线电通信

1——GMDSS 一级无线电电子员；

2——GMDSS 二级无线电电子员；

3——GMDSS 通用操作员；

4——GMDSS 限用操作员。

第七至第十位以四位阿拉伯数字表示证书签发的年份。

第十一至第十五位由五位阿拉伯数字组成，表示某一发证机关当年所签发适任证书的总序号(由计算机按签发的先后顺序自动生成)。

船长、驾驶员、轮机长、轮机员和电子电气员同时持有无线电操作人员适任证书时，其无线电操作人员适任证书合并在其船长、驾驶员、轮机长、轮机员和电子电气员适任证书中，编码和有效期以其船长、驾驶员、轮机长、轮机员和电子电气员适任证书的编码和有效期为准；其他人员单独制作无线电操作人员适任证书。

船员拿到证书后，应注意证书有效期以及证书的适用限制(如有)。按照证书再有效的要求及时更新证书，以免证书过期后造成麻烦。证书的适用限制标注了证书适用于什么类型、航区的船舶，持不符合船舶类型、航区的适任证书上船工作是违法行为。

三、船员服务簿

自 2019 年 2 月 27 日起，海事管理机构不再进行“船员服务簿”(如图 5-4 所示)签发审批，对通过船员适任证书核发审查的船员直接发放船员服务簿。船员服务簿载明船员的姓名、性别、国籍、出生日期、住所、联系人、联系方式以及其他有关事项。海事管理机构在船员服务簿中记载船员的安全记录、累计记分情况和违法情况。任何单位或者个人不得冒用、出租、出借、伪造、变造或者买卖船员服务簿。船员在船工作期间应当携带船员服务簿。船员上船任职后和离船解职前，应当主动将船员服务簿提交船长办理船员任职、解职签注。船长应当为本船船员办理船员任职、解职签注，并在船员服务簿中及时、如实记载其服务资历和任职表现。船员服务簿服务资历记载页如图 5-5 所示。

图 5-4　船员服务簿

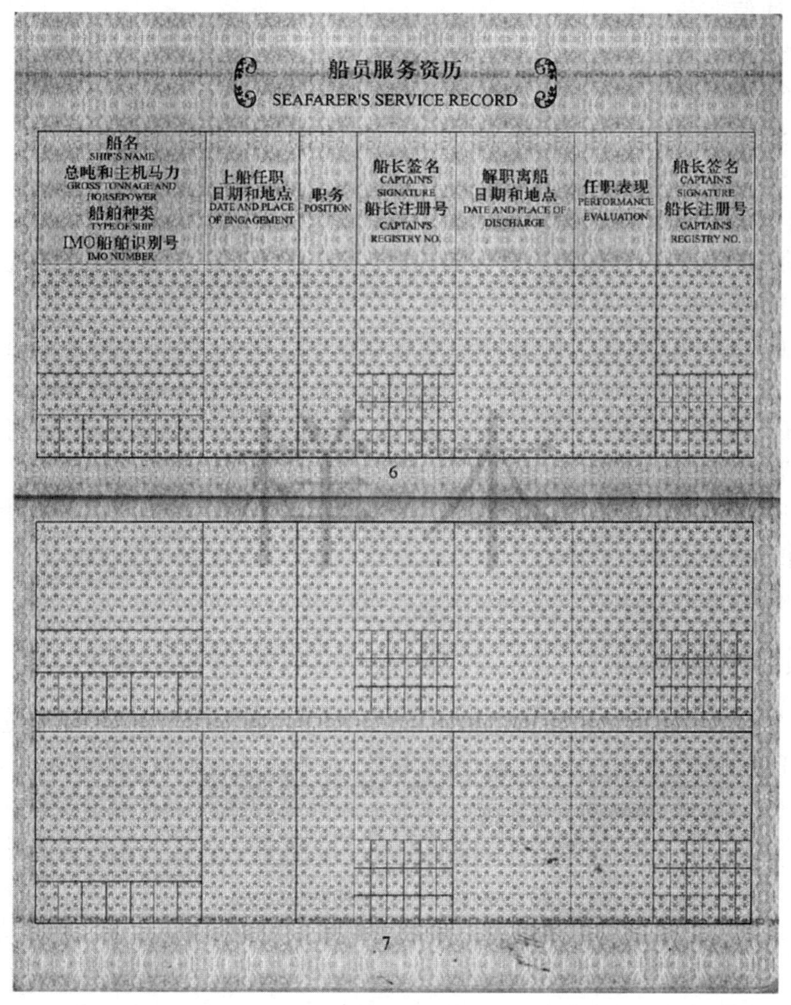

船员服务资历
SEAFARER'S SERVICE RECORD

船名 SHIP'S NAME 总吨和主机马力 GROSS TONNAGE AND HORSEPOWER 船舶种类 TYPE OF SHIP IMO船舶识别号 IMO NUMBER	上船任职日期和地点 DATE AND PLACE OF ENGAGEMENT	职务 POSITION	船长签名 CAPTAIN'S SIGNATURE 船长注册号 CAPTAIN'S REGISTRY NO.	解职离船日期和地点 DATE AND PLACE OF DISCHARGE	任职表现 PERFORMANCE EVALUATION	船长签名 CAPTAIN'S SIGNATURE 船长注册号 CAPTAIN'S REGISTRY NO.

6

7

图 5-5　船员服务簿船员服务资历记载页

船员服务簿的基本内容包括：

①船员照片、姓名、性别、国籍、出生日期、住所、联系人和联系方式等；

②注册号码、签发机关和签发日期；

③适用航线；

④船员服务簿记分附页。

船员服务簿遗失的，应当到管理本人注册档案的海事管理机构办理补发事宜，并提交下列材料：

①船员服务簿补发申请；

②相应证明文件；

③近期直边正面 5 cm 免冠白底彩色照片 2 张。

船员服务簿记载页满或者损坏的，应当到管理本人注册档案的海事管理机构办理换发事宜，并提交下列材料：

①船员服务簿换发申请；

②近期直边正面 5 cm 免冠白底彩色照片 2 张；

③记载页满或者损坏的船员服务簿。

船员服务资历必须能真实地反映船员的水上资历，不得弄虚作假。服务簿船员服务资历填写页面应保持清洁、平整，不得污损。由于笔误填错时，应注明该行无效，另起一行填写。

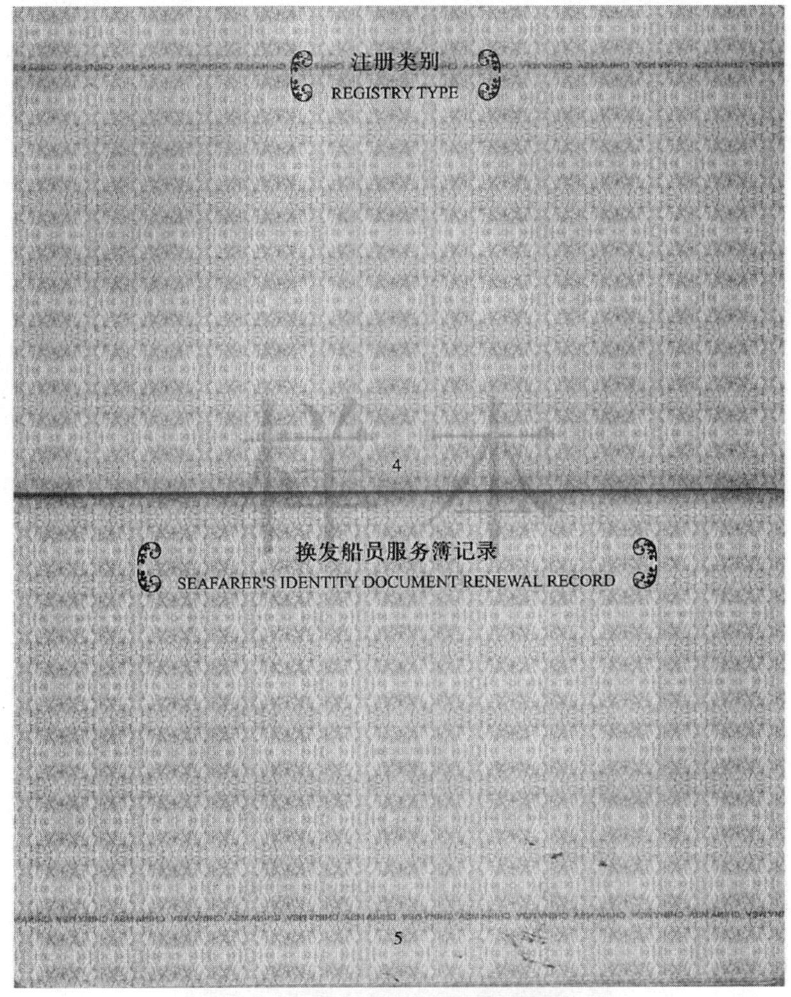

图 5-6　船员服务簿注册类型变更

四、海员证

“中华人民共和国海员证”是我国海员出入中国国境和境外通行使用的有效身份证件，是中国籍船员在境外执行任务时表明其中华人民共和国公民身份的证件。持有海员证的中国船员，在其他国家、地区享有按照当地法律、有关国际条约以及中华人民共和国与有关国家签订的海运或者航运协定规定的权利和通行便利。海员证由中华人民共和国海事局或其授权的海事机构颁发，颁发的对象是在国际航线航行的中国籍船舶上工作的中国海员和由国内有关部门派往外国籍船舶上工作的中国海员。中国海员持海员证出境入境时，应当向出入境边防检查机关交验海员证，履行规定的手续，经查验准许，方可出境入境。中国海员持海员证出境时，

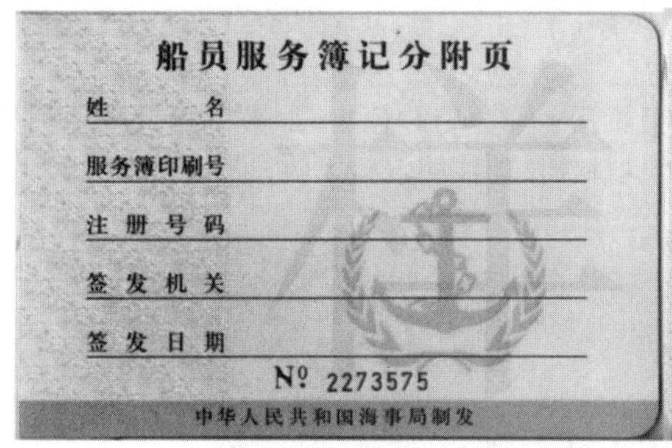

船员服务簿记分附页

姓　　名

服务簿印刷号

注册号码

签发机关

签发日期

№ 2273575

中华人民共和国海事局制发

记分分值	记分时间	原因	记分单位	执法证号

图 5-7　船员服务簿记分附页与船员违法记分

应当符合目的地国家或者地区关于入境过境证件等方面的要求。海员证由船员本人持有并负责保管,仅限持证人本人使用。

海员证封面和出入境边防检查机关在海员证上的出境、入境签证章如图 5-8、图 5-9 所示。

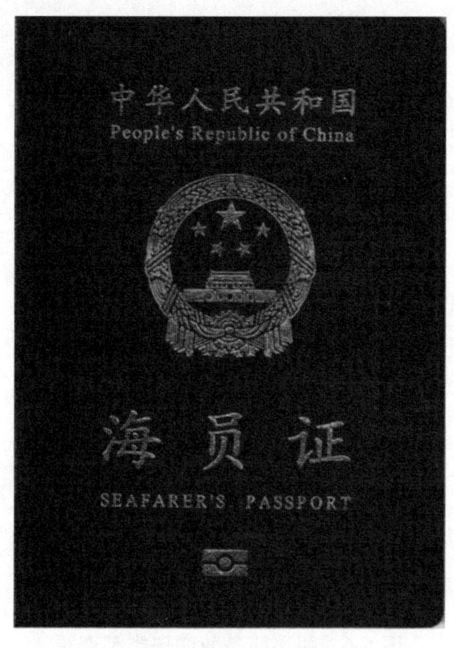

图 5-8　海员证封面

《中华人民共和国护照法》第二十五条规定:"公民以海员身份出入国境和在国外船舶上从事工作的,应当向交通部委托的海事管理机构申请中华人民共和国海员证。"《船员条例》第十一条规定:"以海员身份出入国境和在国外船舶上从事工作的中国籍船员,应当向国家海事管理机构指定的海事管理机构申请中华人民共和国海员证。"该条还规定申请中华人民共和国海员证,应当符合三项条件:一是中华人民共和国公民;二是持有国际航行船舶船员适任证书或者有确定的船员出境任务;三是无法律、行政法规规定禁止出境的情形。

自 2019 年 12 月 20 日起,交通运输部正式签发启用新版海员证如图 5-10 所示,不再签发旧版海员证,2019 版海员证首次在海员证上增加了与电子护照完全相同的电子签证(e-visa)

图 5-9　出入境边防检查机关在海员证上的出境、入境签证章

功能，首次植入电子芯片，将海员的面部图像、指纹、手写签名等生物特征信息储存在其中。海员证信息页上记录了持证人的姓名、性别、国籍、出生地、签发日期、有效期、签发机关、手写签名、照片和海员证号。

2019 年 12 月 20 日之前签发的旧版海员证在有效期内仍旧有效，持有效旧版海员证的船员可随时申请签发新版海员证，不受有效期不超过 12 个月的限制。

为做好常态化疫情防控形势下的船员管理工作，中国海事局决定签发海员防疫证明。海员防疫证明是海员完成新冠病毒疫苗接种的有效凭证，数据来源于全国一体化政务服务平台，符合国际相关标准，该证明以贴纸的方式粘贴于新版海员证签证页，有关信息展示于贴纸并写入芯片，支持二维码扫描和芯片读取识别。

自 2022 年 1 月 1 日起，船员可通过中国海事综合服务平台或海事一网通办平台进入船员电子申报系统向任一海员证签发机关办理海员防疫证明。办理海员防疫证明的船员需完成接种同一种类型新冠疫苗所有针剂（可不含加强针）7 日以上方可获签海员防疫证明。对于申办新海员证并有海员防疫证明签发需求的，统一由上海海事局集中制发；对于无须申办新海员证但有防疫证明签发需求的，就近到具备制发海员防疫证明硬件条件的海事局现场办理。

五、健康证明

健康证明是指用以表明海船船员身体状况符合船员任职岗位健康要求的职业医学证明，如图 5-12 所示。提供健康证明发放服务的体检机构（以下简称“体检机构”）及其主检医师具体负责海船船员职业健康体检及健康证明的发放工作。

健康证明一般包含以下内容：

（1）持证人的姓名、性别、出生日期、国籍、船上任职部门、持证人签名及照片；

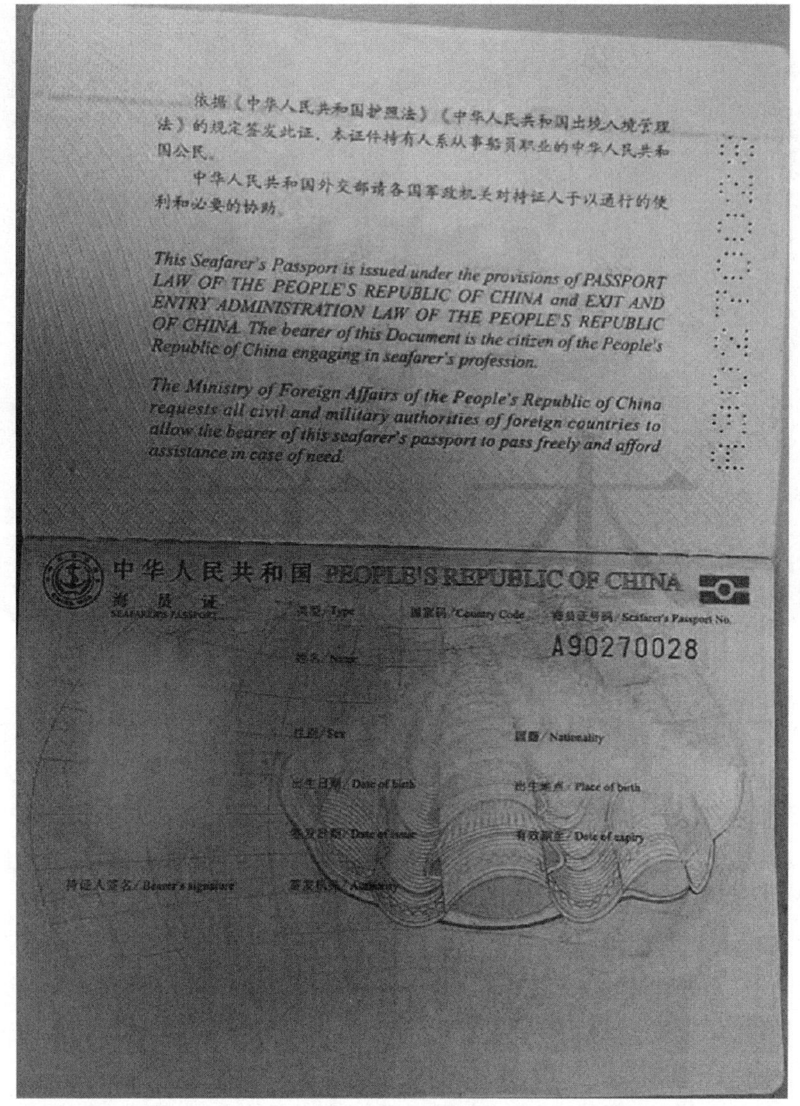

依据《中华人民共和国护照法》《中华人民共和国出境入境管理法》的规定签发此证，本证件持有人系从事船员职业的中华人民共和国公民。

中华人民共和国外交部请各国军政机关对持证人予以通行的便利和必要的协助。

This Seafarer's Passport is issued under the provisions of PASSPORT LAW OF THE PEOPLE'S REPUBLIC OF CHINA and EXIT AND ENTRY ADMINISTRATION LAW OF THE PEOPLE'S REPUBLIC OF CHINA. The bearer of this Document is the citizen of the People's Republic of China engaging in seafarer's profession.

The Ministry of Foreign Affairs of the People's Republic of China requests all civil and military authorities of foreign countries to allow the bearer of this seafarer's passport to pass freely and afford assistance in case of need.

中华人民共和国 PEOPLE'S REPUBLIC OF CHINA

海员证

SEAFARER'S PASSPORT

A90270028

图 5-10　新版海员证

(2)证明编号；

(3)有关国际公约的适用条款；

(4)主检医师声明；

(5)发证日期和有效期截止日期；

(6)管理机构名称；

(7)体检机构名称和主检医师签名。

对于健康证明,也请船员朋友注意有效期和适用职责限制。个别无限航区的船员,可能会由于身体原因,医生会在健康证明上标注“仅适用于沿海航区”。

海船船员在船工作应持有有效的健康证明。海船船员申请健康证明,应当到海事管理机构公布的具备船员职业健康状况鉴定能力的体检机构(以下简称“体检机构”)进行健康体检。

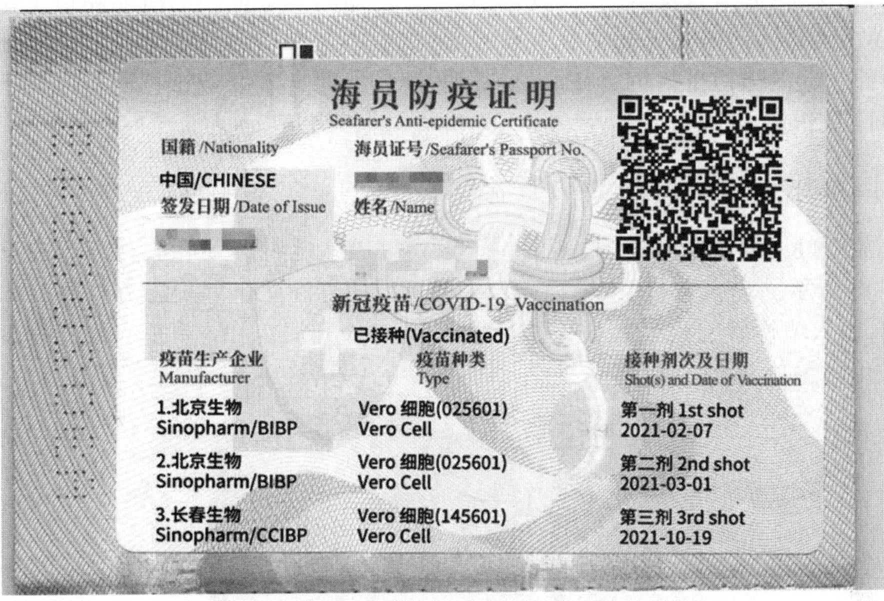

图 5-11　海员防疫证明

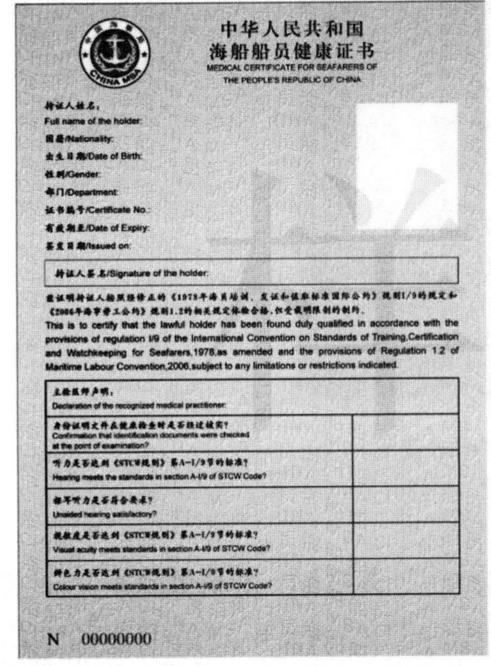

中华人民共和国
海船船员健康证书
MEDICAL CERTIFICATE FOR SEAFARERS OF
THE PEOPLE'S REPUBLIC OF CHINA

持证人姓名：
Full name of the holder:
国籍/Nationality:
出生日期/Date of Birth:
性别/Gender:
部门/Department:
证书编号/Certificate No.:
有效期至/Date of Expiry:
签发日期/Issued on:

持证人签名/Signature of the holder:

兹证明持证人按照修正的《1978年海员培训、发证和值班标准国际公约》规则I/9的规定和《2006年海事劳工公约》规则1.2的相关规定体检合格，但受载明限制的制约。
This is to certify that the lawful holder has been found duly qualified in accordance with the provisions of regulation I/9 of the International Convention on Standards of Training, Certification and Watchkeeping for Seafarers, 1978, as amended and the provisions of Regulation 1.2 of Maritime Labour Convention, 2006, subject to any limitations or restrictions indicated.

主检医师声明： Declaration of the recognized medical practitioner:	
身份证明文件在健康检查时是否经过核实? Confirmation that identification documents were checked at the point of examination?	
听力是否达到《STCW规则》第A-I/9节的标准? Hearing meets the standards in section A-I/9 of STCW Code?	
裸耳听力是否符合要求? Unaided hearing satisfactory?	
视敏度是否达到《STCW规则》第A-I/9节的标准? Visual acuity meets standards in section A-I/9 of STCW Code?	
辨色力是否达到《STCW规则》第A-I/9节的标准? Colour vision meets standards in section A-I/9 of STCW Code?	

N　00000000

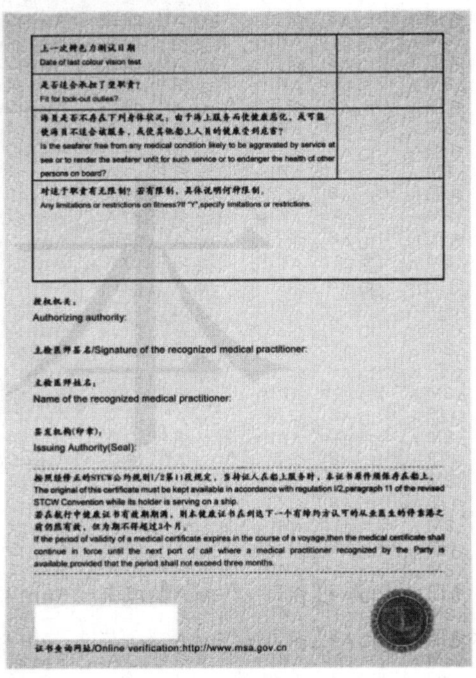

上一次辨色力测试日期 Date of last colour vision test	
是否适合承担了望职责? Fit for look-out duties?	
海员是否不患有下列身体状况：由于海上服务而使健康恶化，或可能使海员不适合该服务，或使其他船上人员的健康受到危害? Is the seafarer free from any medical condition likely to be aggravated by service at sea or to render the seafarer unfit for such service or to endanger the health of other persons on board?	
对适于职责有无限制? 若有限制，具体说明何种限制。 Any limitations or restrictions on fitness? If "Y", specify limitations or restrictions.	

授权机关：
Authorizing authority:

主检医师签名/Signature of the recognized medical practitioner:

主检医师姓名：
Name of the recognized medical practitioner:

签发机构(印章)：
Issuing Authority(Seal):

按照经修正的STCW公约规则I/2第11段规定，当持证人在船上服务时，本证书原件须保存在船上。
The original of this certificate must be kept available in accordance with regulation I/2, paragraph 11 of the revised STCW Convention while its holder is serving on a ship.
若在航行中健康证书有效期期满，则本健康证书在到达下一个有缔约方认可的从业医生的停靠港之前仍然有效，但为期不得超过3个月。
If the period of validity of a medical certificate expires in the course of a voyage, then the medical certificate shall continue in force until the next port of call where a medical practitioner recognized by the Party is available, provided that the period shall not exceed three months.

证书查询网址/Online verification:http://www.msa.gov.cn

图 5-12　健康证明

健康证明的有效期不超过 2 年；对年龄小于 18 周岁的海船船员，健康证明有效期不超过 1 年。健康证明在航行途中有效期期满的，在到达下一个有《1978 年海员培训、发证和值班标准国际公约》(又称《STCW 公约》)缔约国认可的主检医师的停靠港之前，该健康证明仍然有效，但为期不得超过 3 个月。

在紧急情况下，海事管理机构可允许持有近日过期的健康证明的海船船员工作至下一个具有《STCW 公约》缔约国认可的主检医师的港口，但为期不得超过 3 个月。健康证明损坏或遗失的，由原发放的体检机构负责补发。补发的健康证明有效期截止日期与原健康证明的有效期截止日期相同。

六、国际旅行健康检查证明书

"国际旅行健康检查证明书"是证明持证人员健康状况符合国际旅行卫生安全要求的证件，如图 5-13 所示。2018 年，出入境检验检疫管理的职责和队伍划入海关总署。自 2018 年 4 月 20 日起，出入境检验检疫系统统一以海关名义对外开展工作。"国际旅行健康检查证明书"的格式由海关总署统一制定。

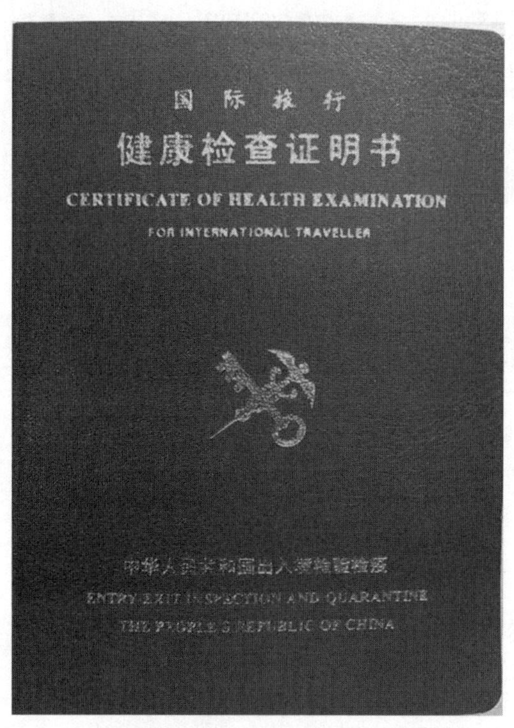

图 5-13　国际旅行健康检查证明书

七、疫苗接种或预防措施国际证书

"疫苗接种或预防措施国际证书"是表明疫苗接种历史和经历的证明，如图 5-14 所示，其目的是防止传染病的流行及国际传播。根据《中华人民共和国国境卫生检疫法》第十六条的规定，国境卫生检疫机关有权要求入境、出境的人员出示某种传染病的预防接种证书，健康证明或者其他有关证件。《中华人民共和国国境卫生检疫法实施细则》第六十六条规定，国务院卫生行政部门认为必要时，可以要求来自国外或者国外某些地区的人员在入境时，向卫生检疫机关出示有效的某种预防接种证书或者健康证明。新版证书仅用作国际旅行时向当局表明疫苗接种史之用，并且只有使用经世界卫生组织批准的疫苗或预防措施，证书才有效。同时，新版证书上必须有监督疫苗接种或预防措施的执业医师或经授权的卫生人员签名和海关的印章，方为有效。根据有关要求，新版证书要用中、英文填写完整，贴有本人近期2寸免冠彩色照片。预防接种的项目主要有：黄热疫苗、霍乱疫苗、甲型肝炎疫苗、乙型肝炎疫苗、麻风腮疫苗、流感疫苗、精白破疫苗等。国际海员前往某些国家和地区需要持有"疫苗接种或预防措施国际证书"。

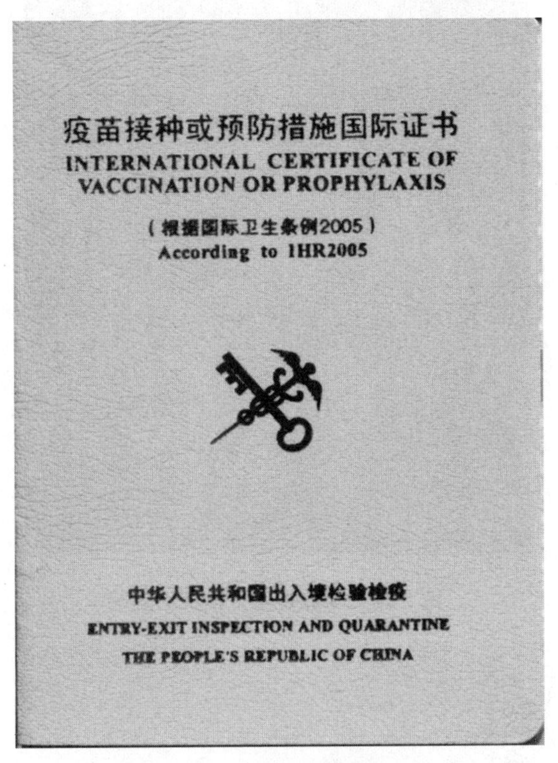

图5-14　疫苗接种或预防措施国际证书

八、专业技术资格证

船舶中、初级专业技术资格证书分为初级证书和中级证书，初级证书包括员级和助理级。

除船长、大副，轮机长、大管轮，GMDSS一级无线电电子员，一级、二级引航员可以申请中级技术资格证外，其他高级船员和GMDSS二级无线电电子员、三级引航员可以申请初级技术资格证。

中华人民共和国交通运输部
Ministry of Transport
The People's Republic of China
专业技术
资格证书
Qualification Certificate
of Speciality and Technology

图 5-15　专业技术资格证书封面

图 5-16　专业技术资格证书扉页

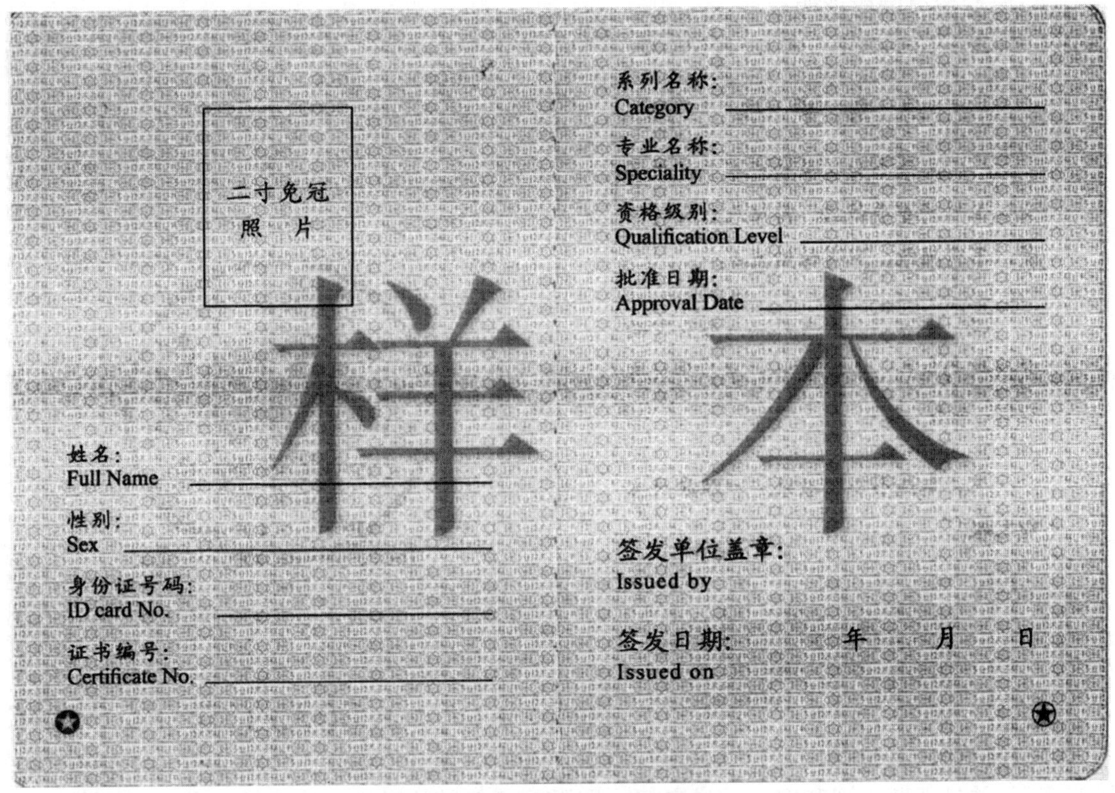

图 5-17　专业技术资格证书信息页

第二节　证书办理的申请条件和申请材料

一、船员培训合格证的申请

(一) 申请条件

(1)满足规定的年龄要求;
(2)完成规定的培训;
(3)具有规定的服务资历和合格的任职表现;
(4)符合船员健康检查要求;
(5)通过相应的考试,并完成规定的船上见习。

(二) 申请材料

(1)海船船员培训合格证申请表;
(2)有效身份证件;
(3)培训证明;

(4)海船船员健康证明;
(5)考试成绩通知单;
(6)符合海事管理机构要求的照片。

(三)办理期限

15个工作日。

(四)再有效发证

特殊培训合格证失效者,在失效1年内完成规定的知识更新并通过考核,可以办理培训合格证的再有效。培训合格证失效1年及以上者应重新参加培训并通过考试。

二、适任证书的申请

(一)申请条件

(1)年满18周岁(在船实习、见习人员年满16周岁)且初次申请不超过60周岁;
(2)符合船员任职岗位的健康要求;
(3)经过船员基本安全培训;
(4)通过相应的适任考试。

参加航行和轮机值班的船员还应当经过相应的船员适任培训、特殊培训,具备相应的船员任职资历,并且任职表现和安全记录良好。国际航行船舶的船员申请适任证书,还应当通过船员专业外语考试。

(二)申请材料

申请不参加航行和轮机值班的海船船员适任证书的船员应当提交:
(1)海船船员适任证书申请表;
(2)海船船员健康证明;
(3)身份证件;
(4)符合要求的照片;
(5)基本安全培训合格证书。

签发不参加航行和轮机值班的海船船员适任证书,同时签发海船船员服务簿。

参加航行和轮机值班的海船船员初次申请适任证书的,应当取得不参加航行和轮机值班的海船船员适任证书并提交:
(1)海船船员适任证书申请表;
(2)海船船员健康证明;
(3)身份证件;
(4)符合要求的照片;
(5)基本安全培训合格证书;
(6)专业技能适任培训合格证;
(7)岗位适任证明或者航海类教育毕业证书;

(8)船员服务簿；

(9)船上见习记录簿；

(10)适任考试合格证明；

(11)现持有的适任证书。

参加航行和轮机值班的海船船员申请适任证书所载职务晋升、航区扩大、吨位或者功率提高的，应当提供上述全部材料。持有三副、三管轮适任证书申请二副、二管轮适任证书的，免于提交第(7)(9)(10)项规定的材料。按规定免于船上见习者，可免于提交上述(9)项规定的材料。

(三)办理期限

10个工作日。

(四)证书有效期

不参加航行和轮机值班的适任证书长期有效，值班水手、高级值班水手、值班机工、高级值班机工和电子机工适任证书长期有效，船长及其他高级海船船员适任证书有效期为5年，且不超过持证人65岁生日。

(五)再有效发证

按《中华人民共和国海船船员适任考试和发证规则》(简称《20规则》)第十九条和第二十条规定要求，申请海船船员适任证书再有效。

适任证书损坏或者遗失时，持证人应当向原证书签发的海事管理机构提交补发申请，需要：

(1)适任证书损坏的，应当缴回被损坏的证书；

(2)适任证书遗失的，应当提交证书遗失说明。

补发的适任证书的有效期截止日期与原适任证书的有效期截止日期相同。

三、海员证的签发

不同于船员适任证书和培训合格证等其他船员证书，海员证是和护照类似的用于船员在境外表明其中华人民共和国公民身份的证件。

(一)申请条件

(1)是中华人民共和国公民；

(2)持有国际航行船舶或者特殊航线船舶船员适任证书，或者有确定的船员出境任务；

(3)无法律、行政法规规定的禁止出境的情形。

(二)申请途径

船员可以直接向全国任一海事机构签发机关申请签发海员证，也可以委托海员外派机构、经营国际航线或者特殊航线船舶的航运公司代为申请。

注：受委托机构应是从事船员对外劳务合作或劳务派遣的企业，经营国际航线或者特殊航

线船舶的航运公司。受委托机构仅能为自有船员或者签订服务合同及上船协议的船员办理海员证。

申请办理海员证可以到有办理海员证权限的海事机构政务受理大厅(见附件:海员证签发机构一览表)现场办理,也可以通过海事一网通办(https://zwfw.msa.gov.cn)在线办理。

(三)海员证的签发

申请办理海员证应当具备下列材料:

(1)海员证申请表;

(2)船员适任证书(含不参加航行值班的船员适任证书、渔业船员证书)及其复印件;

(3)申请人电子证件照片、手写签名及指纹信息;

(4)船员与其委托机构签订的合法有效的劳动合同或服务合同、上船协议及其复印件(适用于海船船员委托机构办理;船员管理系统中可以核实合同、协议内容的,免于提交);

(5)委托证明(适用于委托机构办理)。

船员与其委托机构签订的劳动合同或服务合同、上船协议中有明确的代理船员办理海员证条款的,受托机构可免于提交材料(5)。

申请办理海员证前应完成海员证个人信息采集;上述材料在船员管理系统中已有电子信息的,可免于提交相应纸质材料。

海员证有效期不足12个月的,可以重新申请签发。

(四)海员证的补发和换发

1.海员证签证页已签满的,可以向签发机关申请换发,并提交以下材料:

(1)海员证申请表;

(2)需换发的海员证。

2.海员证发生遗失、被盗、损毁等情形的,可在网上或现场向任一海员证签发机关申请补发,需提交以下材料:

(1)海员证申请表;

(2)申请人身份证明材料;

(3)遗失、被盗、损毁的情况说明。

表5-2所示为我国海员证签发机关信息表。

相关信息也可登录中华人民共和国海事局网站(https://www.msa.gov.cn/page/article.do?articleId=B95DA2E4-09AE-4976-8C19-7655E7FFDA11)查询。

表 5-2　我国海员证签发机关信息表

单位名称	地址	联系方式
上海海事局	上海市虹口区杨树浦路 18 号 5 楼(政务中心)	021-55129235
	上海市浦东新区浦东大道 981 号(上海浦东国际航运服务中心 2 楼浦东海事局源深路办事处)	021-50151950
天津海事局	天津市滨海新区新港新民街 202 号(船员考试中心)	022-58870043
辽宁海事局	大连市中山区港湾广场 2 号(政务中心)	0411-82625301
营口海事局	营口经济技术开发区营港路西段	0417-6246773 0417-6246330
河北海事局	秦皇岛市开发区秦皇西大街 76 号	0335-5366798 0335-5366799
山东海事局	青岛市市北区宁波路 1 号(政务中心)	0532-58761788
烟台海事局	烟台市芝罘区环海路 8 号(政务中心)	0535-5136108
江苏海事局	南京市玄武区中央路 238 号(政务中心)	025-83520305
镇江海事局	镇江市润州区长江路 8 号	0511-85306206
南通海事局	南通市工农南路 101 号(政务中心)	0513-89196302
浙江海事局	杭州市万塘路塘苗路 1 号华洋宾馆内(政务中心)	0571-86552898
宁波海事局	宁波市鄞州区福明街道东泰街 31 号(政务中心)	0574-81852382
舟山海事局	舟山市定海区临城翁山路 555 号(大宗商品交易中心二楼海事窗口)	0580-2063767
福建海事局	福州市台江区瀛东路 13 号(政务中心)	0591-83836987
厦门海事局	厦门市海沧大道 19 号	0592-6895184
广东海事局	广州市海珠区怡乐路 47 号	020-89098621
广州海事局	广州市海珠区滨江东路 520 号	020-37051587
东莞海事局	东莞市沙田镇港口大道虎门港服务大楼一楼(政务中心)	0769-82793100
珠海海事局	珠海市香洲区情侣中路 15 号 1 栋(政务中心)	0756-3349002
中山海事局	中山市火炬开发区沿江东一路 16 号(政务中心)	0760-85310175
湛江海事局	湛江市霞山区新港路霞山港区口岸业务楼一楼(政务中心)	0759-2258751
汕头海事局	汕头市金平区海滨路 47 号(政务中心)	0754-88900182
广西海事局	壮族自治区南宁市金浦路 18 号	0771-5582691
梧州海事局	壮族自治区梧州市长洲区新兴三路 17 号一楼(政务大厅)	0774-3815161
海南海事局	海口市滨海大道 137 号	0898-68662411
长江海事局	武汉市江岸区解放大道 1525 号	027-82765479

（续表）

单位名称	地址	联系方式
重庆海事局	重庆市渝北区渝鲁大道 1001 号(政务中心)	023-63775115
芜湖海事局	芜湖市北京西路 3 号(政务中心)	0553-3716825
黑龙江海事局	哈尔滨市道里区四方台大道 1 号	0451-88914500
深圳海事局	深圳市福田区滨河大道 2031 号海安中心二楼	0755-83797089 0755-83797069
连云港海事局	连云港市连云区海棠北路 209 号航运中心 1A	0518-82231909
思茅海事局	普洱市思茅区人民东路 11 号	0879-8888891
西双版纳海事局	西双版纳傣族自治州景洪市港口路 7 号	0691-2211301
秦皇岛海事局	秦皇岛市海港区南山街 13 号	0335-5365602
唐山海事局	唐山市海港经济开发区文化大街中段唐山海事局	0315-5365129 0315-5365073
曹妃甸海事局	唐山市曹妃甸工业区临港商务区兴业道 1 号联检大楼	0315-5076138 0315-5076135
沧州海事局	沧州市黄骅市红旗大街 86 号	0317-5786528
贵港海事局	壮族自治区贵港市中山中路 355 号	0775-4565399
南宁海事局	壮族自治区南宁市江南区乐村路 2 号	0771-4802848
哈尔滨海事局	哈尔滨市道里区一面街 110 号(政务中心)	0451-88913805
佳木斯海事局	佳木斯市前进区西林路 3 号(政务中心)	0454-8839825

四、特免证明的申请

(一)办理特免证明的条件

中国籍船舶在境外遇有不可抗力或者其他导致持证船员不能履行职务的特殊情况,无法满足船舶最低安全配员要求,需要由本船下一级船员临时担任上一级职务时,应当到签发该船员适任证书的海事管理机构办理特免证明事宜。

办理船长、驾驶员、轮机长、轮机员特免证明的,应当符合下列条件:

(1)办理船长、轮机长特免证明的,应当持有大副或者大管轮适任证书,并在自办理之日起前 5 年内,具有不少于 12 个月的不低于其适任证书所记载船舶、航区、职务的任职资历,任职表现和安全记录良好,且船长、轮机长不能履行职务的情况是因不可抗力造成;

(2)办理大副、大管轮特免证明的,应当持有二副、二管轮适任证书,并在自办理之日起前 5 年内,具有不少于 12 个月的不低于其适任证书所记载船舶、航区、职务的任职资历,且任职表现和安全记录良好;

(3)办理二副、二管轮特免证明的,应当持有三副、三管轮适任证书,并在自办理之日起前 5 年内,具有不少于 6 个月的不低于其适任证书所记载船舶、航区、职务的任职资历,且任职表

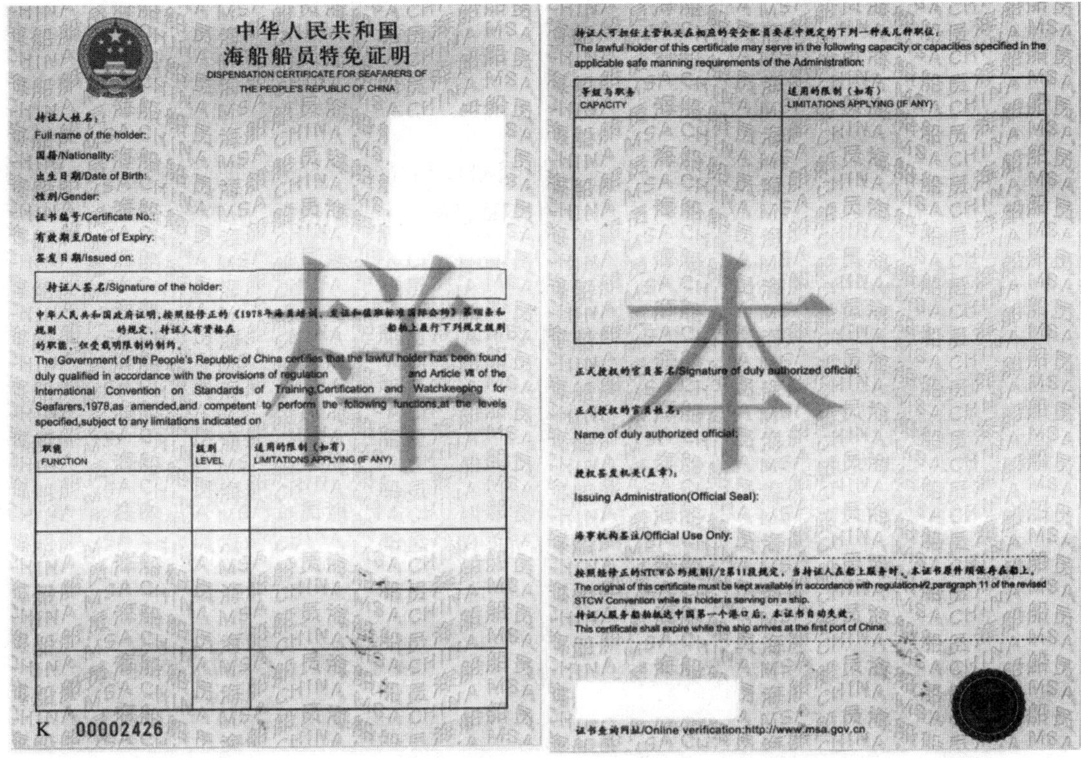

中华人民共和国
海船船员特免证明
DISPENSATION CERTIFICATE FOR SEAFARERS OF THE PEOPLE'S REPUBLIC OF CHINA

持证人姓名：
Full name of the holder:
国籍/Nationality:
出生日期/Date of Birth:
性别/Gender:
证书编号/Certificate No.:
有效期至/Date of Expiry:
签发日期/Issued on:

持证人签名/Signature of the holder:

中华人民共和国政府证明，按照经修正的《1978年海员培训、发证和值班标准国际公约》第Ⅷ条和规则　　的规定，持证人有资格在　　船舶上履行下列规定级别的职能，但受载明限制的制约。
The Government of the People's Republic of China certifies that the lawful holder has been found duly qualified in accordance with the provisions of regulation　　and Article Ⅷ of the International Convention on Standards of Training,Certification and Watchkeeping for Seafarers,1978,as amended,and competent to perform the following functions,at the levels specified,subject to any limitations indicated on

职能 FUNCTION	级别 LEVEL	适用的限制（如有） LIMITATIONS APPLYING (IF ANY)

K　00002426

持证人可担任主管机关在相应的安全配员要求中规定的下列一种或几种职位：
The lawful holder of this certificate may serve in the following capacity or capacities specified in the applicable safe manning requirements of the Administration:

等级与职务 CAPACITY	适用的限制（如有） LIMITATIONS APPLYING (IF ANY)

正式授权的官员签名/Signature of duly authorized official:

正式授权的官员姓名：
Name of duly authorized official:

授权签发机关(盖章)：
Issuing Administration(Official Seal):

海事机构签注/Official Use Only:

按照经修正的STCW公约规则I/2第11段规定，当持证人在船上服务时，本证书原件须保存在船上。
The original of this certificate must be kept available in accordance with regulation I/2,paragraph 11 of the revised STCW Convention while its holder is serving on a ship.
持证人服务船舶抵达中国第一个港口后，本证书自动失效。
This certificate shall expire while the ship arrives at the first port of China.

证书查询网址/Online verification:http://www.msa.gov.cn

图 5-18　特免证明

现和安全记录良好；

(4)办理三副、三管轮特免证明的，应当持有高级值班水手、值班水手或者高级值班机工、值班机工适任证书，并在自办理之日起前 5 年内，具有不少于 12 个月的不低于其适任证书所记载船舶、航区、职务的任职资历，任职表现和安全记录良好。

其他船员，不予办理特免证明。

(二)办理特免证明所需资料

1. 办理特免证明的，应当向海事管理机构提交包含下列内容的材料：

(1)办理理由；

(2)船舶名称、航行区域、停泊港口；

(3)拟办理签发对象的资历情况。

2. 相关证明材料。

海事管理机构应当核实有关情况，对符合第三十五条规定条件的，应当在 3 日内办理有效期不超过 6 个月的特免证明，但船长或者轮机长特免证明的有效期不超过 3 个月。不符合条件的，应当在 3 日内告知申请人不予办理特免证明的理由。

一艘船舶上同时持特免证明的船长和高级船员总共不得超过 3 名。

当事船舶抵达中国第一个港口后，特免证明自动失效。失效的特免证明应当及时交回原办理的海事管理机构。航运公司应当及时为当事船舶安排持相应适任证书的人员补充空缺职位。

五、承认签证的申请

(一)办理承认签证的条件

持有经修正的《STCW 公约》缔约国签发的外国船长和高级船员适任证书的船员在中国籍船舶上任职的，应当取得由海事管理机构签发的外国船员适任证书的承认签证。

(二)办理承认签证所需资料

1. 申请承认签证的，应当向海事管理机构提交下列材料：

(1)所属缔约国签发的适任证书原件；

(2)表明申请人符合《STCW 公约》和所属缔约国有关船员管理规定的证明文件；

(3)申请人的海船船员身份证件。

2. 交通运输部海事局按照《STCW 公约》和本规则规定的标准、条件等内容，对申请承认签证船员所属缔约国的有关船员管理制度从下列方面进行评价：

(1)有关船员适任培训、考试及发证制度是否符合《STCW 公约》的要求；

(2)是否按照《STCW 公约》要求建立了有效的船员质量标准控制体系；

(3)船员适任条件等相关要求是否低于本规则规定的相关标准。

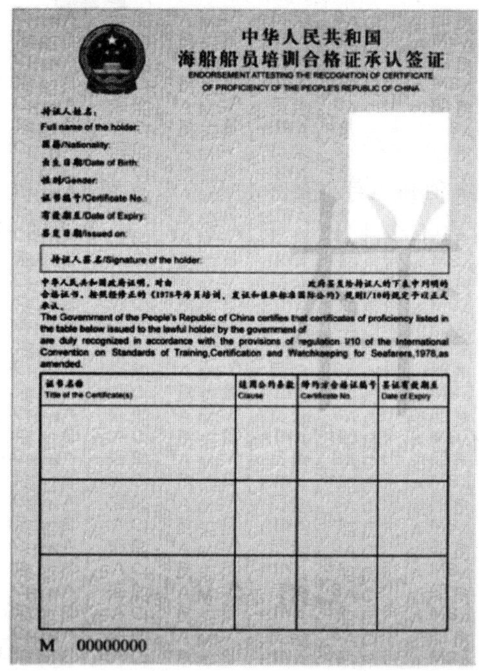

中华人民共和国
海船船员培训合格证承认签证
ENDORSEMENT ATTESTING THE RECOGNITION OF CERTIFICATE OF PROFICIENCY OF THE PEOPLE'S REPUBLIC OF CHINA

Full name of the holder:
/Nationality:
/Date of Birth:
/Gender:
/Certificate No.:
/Date of Expiry:
/Issued on:

/Signature of the holder:

The Government of the People's Republic of China certifies that certificates of proficiency listed in the table below issued to the lawful holder by the government of
are duly recognized in accordance with the provisions of regulation I/10 of the International Convention on Standards of Training, Certification and Watchkeeping for Seafarers, 1978, as amended.

Title of the Certificate(s)	Clause	Certificate No.	Date of Expiry

M 00000000

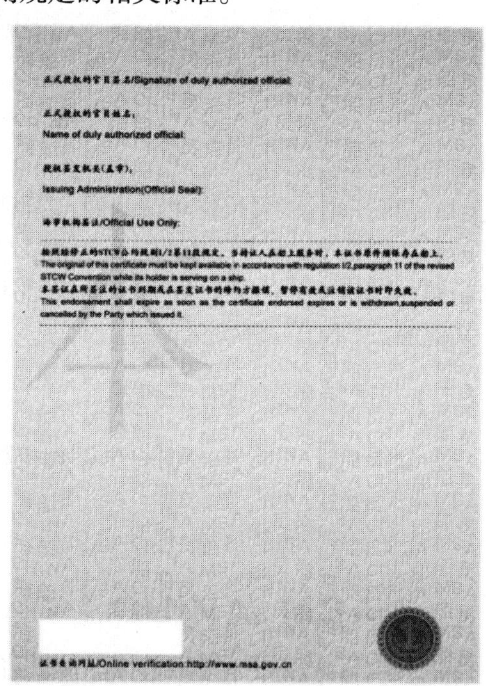

/Signature of duly authorized official:

Name of duly authorized official:

Issuing Administration(Official Seal):

/Official Use Only:

The original of this certificate must be kept available in accordance with regulation I/2, paragraph 11 of the revised STCW Convention while its holder is serving on a ship.

This endorsement shall expire as soon as the certificate endorsed expires or is withdrawn, suspended or cancelled by the Party which issued it.

/Online verification:http://www.msa.gov.cn

图 5-19 船长及高级船员承认签证

进行评价的结果表明该缔约国的有关船员管理制度不低于《STCW 公约》及本规则相关要求，我国可以与之签署船员证书互认协议。船员持有与我国签署船员证书互认协议的缔约国所签发的船员证书，方可向我国申请承认签证。其中，签发船长、大副、轮机长、大管轮适任证书承认签证前，申请人还应当参加与申请职务相应的海上交通安全、环境保护等方面的培训，并经海事管理机构考核合格。

承认签证的有效期不得超过被承认适任证书的有效期，且最长不得超过 5 年。当被承认适任证书失效时，相应的承认签证自动失效。

第六章　船员业务办理

船员业务办理这看似不起眼的事项，却在一定程度上有效保证了培训学习和船上工作的平稳衔接和顺利进行。从事船员职业，熟悉船员业务办理要求，对于船员维护自身利益，提高自身素质，促进航运业健康发展，都是大有益处的。

第一节　业务办理项目及形式

一、业务办理项目

船员业务办理项目通常在各海事管理机构授权的政务中心窗口办理，也有的授权在船员考试中心或海事处等办事机构。船员办理项目包括信息采集、考试报名及缴费、证书申办、业务咨询等。

二、业务办理形式

船员业务办理分为现场办理和线上服务两种形式，其中现场办理又分为窗口办理和自助办理两种方式。

现场办理，指传统业务办理方式，船员需要携带大量纸质材料，到海事政务窗口排队叫号，面对面办理业务，船员需要付出较多时间和经济成本。随着科技发展，为减少船员在窗口的等候时间和路途奔波，各海事机构均因地制宜在政务大厅、港口码头、航运企业和海事院校等配备了海事服务自助终端，船员可以就近选择，不仅可以查询各类信息，还能自助办理各项船员业务，如信息采集、考试报名及缴费、成绩单打印、证书申办、网上资历任解职维护等。

基于互联网技术的飞速发展，线上服务是一种政务服务新形式。相对于传统的现场办理形式，线上服务使船员可以足不出户，在家使用电脑或手持移动终端，就能用更短的时间、更少的成本直接在网上办理多种政务事项，包括了诸如信息查询、个人信息维护、网上答疑、无纸化

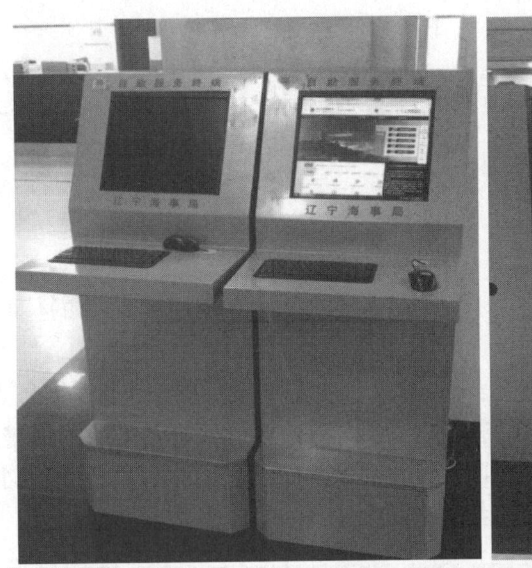

图 6-1　自助服务终端

申报(线上办理证书)等事项。船员可以在法律法规规定的范围内任意选择海事机构提出业务申请,可以根据海事机构的地点、办证效率、服务态度及个人偏好等向特定的海事机构提出申请。

图 6-2　海事一网通办平台

自 2020 年起,海事政务线上服务取得了快速发展,这种更加高效、便利的服务方式已经成为政务服务的主流。

虽然海事政务线上服务提供便利的效果毋庸置疑,但并非适合所有人,对于年长且学历低、线上操作能力差的群体,通过网络实现精准和流畅的自主业务办理会有较大困难,为解决这一痛点,现阶段线上服务与现场窗口服务仍然并存。

第二节　常见业务的办理

一、信息采集

信息采集，即将个人相关信息录入到海事网络数据库，并将其用于后续的体检、培训、考试、任职、办证等事项的办理。

学员在进入船员行业的第一件事，就是要进行个人信息采集，它包括个人信息登记和海员证信息采集。前者是所有学员入门必须要进行的个人基础信息登记、电子照片采集；后者标准较严格，针对的是在国际航线船舶上工作，且有海员证办理需求的船员，需要完成个人基础信息、电子照片、拇指指纹、现场拍照、手写签名的采集。

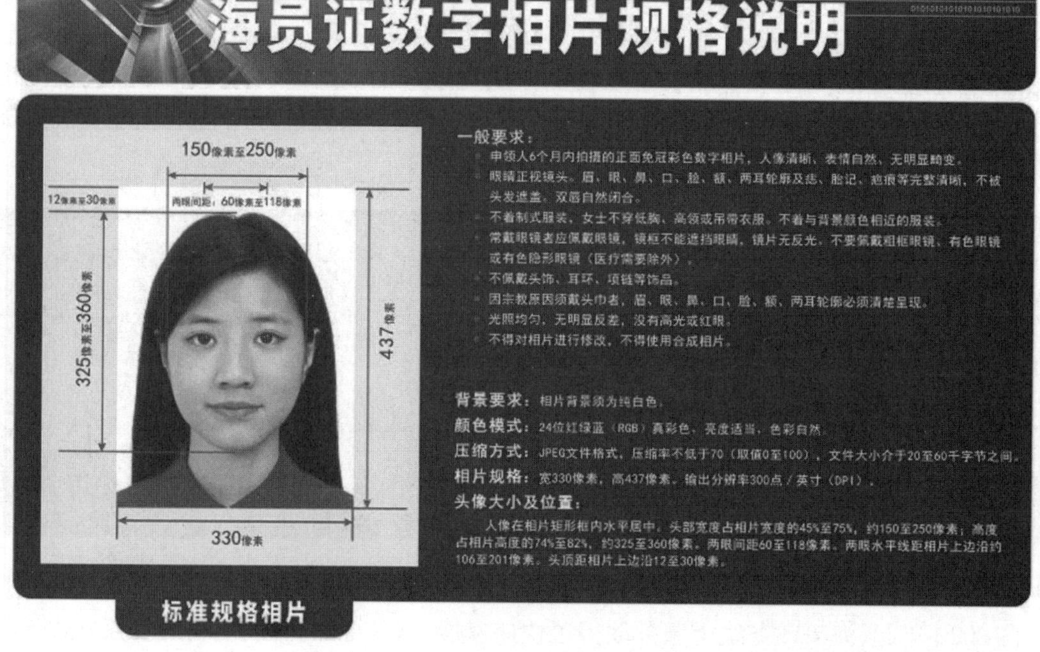

图 6-3　海员证照片采集标准

个人信息登记可通过线上登录网站方式自行录入，或携带身份证及电子照片到海事政务窗口办理。而海员证信息采集必须由船员携带身份证和电子照片到海事政务窗口或通过采集自助终端机才能完成完整的采集流程。办理海员证采集的信息除了适用办理海员证，还可以办理其他业务，而个人登记的信息不可用于办理海员证。

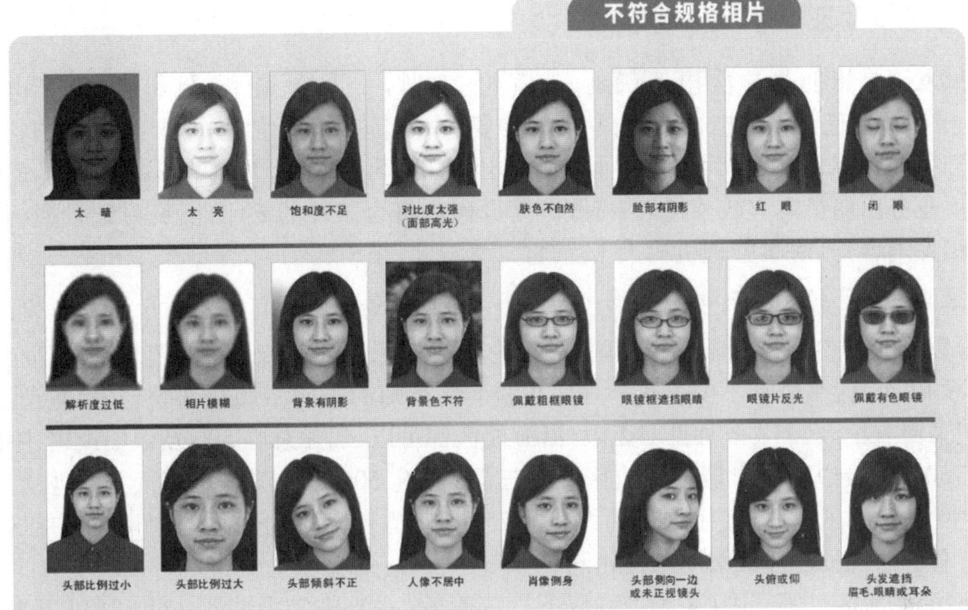

图 6-4　常见不合格海员证照片

二、考试报名及缴费

完成信息采集后,根据学习类别(适任培训或合格证培训),学员需要在培训机构进行少则一个月,多则四年的培训学习。在校期间,无论初考或补考,均需依托培训机构报名及考试缴费。而在学员毕业离校后,考试科目或项目没有全部通过,有需要补考的情况时,就需要学员自己在网上报名和缴纳考试费用。

船员考试报名需要提前登录海事局官网,查询海事局理论考试计划,在考试报名日期开始时,登录海事一网通办平台,根据个人情况选择考试机构、考试期数和相应的考试科目项目。待考试资格审核通过后,则需要再次登录网上系统选择缴费方式。网银缴费相对便捷,对于网上支付有困难,选择现场缴费的,则需要到海事政务窗口缴费。

三、证书申办

随着电子政务的进一步发展,船员的证书信息和培训记录等都可以在网上查询到,个人信息和照片也可以由船员在个人系统中进行维护。因此,在申请证书时,绝大多数的材料不需要再提交。但是都需要在网上按照服务簿记载填报相应资历,上传服务簿照片等相关证据材料,保持合格证和健康证明处于有效状态。申请途径分为网上申请和现场办理。

网上申请:通过"中国海事综合服务平台"或"海事一网通办"无纸化申请。

现场办理:

(1)船员本人到有权限的海事管理机构(政务中心窗口)提出申请;

(2)船员委托代理人申办证书时,应提供委托证明及委托人和被委托人身份证复印件及委托书。

适任证书申请形式一般分为考试发证、职务签证、到期换证、补发、取消限制。

(一)考试发证

考试发证是指船员初次申请三副、三管轮、大副、大管轮、船长、轮机长、电子电气员、GMDSS操作员适任证书的申请形式,一般都需要通过相应时间的船上见习。

无资历或过期3个月以上,通过抽考形式申请证书再有效的,其申请形式也是考试发证。

该项业务由船员本人或委托人,持服务簿原件或符合条件的复印件、见习记录簿(详见船上培训相关内容)到海事管理机构人工受理。

1. 三副、三管轮、电子电气员和GMDSS操作员的考试发证

(1)以学生身份申请无限航区三副、三管轮、电子电气员适任证书的,要求通过适任考试,在船见习12个月,其中有不少于6个月是在船上培训师的指导下履行驾驶台,机舱值班职责(见习记录簿有记载);12个月见习无限/沿海航区都可以,船舶总吨500及以上或者主推进动力装置750 kW及以上。申请沿海航区一等三副(总吨500以上)、三管轮(主推进动力装置750 kW以上)、电子电气员(主推进动力装置750 kW以上)适任证书的与申请无限航区三副、三管轮、电子电气员适任证书的条件相同。

申请沿海航区二等三副(总吨500以下)、三管轮(主推进动力装置750 kW以下)适任证书的,须至少在同等级船舶上完成见习。

(2)以值班水手、值班机工、电子技工身份申请无限航区三副、三管轮、电子电气员适任证书的,要求值班水手、值班机工、电子技工资历18个月,通过适任考试,在船见习6个月,其中有不少于3个月是在船上培训师的指导下履行驾驶台,机舱值班职责(见习记录簿有记载)。18个月资历中至少有6个月无限航区(申请沿海航区证书的无此要求),其余沿海航区;6个月见习无限/沿海航区都可以,船舶总吨500及以上或者主推进动力装置750 kW及以上。申请沿海航区一等三副(总吨500以上)、三管轮(主推进动力装置750 kW以上)、电子电气员(主推进动力装置750 kW以上)适任证书的与申请无限航区三副、三管轮、电子电气员适任证书的条件相同。

申请沿海航区二等三副(总吨未满500)、三管轮(主推进动力装置未满750 kW)适任证书的,须至少在同等级船舶上完成见习。

(3)通过三副、三管轮、电子电气员适任考试者,在客船上完成18个月的船上见习,任职表现和安全记录良好,可以申请适用于客船的三副、三管轮、电子电气员适任证书。

(4)完成规定培训,通过GMDSS操作员所有考试科目,可向有权限的海事管理机构申请GMDSS通用操作员适任证书,其中"英语阅读"和"英语听力和会话"一科或两科没有通过考试,可申请GMDSS限用操作员适任证书。

2. 大副、大管轮的考试发证

担任二副、二管轮满12个月[至少有6个月是在无限航区的船舶上任职(申请沿海航区证书的无此要求),12个月的资历是在参加岗位适任培训前5年内取得],完成相应的大副、大管轮岗位适任培训,通过大副、大管轮适任考试,在相应航区相应等级的船舶上完成不少于3个月的船上见习。

由于无限航区大副、大管轮分有2个等级,申请晋升总吨3 000及以上大副或者主推进动力装置3 000 kW及以上大管轮的船员除满足上述资历要求外,5年内三副、二副或者三管轮、

二管轮合计资历至少有 12 个月是在总吨 3 000 及以上或者主推进动力装置 3 000 kW 及以上的船舶上任职。

申请沿海航区一等（总吨 3 000 及以上或者主推进动力装置 3 000 kW 及以上的船舶）或二等（总吨 500~3 000 或者主推进动力装置 750~3 000 kW 的船舶）大副、大管轮、电子电气员（主推进动力装置 750 kW 以上）适任证书的与申请无限航区一等或二等大副、大管轮、电子电气员适任证书的条件相同。

申请沿海航区三等大副（总吨 500 以下）、大管轮（主推进动力装置未满 750 kW）适任证书的，须至少在同等级船舶上完成见习。

3. 船长、轮机长的考试发证

在相应等级的船舶上担任大副、大管轮满 18 个月［至少有 6 个月是在无限航区的船舶上任职（申请沿海航区证书的无此要求），18 个月的资历是在参加岗位适任培训前 5 年内取得］，完成相应的船长、轮机长岗位适任培训，通过船长、轮机长适任考试，在相应航区相应等级的船舶上完成不少于 3 个月的船上见习。

申请沿海航区一等（总吨 3 000 及以上或者主推进动力装置 3 000 kW 及以上的船舶）或二等（总吨 500~3 000 或者主推进动力装置 750~3 000 kW 的船舶）船长、轮机长、电子电气员（主推进动力装置 750 kW 以上）适任证书的与申请无限航区一等或二等船长、轮机长、电子电气员适任证书的条件相同。

申请沿海航区三等船长（总吨 500 以下）、轮机长（主推进动力装置未满 750 kW）适任证书的，须至少在同等级船舶上完成见习。

4. 无资历或过期 3 个月以上的证书再有效

（1）无资历或者适任证书过期 3 个月及以上 5 年以下的，应当参加模拟器培训和知识更新培训，并通过相应的抽查项目的评估；

（2）适任证书过期 5 年及以上 10 年以下的，应当参加模拟器培训和知识更新培训，并通过相应的抽查科目的理论考试和项目的评估；

（3）适任证书过期 10 年及以上的，应当参加模拟器培训和知识更新培训，通过相应的抽查科目的理论考试和项目的评估，并在适任证书记载的相应航区、等级范围内按照船上见习记录簿规定完成不少于 3 个月的船上见习。

其中第（1）、（2）项可以通过网上受理申请，第（3）项则必须通过人工受理申请。

（二）职务签证

三副、三管轮晋升二副、二管轮通过职务签证的形式申请，担任三副、三管轮满 12 个月［至少有 6 个月是在无限航区的船舶上任职（申请沿海航区证书的无此要求），其余时间可以在沿海航区的船舶上任职］。

二副、二管轮可以通过网上受理的方式申请职务签证。

（三）到期换证

持有船长和高级船员适任证书者，满足下列条件之一，可以在适任证书有效期届满前 12 个月内或者届满后 3 个月内向有相应管理权限的海事管理机构申请适任证书再有效：

(1)从申请之日起向前计算5年内具有其适任证书所记载范围相应的不少于12个月的海上服务资历,且任职表现和安全记录良好。其中,无限航区的船员不少于6个月是在无限航区的船舶上任职(申请沿海航区证书的无此要求);船长、轮机长担任大副、大管轮或者二副、二管轮担任三副、三管轮的,可以作为原职务适任证书再有效的海上任职资历。

(2)从申请之日起向前计算6个月内具有其适任证书所记载范围相应的不少于3个月的海上服务资历,且任职表现和安全记录良好。

申请证书再有效,可以通过网上受理的方式申请,申请形式为到期换证,录入个人服务簿上签注的相应资历信息,上传服务簿照片和相应的证据材料。

也可以由船员本人或委托人,持服务簿原件或符合条件的复印件到有相应权限的海事管理机构人工受理。

(四)补发

适任证书损坏或者遗失的,持证人应当向原证书签发的海事管理机构申请补发,证书损坏的,应当缴回被损坏的证书原件;证书遗失的,应当提交证书遗失说明。

证书补发应当由船员本人或者委托人,持遗失说明向原证书签发的海事管理机构申请,目前只能人工受理。

(五)取消限制

1. 适用限制

证书的适用限制分三种:船舶种类、主推进动力装置种类及特殊设备的操作。

(1)限制适用的船舶种类为客船、滚装客船、非运输船、水产品运输船、水产品运输船(鲜销);

(2)限制适用的船舶主推进动力装置的种类为内燃机、蒸汽轮机、燃气轮机;

(3)限制适用的特殊设备操作为电子海图显示与信息系统、自动雷达标绘仪。

2. 消除限制

表6-1 证书消限

客船、滚装客船	需满足在其他海船上的资历(三副、二副12个月,大副、船长24个月),完成3个月客船见习;航程50 n mile以上的客船或滚装客船船长还应有航海技术或船舶驾驶专业专科及以上学历
非运输船舶	持有“仅适用于非运输船”证书的船员,三副、二副完成不少于3个月的货物运输内容船上见习即可消限;船长、大副应通过“船舶结构与货运”科目理论考试和“货物积载与系固”项目评估,并完成不少于3个月货物运输内容船上见习
水产品、鲜销船	可通过参加相应等级的适任考试消除适任限制。其中,水产品运输船、国际鲜销水产品运输船船员可以申请无限航区、沿海航区一等或二等适任考试;国际鲜销水产品运输船船员申请沿海航区三等适任证书免于参加适任考试,可直接申请换发
主推进动力装置种类、特殊设备操作限制	应完成《海船船员培训大纲》规定的相应内容培训并通过考试

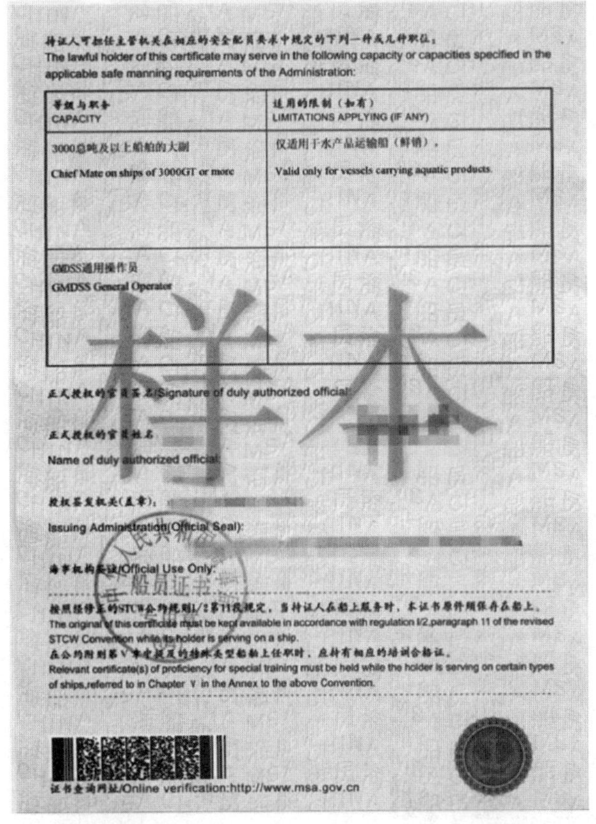

持证人可担任主管机关在相应的安全配员要求中规定的下列一种或几种职位：
The lawful holder of this certificate may serve in the following capacity or capacities specified in the applicable safe manning requirements of the Administration:

等级与职务 CAPACITY	适用的限制（如有） LIMITATIONS APPLYING (IF ANY)
3000总吨及以上船舶的大副 Chief Mate on ships of 3000GT or more	仅适用于水产品运输船（鲜销）。 Valid only for vessels carrying aquatic products.
GMDSS通用操作员 GMDSS General Operator	

样本

正式授权的官员签名/Signature of duly authorized official:

正式授权的官员姓名
Name of duly authorized official:

授权签发机关(盖章)：
Issuing Administration(Official Seal):

海事机构签注/Official Use Only:

按照经修正的STCW公约规则I/2第11段规定，当持证人在船上服务时，本证书原件须保存在船上。
The original of this certificate must be kept available in accordance with regulation I/2,paragraph 11 of the revised STCW Convention while its holder is serving on a ship.
在公约附则第V章中提及的特殊类型船舶上任职时，应持有相应的培训合格证。
Relevant certificate(s) of proficiency for special training must be held while the holder is serving on certain types of ships,referred to in Chapter V in the Annex to the above Convention.

证书查询网址/Online verification:http://www.msa.gov.cn

图 6-5　具有水产品运输船（鲜销）限制的适任证书

四、政务咨询

海事法规每隔数年会定期修订更新，各地海事机构的便民政策也略有差异。无论是在学校培训的学员，还是工作多年的老船员，如果主动学习法规政策的意识不强，又没有正规渠道获取相关知识，那么肯定会对船员考试政策、船上任职要求、证书申办等政务事项条件有所疑惑。这样不仅影响自身的办事效率，还可能被非法中介公司利用，给自己带来损失。

对此，各海事管理机构开放多种咨询答复渠道，除了都公布有对外的咨询电话，官网也开放了网上留言咨询，部分海事管理机构还开通了微信公众号，船员可关注后线上咨询。

自 2022 年 6 月 24 日起，“全国船员业务咨询热线”由中华人民共和国海事局正式运行。热线号码：400-8566-180；工作时间：工作日 08：30—12：00，14：00—17：00；受理船员从业、培训、考试和发证等相关船员业务咨询。船员可直接拨打热线号码或通过微信公众号“幸福船员”的“微服务”栏目、“中国船员”的“船员服务”栏目进入“全国船员业务咨询热线”一键拨号咨询。

另外，“i 船员”综合服务平台开通了全国船员公益法律咨询热线：400-670-8858，聘请 19 位专业律师，工作日工作时间接受电话咨询。也可登录“i 船员”微信公众号在线咨询，平台承诺 3 个工作日内在线答复。

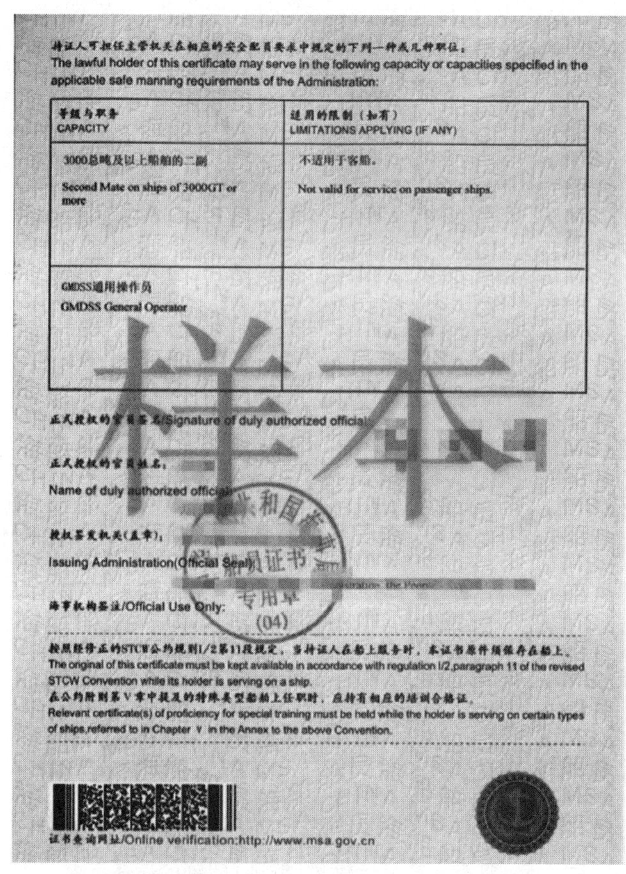

持证人可担任主管机关在相应的安全配员要求中规定的下列一种或几种职位：
The lawful holder of this certificate may serve in the following capacity or capacities specified in the applicable safe manning requirements of the Administration:

等级与职务 CAPACITY	适用的限制（如有） LIMITATIONS APPLYING (IF ANY)
3000总吨及以上船舶的二副 Second Mate on ships of 3000GT or more	不适用于客船。 Not valid for service on passenger ships.
GMDSS通用操作员 GMDSS General Operator	

正式授权的官员签名/Signature of duly authorized official:

正式授权的官员姓名：

Name of duly authorized official:

授权签发机关(盖章)：

Issuing Administration(Official Seal):

海事机构签注/Official Use Only:

按照经修正的STCW公约规则I/2第11段规定，当持证人在船上服务时，本证书原件须保存在船上。
The original of this certificate must be kept available in accordance with regulation I/2,paragraph 11 of the revised STCW Convention while its holder is serving on a ship.
在公约附则第Ⅴ章中提及的特殊类型船舶上任职时，应持有相应的培训合格证。
Relevant certificate(s) of proficiency for special training must be held while the holder is serving on certain types of ships,referred to in Chapter Ⅴ in the Annex to the above Convention.

证书查询网址/Online verification:http://www.msa.gov.cn

图 6-6　具有客船限制的适任证书

图 6-7　“i 船员”微信公众号

五、证书邮寄

2014年中华人民共和国海事局在《关于公布第一批便利船员服务清单的公告》中提到，各海事管理机构在证书制作完毕后，可根据船员需要提供证书邮寄服务。船员可以在申报证书时的"取证方式"里选择"邮寄取证"，即可实现。而后，部分海事管理机构，如辽宁海事局，针对部分船员证书（船上见习换证、职称证书和补办证书等）不能线上无纸化办理的情况，也早已开通了邮寄办理证书业务，真正实现了船员证书业务"在家申请、网上受理、邮寄办证、在家等证"的全覆盖一条龙服务。

第三节　网上申报

2019年10月10日，"海事一网通办"平台正式上线运行，该平台是海事系统全面落实国务院"互联网+政务服务"总体工作要求的重要举措。该平台不断升级完善后，实现了与现有海事综合服务平台的单点登录集成，取得了船员政务事项全覆盖、一次注册全网办、多维度服务导航、便利智能申报、实时查看办事进度等方面的成效。

一、海事政务新媒体

（一）常见海事政务新媒体

随着互联网和数字技术的高速发展，网站、公众号等网络新媒体已经逐渐成为人们获取资讯、学习交流的主要阵地之一。内容丰富、功能多样、形式新颖的海事政务新媒体为船员朋友获取权威资讯、了解行业动态、学习航运知识以及与海事部门互动交流提供了便捷的官方途径。

海事部门高度重视新媒体的作用，目前交通运输部、中国海事局以及各直属海事局均开通了官方网站及微信公众号，部分海事部门开通了官方抖音和快手账号。海事政务新媒体的蓬勃发展对于方便船员办事、提高船员队伍整体素质、丰富船员生活起到了积极的作用。

（二）海事政务新媒体功能介绍

1. 政务网站

政务网站（表6-2）是目前建设时间最久、内容最全面的政务新媒体。以中华人民共和国海事局官方网站（www. msa. gov. cn）为例，可以通过"首页"栏目了解最新海事新闻、行业动态；可以通过"政府信息公开"栏目了解海事相关法律法规、技术规范、政策解读；可以通过"互联网+政务"栏目获取办事指南，直接跳转至"海事一网通办平台"进行网上办事，查询船员证书、考试计划、考试成绩，了解身边的体检机构、外派机构以及培训机构是否具有相关资质；可以通过"航行安全"栏目获取潮汐表、海图改正等安全信息以及安全知识和事故案例；也可以通过"互动交流"栏目参与船员法律法规制定的意见征集，进行网上咨询以及投诉不法行为。

表 6-2　海事政务部门网站

名称	网址
交通运输部	www. mot. gov. cn
中国海事局	www. msa. gov. cn
上海海事局	www. sh. msa. gov. cn
天津海事局	www. tj. msa. gov. cn
辽宁海事局	www. ln. msa. gov. cn
河北海事局	www. hb. msa. gov. cn
山东海事局	www. sd. msa. gov. cn
浙江海事局	www. zj. msa. gov. cn
福建海事局	www. fj. msa. gov. cn
广东海事局	www. gd. msa. gov. cn
广西海事局	www. gx. msa. gov. cn
海南海事局	www. hn. msa. gov. cn
长江海事局	www. cj. msa. gov. cn
江苏海事局	www. js. msa. gov. cn
黑龙江海事局	www. hlj. msa. gov. cn
深圳海事局	www. sz. msa. gov. cn
连云港海事局	www. lyg. msa. gov. cn

2. 微信公众号

微信公众号(表 6-3)由于其操作方便、资讯及时、形式新颖等特点,受到船员朋友的广泛关注和喜爱,许多海事部门都开通了微信公众号。另外,还有一些如“中国船员”“幸福船员”等海事部门开通的专门面向船员群体的公众号。通过这些微信公众号可以及时获取船员相关国际公约动态及资讯,在线进行信息查询和业务申办等。以“幸福船员”为例,在及时发布船员相关法规要求、新闻资讯的同时,其“微信息”模块链接了中国海事局网站信息查询模块,可以实现证书信息、考试信息、机构信息、培训信息的在线查询;“微服务”模块提供了职业常识问答、维权指南和业务咨询热线;“微培训”模块可以实现远程培训、考试报名等功能。

表 6-3　海事政务微信公众号

公众号名称	微信号
中国海事	CHINA_MSA
上海海事发布	shmsawx
天津海事	gh_83103326f712
辽宁海事	liaoninghaishi
冀之海	hbmsajzh
山东海事	sdmsagfwx
浙江海事	zhejianghaishi
福建海事	Fujian_MSA
广东海事	gd_msa
广西海事	gx_msa
海南海事	hnmsazhengwu
长江海事发布	CJ-MSA
江苏海事发布	JiangsuMSABulletin
龙疆海事	hljmsa
深圳海事	szmsa0755
连云港海事	LYGHSZW
中国船员	China_Seafarers
幸福船员	happyseafarer

二、平台访问方式

(1)访问交通运输部海事局官网(https://www.msa.gov.cn),点击进入海事一网通办平台。

(2)或输入海事一网通办平台网址(https://zwfw.msa.gov.cn)直接进行访问。

(3)或手机微信搜索“海事一网通办”小程序。

图 6-8　交通运输部海事局网站

三、平台注册与登录

无论哪种访问方式,海事一网通办平台,初次登录均需要进行个人用户注册方能使用。以网页版为例,如图 6-9 所示。

图 6-9　海事一网通办平台首页

（1）打开海事一网通办平台首页，鼠标移到右上角“注册”按钮，船员需点击“个人注册”按钮，打开用户注册页面。填写个人身份证信息，输入手机号码获取短信验证码并输入，注册信息验证通过后生成个人账户。

为提升账号安全和信任级别,请务必准确填写本人的证件信息。

以身份证核验

请输入姓名

请输入身份证号

请选择身份证有效期开始时间

请选择身份证有效期结束时间

5年　10年　20年　长期有效

请输入您的手机号

请输入6位验证码　获取短信验证码

请创建8-18位字符密码，由数字、大小写字母或符号三种及以上组

安全级别

请输入确认密码

我已阅读并同意《海事局政务服务个人注册协议》

注册

图 6-10　个人用户注册

（2）个人账户注册成功后，需点击首页右上角“登录”按钮进入用户登录页面。

（3）注意：船员个人用户首次登录一网通办平台时，需补充用户身份证有效期的起止日期。

（4）网页登录后，点击左上角“首页”，回到海事一网通办平台首页。

（5）向下滑动页面到“政务服务”部分，在六边形的事项清单中，点击“船员业务”按钮，出现船员业务事项列表；点击“海员证核发—在线办理”进入到平台的“船员电子申报系统”。

（6）进入船员电子申报系统后，即可进行信息查询、考试报名缴费、证书申报和个人信息维护等事项办理。

与网页版平台相比，手机微信小程序的操作相对便捷，但同样需要完成注册登录后，才能办理政务事项。

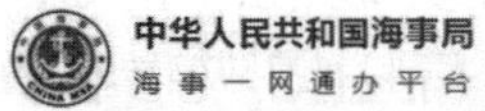

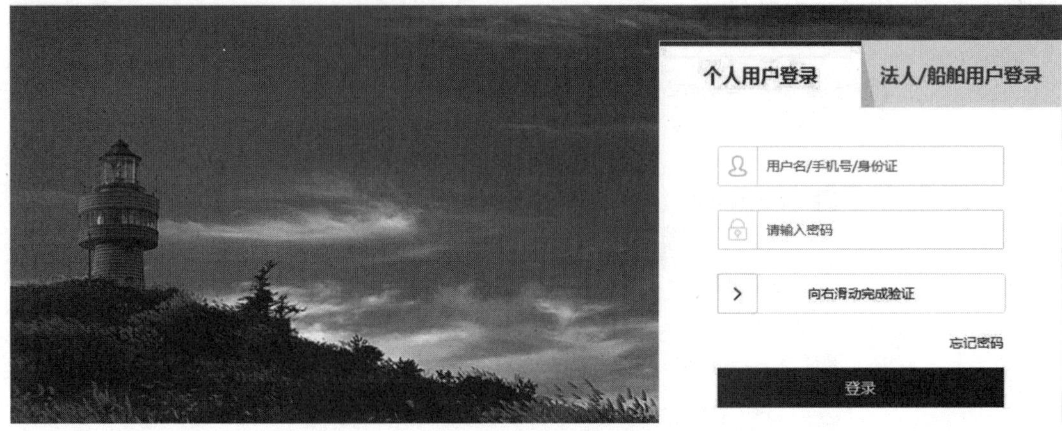

图 6-11　船员个人用户登录

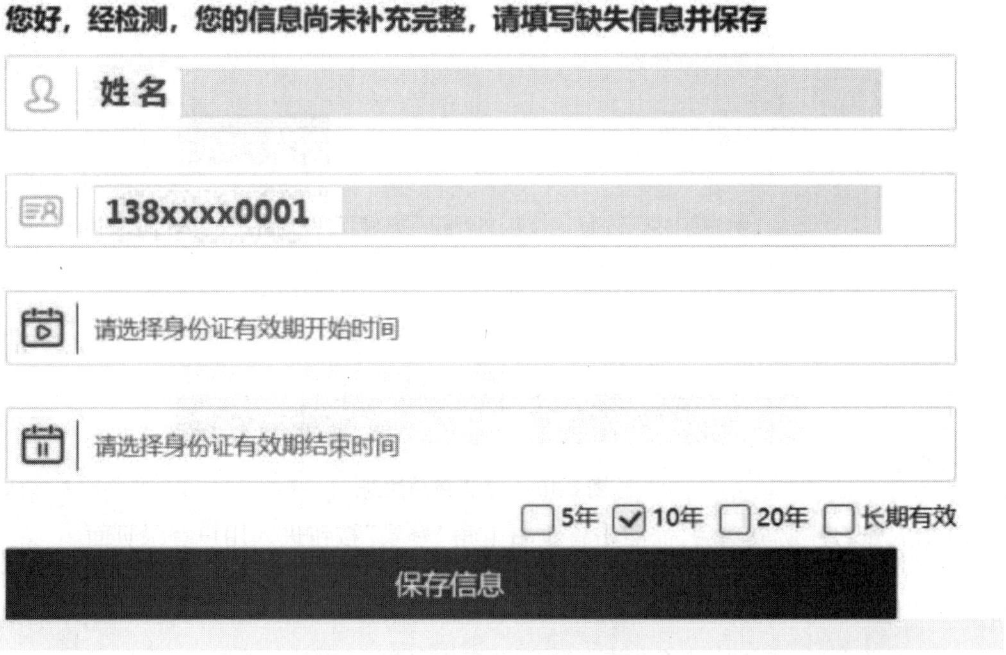

您好，经检测，您的信息尚未补充完整，请填写缺失信息并保存

姓名

138xxxx0001

请选择身份证有效期开始时间

请选择身份证有效期结束时间

5年　10年　20年　长期有效

保存信息

图 6-12　首次登录信息补全

图 6-13　平台导航栏弹出页面

图 6-14　个人办事在线办理

图 6-15　船员电子申报系统

图 6-16　海事一网通办平台(微信小程序)

四、常用事项操作流程（网页版）

(一)信息查询及更新

(1)登录海事一网通办平台,进入船员电子申报系统,在左上角蓝色菜单列表中点击"船员综合信息查询”，即出现两块信息栏。上半部分包含有基本信息、海员证人员采集信息、联系方式和学历信息，在该信息栏不仅可以上传个人照片，还可以对部分信息进行修改更新（仅限于有笔尖标识的选项）。

图 6-17　个人信息登记

（2）下半部分为船员综合信息栏。船员可以在这里查询到个人的全部证书信息、培训记录、考试成绩、任解职登记信息（网上资历）等。

图 6-18　船员综合信息页面

（二）合格证书申报

（1）登录海事一网通平台，进入船员电子申报系统后，点击“我要申请海船合格证”。

图 6-19　船员电子申报系统

(2)点击新增申请,来到【海船合格证申请信息维护】页面。

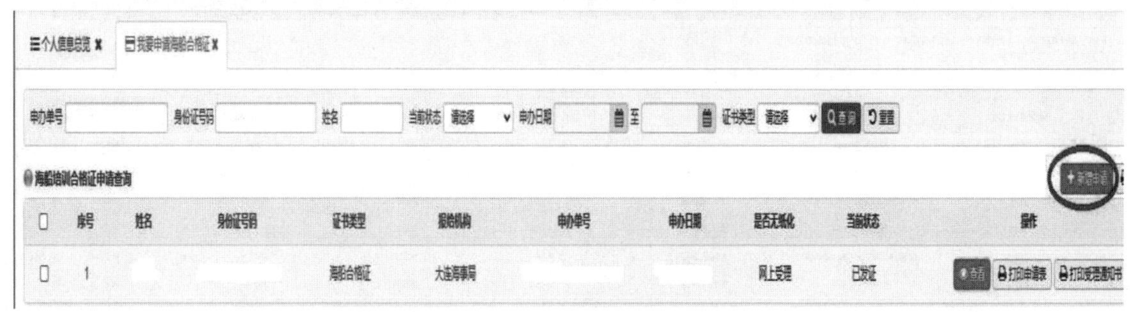

图 6-20　合格证新增申请

(3)在【海船合格证申请信息维护】页面,船员需要核对基本信息以及合格证书申请项目是否正确,再选择有对应证书签发权限的受理海事机构和取证方式。

(4)以上申报信息填写完成后,船员需点击“保存”按钮,系统会自动校验申报材料是否符合。条件符合的,则显示保存成功。

(5)保存后,点击“申报”按钮。若符合无纸化条件,则系统弹出“无纸化申报”按钮,船员可点击“无纸化申报”办理证书(免于到窗口提交纸质材料)。

海船合格证申请信息【申办单号：HHGZ-030100 】

船员基本信息

友情提示：

如果您申请的项目需要服务资历，但输入身份证号后没显示出来，请检查下方"服务簿资历信息"栏显示的资历是否满足办证条件！如不满足，请由船员本人登录系统，在"船员服务簿资历填报"功能中填报真实的服务簿

证件号码	21 0	证件类型	身份证	姓名	王
性别	男	国籍	中国	出生日期	19
手机号码	138	服务簿号码	21 0	注册类别	国际海船
健康证明(检查表)	编号：MBA01220	签发日期：2022-02-21			

证书信息

证书类型	培训合格证　军事船舶复转人员 □(如是军事复转军人请勾选，军事船舶复转人员申请海船船员基本安全合格证，免于培训和考试。)
现持培训合格证书	证书号码 PBE201　签发机关 大连海事局　签发日期
已有不变培训项目	☑基本安全培训 ☑精通救生艇筏和救助艇培训 ☑高级消防培训 ☑精通急救培训 ☑保安意识培训 ☑负有指定保安职责船员培训
此次新申请培训项目	
此次再有效培训项目	☑基本安全培训 ☑精通救生艇筏和救助艇培训 ☑高级消防培训
此次以旧换新培训项目	

图 6-21　合格证申请信息维护

提交材料

序号	要求提交的材料	系统信息	信息说明
1	《海船船员培训合格证书申请表》	✔	免予提交！
2	有效身份证件	✔	已进行信息采集！
3	符合海事管理机构要求的照片	✔	系统中已存在电子照片！
4	培训证明	✔	
5	海上服务资历	✔	
6	海船船员健康证书	✔	体检合格！

申请信息

受理海事机构* 大连海事局 选择　申办员　申办员联系电话* 13

取证方式* ◉自取 ○邮寄　提示：自取由申请人自行到受理海事机构政务大厅领取。

备注

+新增　保存　申报　打印申请表　×关闭

图 6-22　合格证申请保存成功

图 6-23　无纸化申报

(三)适任证书申报

(1)登录海事一网通平台，进入船员电子申报系统后，点击“我要申请海船适任证”。

(2)点击新增申请，来到“海船适任证书申请信息维护”页面。

(3)在“海船适任证书申请信息维护”页面，船员在核对基本信息正确无误后，需要将个人

图 6-24　船员电子申报系统

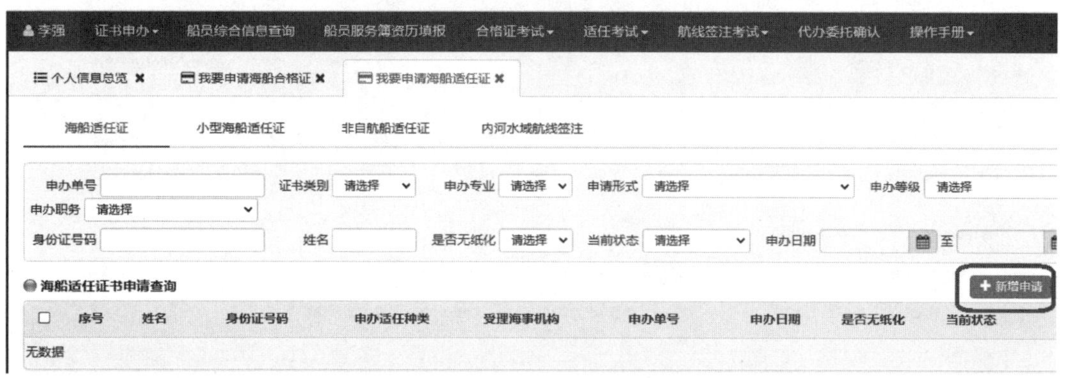

图 6-25　适任证书新增申请

适用的申请形式（如考试发证、职务签证、到期换证，或取消限制等）、航区、专业、等级、职务等信息正确填报，再选择有对应证书签发权限的受理海事机构。

（4）取证方式可以选择窗口自取或邮寄取证。选择邮寄取证的，船员需要将邮寄信息完整录入系统并保存。

（5）以上申报信息填写完成后，船员需点击“保存”按钮，系统会自动校验申报材料是否符合。条件符合的，则显示保存成功。

（6）保存后，点击“申报”按钮。若符合无纸化条件，则系统弹出“无纸化申报”按钮，船员可点击“无纸化申报”办理证书（免于到窗口提交纸质材料）。

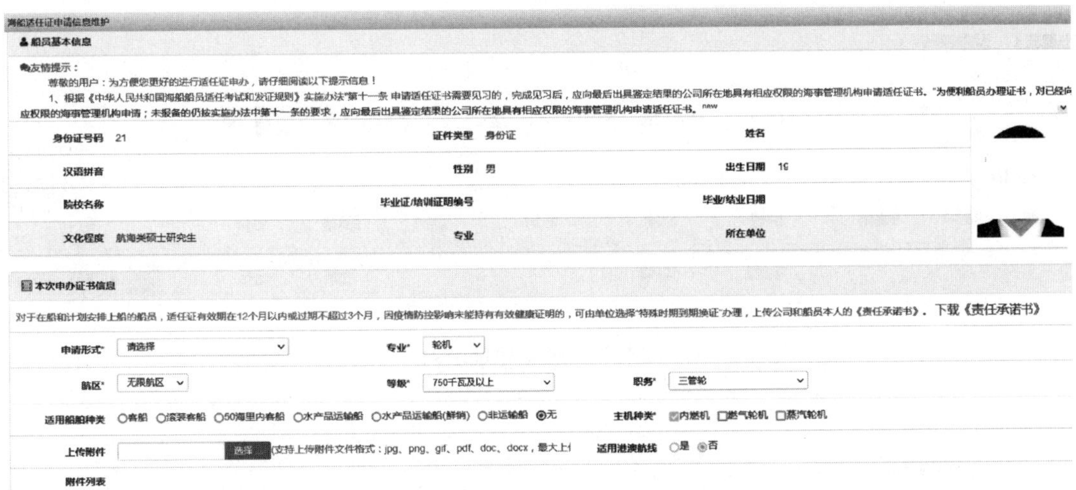

图 6-26　海船适任证书申请信息维护

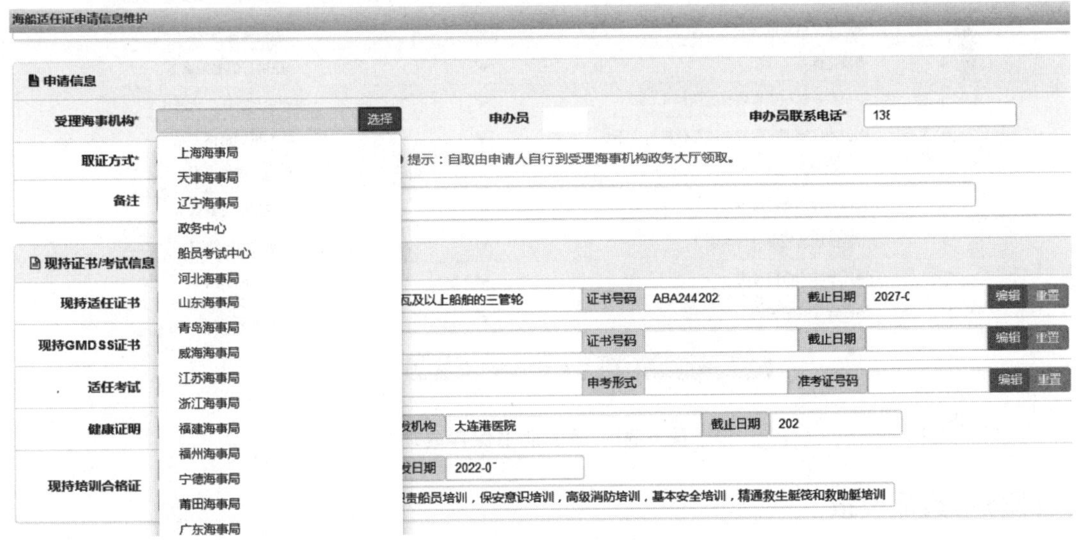

图 6-27　证书受理海事机构选择

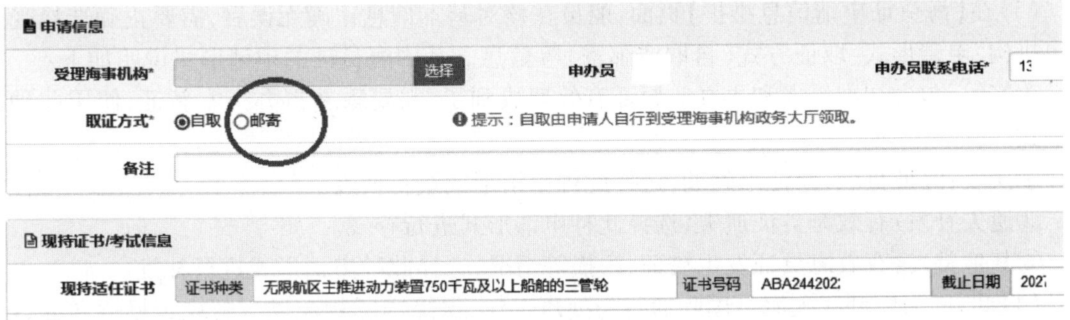

图 6-28　取证方式选择

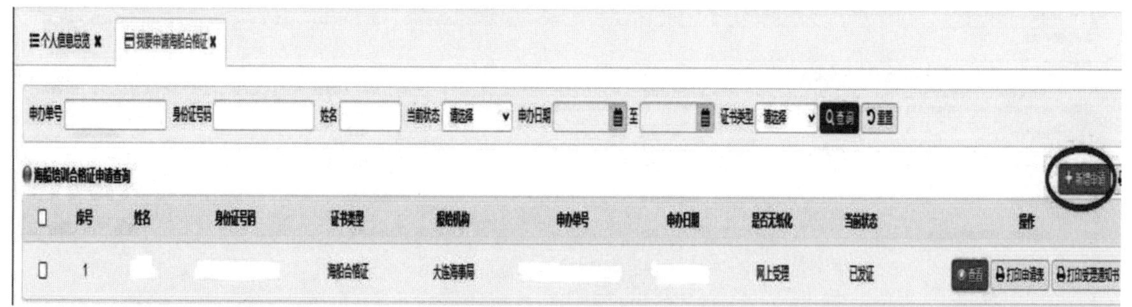

图 6-29　邮寄地址录入

提交材料

序号	要求提交的材料	系统信息	信息说明
1	海船船员适任证书申请表	✔	免予提交！
2	船员服务簿	✔	注册船员属性：国际海船；印刷号：0001
3	海船船员健康证书	✔	船员健康证书号码：！
4	身份证件	✔	已进行信息采集！
5	符合海事管理机构要求的照片	✔	系统中已存在电子照片！
6	岗位适任培训证明或者航海教育毕业证书	✔	培训合格！
7	船上见习记录簿	✔	见习资历满足要求！
8	现持有效的适任证书	✔	满足办证要求！
9	专业技能适任培训合格证	✔	满足办证要求！
10	适任考试的合格证明	✔	考试合格！
11	适任证任解职资历	✔	

+新增　保存　申报　打印申请表　关闭

图 6-30　适任证书保存成功

(四)海员证申报

(1)登录海事一网通平台,进入船员电子申报系统后,点击【我要申请新版海员证】。

(2)点击新增申请,来到【海员证申请信息维护】页面。

(3)在【海员证申请信息维护】页面,船员在核对基本信息正确无误后,需要正确选择受理海事机构、申请形式、取证方式(自取或邮寄)等信息。其中海员证的申请形式说明如下:

①签发:包含初次签发和再办。原证有效期快到了,需要重新再办一本新证,使用此种申请形式。

②换发:签证页满,原证未到期,选择此种申请形式进行换发。

③遗失补发:有效海员证遗失,选择此种申请形式进行补发。

④其他补发:有效海员证发生错证、污损等情况,选择此种申请形式进行补发。

(4)此外,为便利我国海员国际通行与换班工作,保障国际物流供应链稳定畅通和提升中国海员的国际竞争力,自 2022 年 1 月 1 日起,有海员防疫证明签发需求的,船员可在申办新版

图 6-31　船员电子申报系统

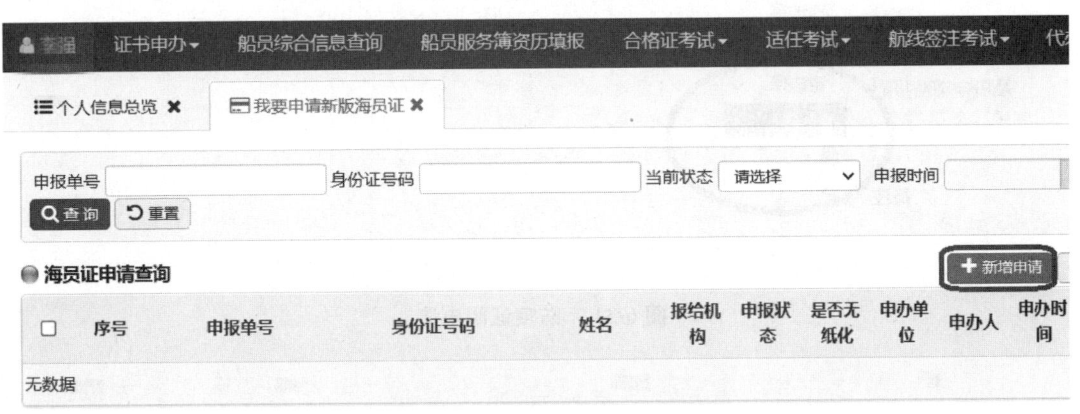

图 6-32　新版海员证新增申请

海员证时同时勾选申请防疫码。即在该申请维护页面“是否申请防疫码”选项里，选择“是”，完成申请。

(5)以上申报信息填写完成后，船员需点击“保存”按钮，系统会自动校验申报材料是否符合。条件符合的，则显示保存成功。

(6)保存后，点击“申报”按钮。若符合无纸化条件，则系统弹出“无纸化申报”按钮，船员可点击“无纸化申报”办理证书(免于到窗口提交纸质材料)。

个人信息总览 ✖ 我要申请海员证 ✖

海员证申请信息维护

人员基本信息

身份证号码* 姓名 姓名拼音

性别 男 出生日期 出生地点 辽宁省

文化程度 国籍 中国 服务单位

本次申请信息

受理海事机构* 选择 服务簿 *211 10

申办人* 申办人联系电话*

申请形式* ○签发 ○遗失补发 ○换发 ○其他补发

原证信息 无有效原证

适任证资格证明 合格证明编号

图 6-33　海员证申请信息维护

取证方式* ◉自取 ○邮寄 提示：自取由申请人自行到受理海事机构政务大厅领取。

签注 请选择 说明：注册为国内航线及内河船员才

是否申请防疫码 请选择 请选择 是 否

备注

图 6-34　防疫证明申请

申请所需材料列表

序号	需提交材料	系统信息	信息说明
1	海员证申请表	√	有[申报单号HHYZ-03000022
2	(船员服务簿) 及其复印件	√	基本信息已采集，免于提交
3	国际航行(含待种航线)船舶船员适任证书，或者确定的船员出境任务证明材料	√	基本信息已采集，免于提交
4	公安机关出具的无法律、行政法规规定的禁止公民出境的情形的证明	免于提交(已与公安部实现对接)	(公安部人员认证结果未反馈)
5	申请人近期免冠正面头像白底彩色电子证件照片(尺寸28mm*37mm，像素 330*437dpi)	√	基本信息已采集，免于提交
6	合法有效的劳动合同或管理协议及其复印件	√	个人申办免于提交
7	委托证明(适用委托办理)	√	个人申办免于提交

图 6-35　海员证申请自动校验

系统自动校验一览

序号	申报前校验项目	申报前校验结果	申报校验情况
1	海员证基本信息是否采集	通过	基础信息已采集；
2	申请年龄是否大于等于18周岁	通过	年龄大于等于18周岁：38；
3	是否存在有效的电子照片	通过	存在有效的电子照片；
4	是否重复申请	通过	否；
5	船员是否存在有效服务簿	通过	存在[国际航线：21　10]；
6	【提交材料】海员证申请表	通过	有[申报单号：HHYZ-03000022
7	【提交材料】《船员服务簿》及其复印件	通过	免于提交
8	【提交材料】国际航行(含特殊航线)船舶船员适任证书或确定的船员出境任务证明材料	通过	免于提交
9	【提交材料】公安机关出具的无法律、行政法规规定的禁止公民出境的情形的证明	通过	认证通过，无禁止出境信息
10	【提交材料】申请人近期免冠正面头像白底彩色电子证件照片(尺寸28mm*37mm，像素330*437dpi)	通过	免于提交

申请信息真实性声明

☐ 声明对以上填写内容的真实性负责。如有不实，愿意承担相应的责任。

✔无纸化申报　✔纸质申报　关闭

图 6-36　无纸化申报

(五)适任考试报名

(1)进入船员电子申报系统,在上方蓝色菜单栏“适任考试”中点击【适任考试报名】。需要提前登录海事局官网,查询海事局理论考试计划,在考试报名日期开始时,船员可根据自身情况筛选适合的考试制定机构(海事局)、考试项目和考试日期等信息。

(2)浏览考试计划后,船员需点击相应绿色“+考试报名”按钮,进入【适任考试报名维护】页面。船员需再次确认报名时间、考试时间、缴费时间和考试地点等关键信息。

(3)进入报名信息填报,船员需正确选择申考专业、申考形式(职务晋升或抽考等)、申考类别职务、考试地点,以及考试科目等信息。

(4)注意:船员申请适任考试补考,理论考试和评估补考可分别申请 5 次;每次补考,不论申请科目或者项目数量,均视为 1 次补考。

(5)全部考试信息填报确认无误后,点击保存并提交申请。报名提交后,船员应实时上网查看审核状态,报名审核通过的,及时缴费,以免影响考试。

图 6-37　适任考试报名

图 6-38　适任考试计划详细

图 6-39　适任考试形式选择

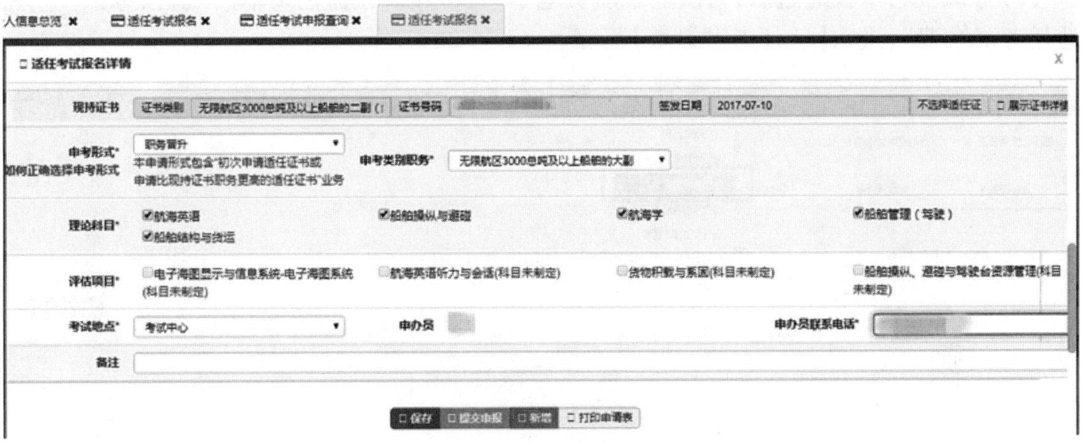

人信息总览　适任考试报名　适任考试申报查询　适任考试报名

适任考试报名详情

现持证书	证书类别	无限航区3000总吨及以上船舶的二副	证书号码		签发日期	2017-07-10	不选择适任证	展示证书详情
申考形式* 如何正确选择申考形式	职务晋升	本申请形式包含"初次申请适任证书或申请比现持证书职务更高的适任证书"业务	申考类别职务*	无限航区3000总吨及以上船舶的大副				
理论科目*	☑航海英语 ☑船舶结构与货运	☑船舶操纵与避碰	☑航海学	☑船舶管理（驾驶）				
评估项目*	□电子海图显示与信息系统-电子海图系统(科目未制定)	□航海英语听力与会话(科目未制定)	□货物积载与系固(科目未制定)	□船舶操纵、避碰与驾驶台资源管理(科目未制定)				
考试地点*	考试中心	申办员		申办员联系电话*				
备注								

保存　提交申报　新增　打印申请表

图 6-40　适任考试科目选择

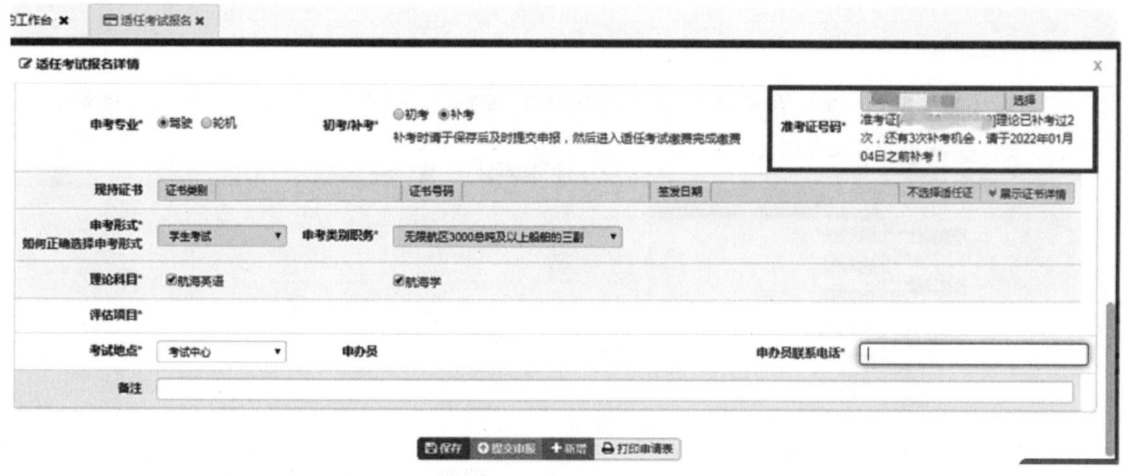

图 6-41　适任考试补考次数及期限

(六)适任考试缴费

(1)考试报名审核通过后,再次登录船员电子申报系统,在蓝色菜单栏“适任考试”中点击“适任考试缴费”,进入【适任考试缴费】页面。

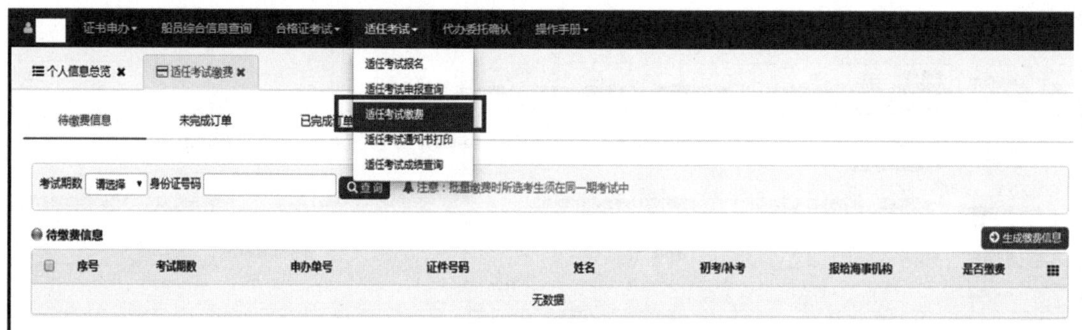

图 6-42　适任考试缴费

(2)在【适任考试缴费】页面,可看到申报的考试计划信息,点击右侧蓝色【生成缴费信息】按钮,进入缴费页面。

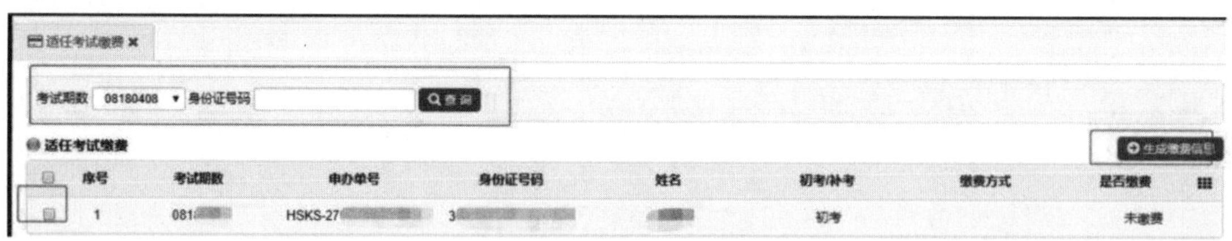

图 6-43　生成缴费信息

(3)在【生成缴费信息】页面,选择缴费方式。选择网银缴费的,即进入网上支付系统。选择现场缴费的,则需到海事局政务窗口缴费。缴费方式决定后不可更改,请慎重选择。

图 6-44　缴费方式选择

(4)选择网银缴费的,需网上绑定银行卡。支付完成后,点击“已完成付款”回到船员系统,系统显示已缴费。

图 6-45　网银缴费

图 6-46　在线支付

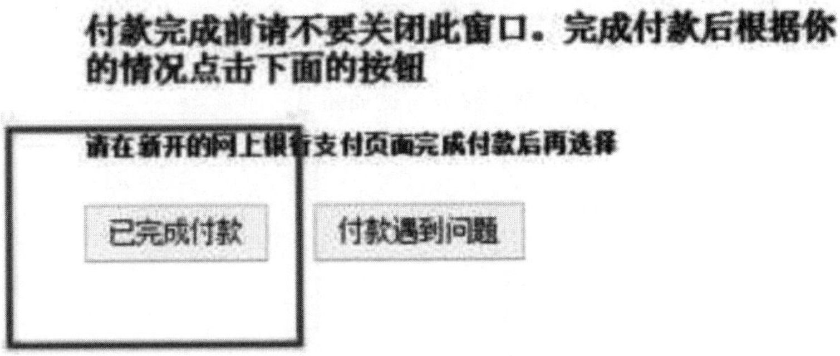

付款完成前请不要关闭此窗口。完成付款后根据你的情况点击下面的按钮

请在新开的网上银行支付页面完成付款后再选择

已完成付款　付款遇到问题

图 6-47　完成缴费

（七）适任考试准考证打印

（1）在考试缴费截止日后，船员再次登录系统，在蓝色菜单栏“适任考试”中点击“适任考试通知书打印”，进入【适任考试通知书打印】页面。

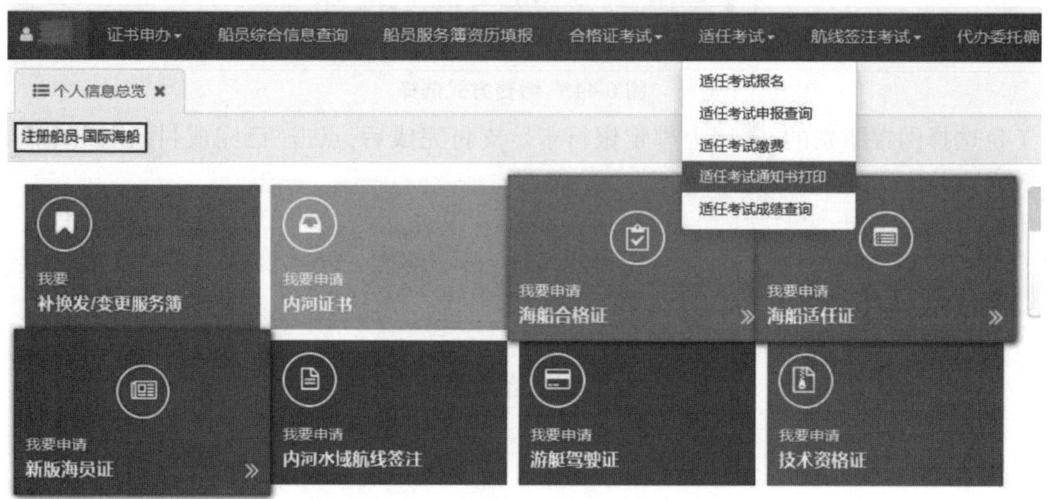

图 6-48　适任考试通知书打印

（2）在【适任考试通知书打印】页面，点击“打印考试通知书”，可连接配置打印机打印。不具备打印条件的，可在弹出的通知书页面拍照记下相应考试科目、时间及考点。

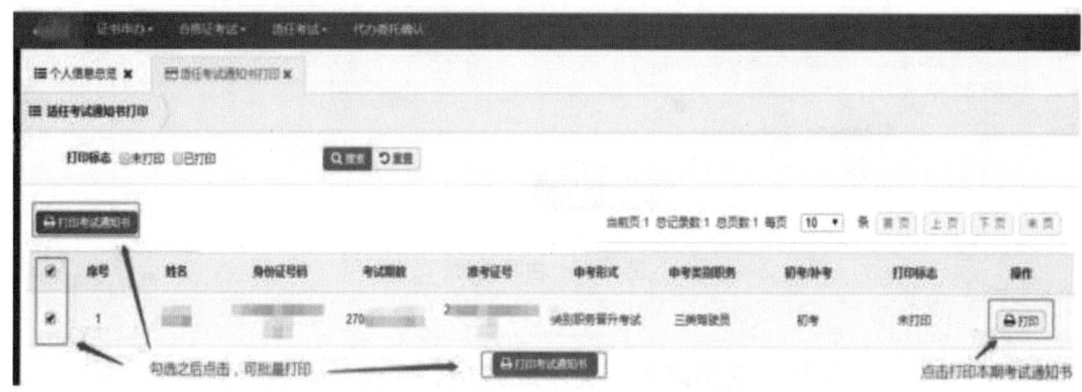

图 6-49　适任考试通知书打印

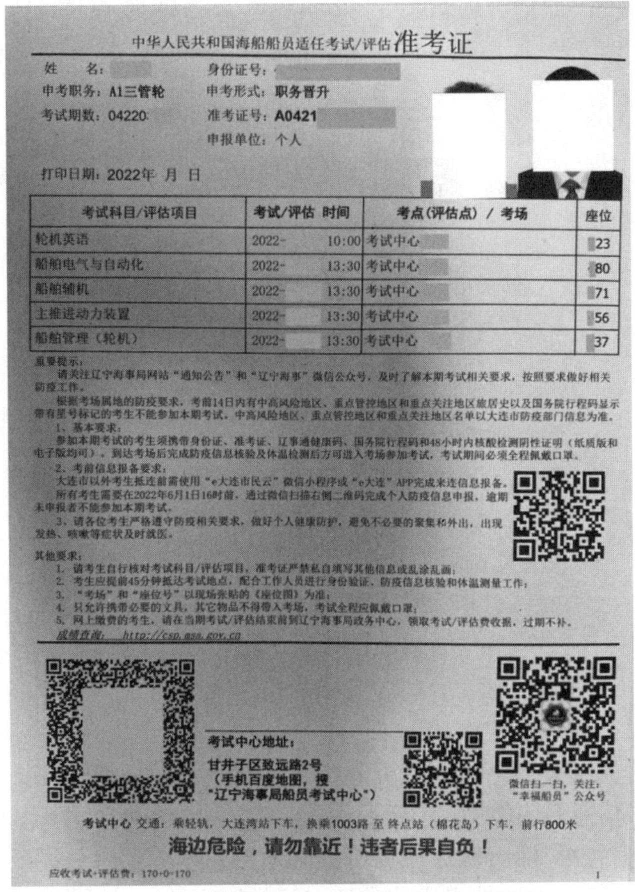

中华人民共和国海船船员适任考试/评估准考证

姓　　名：
身份证号：
申考职务：A1三管轮
申考形式：职务晋升
考试期数：04220
准考证号：A0421
申报单位：个人
打印日期：2022年 月 日

考试科目/评估项目	考试/评估 时间	考点(评估点) / 考场	座位
轮机英语	2022- 10:00	考试中心	23
船舶电气与自动化	2022- 13:30	考试中心	80
船舶辅机	2022- 13:30	考试中心	71
主推进动力装置	2022- 13:30	考试中心	56
船舶管理（轮机）	2022- 13:30	考试中心	37

重要提示：

请关注辽宁海事局网站“通知公告”和“辽宁海事”微信公众号，及时了解本期考试相关要求，按照要求做好相关防疫工作。

根据考场属地的防疫要求，考前14日内有中高风险地区、重点管控地区和重点关注地区旅居史以及国务院行程码显示带有星号标记的考生不能参加本期考试。中高风险地区、重点管控地区和重点关注地区名单以大连市防疫部门信息为准。

1、基本要求：

参加本期考试的考生须携带身份证、准考证、辽事通健康码、国务院行程码和48小时内核酸检测阴性证明（纸质版和电子版均可），到达考场后完成防疫信息核验及体温检测后方可进入考场参加考试，考试期间必须全程佩戴口罩。

2、考前信息报备要求：

大连市以外考生抵连前需使用“e大连市民云”微信小程序或“e大连”APP完成来连信息报备。

所有考生需要在2022年6月1日16时前，通过微信扫描右侧二维码完成个人防疫信息申报，逾期未申报者不能参加本期考试。

3、请各位考生严格遵守防疫相关要求，做好个人健康防护，避免不必要的聚集和外出，出现发热、咳嗽等症状及时就医。

其他要求：

1. 请考生自行核对考试科目/评估项目，准考证严禁私自填写其他信息或乱涂乱画；
2. 考生应提前45分钟抵达考试地点，配合工作人员进行身份验证、防疫信息核验和体温测量工作；
3. “考场”和“座位号”以现场张贴的《座位图》为准；
4. 只允许携带必要的文具，其它物品不得带入考场，考试全程应佩戴口罩；
5. 网上缴费的考生，请在当期考试/评估结束前到辽宁海事局政务中心，领取考试/评估费收据，过期不补。

成绩查询：　http://csp.msa.gov.cn

考试中心地址：
甘井子区致远路2号
（手机百度地图，搜“辽宁海事局船员考试中心”）

微信扫一扫，关注：“幸福船员”公众号

考试中心 交通：乘轻轨，大连湾站下车，换乘1003路 至 终点站（棉花岛）下车，前行800米

海边危险，请勿靠近！违者后果自负！

应收考试+评估费：170+0=170

图 6-50　适任考试通知书样式

(八)船员服务簿资历填报

(1)登录海事一网通平台，进入船员电子申报系统，在左上角蓝色菜单列表中点击【船员服务簿资历填报】，在新弹出页面右侧出现两个绿色按钮：【服务簿资历证据管理】，是将服务簿资历证据以图片形式上传系统；【新增服务簿资历】，是将服务簿资历信息以文字形式填报录入系统。

图 6-51　船员服务簿资历填报

（2）点击【服务簿资历证据管理】进入上传页面。上传证据前，船员需将相关证据以照片或扫描图片形式存于电脑中，上传图片限于 jpg、png 和 gif 格式，且单张大小不超过 1 MB。

船员服务簿资历相关证据上传

选择 ... （支持上传附件文件格式：jpg、png、gif，最大上传1MB。）

序号	文件名	上传日期	操作
1	船员服务簿个人信息页.jpg	2020-07-02	下载 删除
2	船员服务簿资历页第1页.jpg	2020-07-02	下载 删除
3	海员证个人信息页.jpg	2020-07-02	下载 删除
4	海员证签注页第1页.jpg	2020-07-02	下载 删除
5	海员证签注页第2页.jpg	2020-07-02	下载 删除
6	船员服务簿资历页第2页.jpg	2022-03-10	下载 删除

图 6-52　资历相关证据上传

注意：

请确保上传的资历等相关证据的真实性，因船员个人上报虚假信息而产生的任何问题，由船员个人负责，请在保存前认真核准！

相关证据包括：船员服务簿个人信息页、船员服务簿资历页、海员证个人信息页、海员证出入境签注页、护照个人信息页、护照出入境签注页。

船员服务簿个人信息页、船员服务簿资历页必须拍照上传。海员证及护照的个人信息页、签注页只需在确实使用了该类证件出入境的情况下拍照上传。

附件名称请按照“船员服务簿个人信息页”“船员服务簿资历页第 1 页”“船员服务簿资历页第 2 页”“海员证签注页第 1 页”等格式命名。

船员服务簿资历相关证据上传

选择 ... （支持上传附件文件格式：jpg、png、gif，最大上传1MB。）

序号	文件名	上传日期	操作
1	船员服务簿个人信息页.jpg	2020-07-02	下载 删除
2	船员服务簿资历页第1页.jpg	2020-07-02	下载 删除
3	海员证个人信息页.jpg	2020-07-02	下载 删除
4	海员证签注页第1页.jpg	2020-07-02	下载 删除
5	海员证签注页第2页.jpg	2020-07-02	下载 删除
6	船员服务簿资历页第2页.jpg	2022-03-10	下载 删除

图 6-53　资历相关证据上传成功

(3)点击【新增服务簿资历】进入资历录入页面,船员在核对个人证书信息无误后,将船员服务簿中的船舶信息和任解职信息填报完整。【船舶信息】,点击“选择”按钮后,输入中英文船名、IMO 编号或船舶识别号筛选船舶信息。【任解职信息】,逐一录入航区、任职职务、资历等级、任解职日期、任解职地点等资历信息。完成录入后,点击保存。

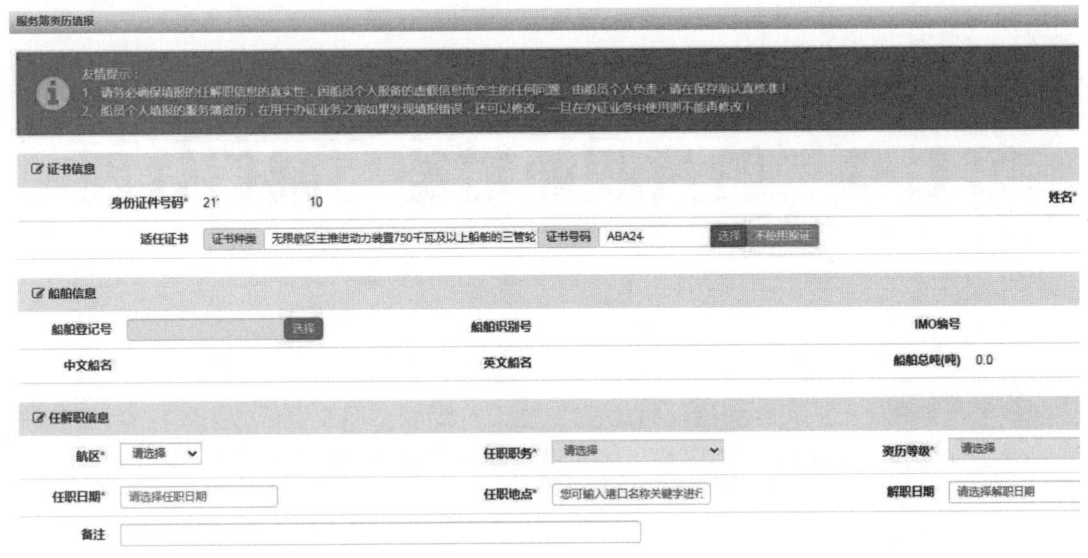

图 6-54　服务簿资历填报

(4)注意:船员个人填报的服务簿资历,在用于办证业务之前如果发现填报错误,还可以修改,一旦在办证业务中使用则不能再修改!

序号	任职船舶中文名	任职船舶英文名	适任证号码	航区	船舶等级	任职职务	任职地点	任职日期	解职地点	解职日期	任职天数	当前状态	操作
1	育鹏	YU PENG	ABA2132020	无限航区	3000千瓦及以上	二管轮	大连-DA LIAN	2020-10-27	张家港-ZHANG JIA GANG	2021-11-01	371	下船确报已保存	资历确报 删除
2	阳光克拉	SUN `CALLA	ABA214201	无限航区	3000千瓦及以上	三管轮	上海-SHANG HAI	2019-07-21	上海-SHANG HAI	2020-06-24	340	下船确报已保存	查看
3	卡梅拉	CAMELLIA	ABA214201	无限航区	3000千瓦及以上	三管轮	蛇口-	2018-08-05	黄埔-HUANG PU	2019-05-14	283	下船确报已保存	查看

图 6-55　已录入服务簿资历列表

第七章 船员职业道德与诚信管理

本章综合航运业发展实际和船员职业特点，重点介绍船员职业道德的主要内容，船员诚信管理的概念，以及政府部门、企业、船员个体对做好船员诚信管理发挥的作用。

第一节 船员职业道德

一、爱国进取

弘扬爱国主义，立志为国进取，是我国船员的光荣传统，也是中华民族的传统美德，是爱国主义原则的具体体现与展开。

中华人民共和国成立后，中国船员的爱国主义传统在新时期继续得到发扬光大，形成了“热爱中国，热爱远洋，艰苦奋斗，开拓创新”的新风尚，涌现出一大批爱国进取的模范船员。

当代中国船员是社会主义事业的建设者，在交通运输、经济贸易中发挥着重要的作用。远洋船员由于常年工作和生活在“流动的国土”——远洋船舶上，因此经常往来于世界各个国家和地区，航海职业的涉外性决定了中国船员必须有坚定的政治立场、强烈的爱国主义和集体主义精神。当前，我国处在科技、教育、经济全面高速发展的时期，充满了希望、挑战与机遇。爱祖国，就是要倾心关注祖国的命运，对祖国忠心耿耿，处处维护民族的尊严、祖国的声誉和利益，用实际行动为祖国的繁荣昌盛、人民的富裕幸福进行不懈的奋斗。

第一，爱国进取，就要增强心中的祖国意识。爱国，是一种信仰，也是一种深埋内心的力量。爱国主义精神深深植根于中华儿女心中，是中华民族的精神基因。船舶是“流动的国土”，海员长期航行于世界各地，对祖国，更是有着特殊的情感。增强心中的祖国意识，就能时时处处感受到祖国的存在，想到为祖国奉献，注意维护祖国的尊严。只有把爱国主义融入血液，把爱国作为最基本的职业道德，才能打开个人的认知格局和高度。父母养育了我们每个人，而每个人都是被祖国家乡的山水所养育，每个人都是祖国山山水水的精灵；国家保障国防，满足安居乐业安全需求的大环境;国家提供就业,让人们生活得更加幸福美好。同时,爱国主义不是抽象的,爱护国旗、国徽、国歌,这些细节看似不起眼,实际上它们体现着浓厚的爱国主义情感,每个中华儿女都应该像对待自己的生命一样对待国旗、国徽、国歌。早些年,在国内外港口有时会看到一些船舶悬挂的国旗被船烟灰熏成灰色甚至黑色,一些船舶悬挂着被海风撕扯破损的国旗,一些船舶悬挂着不合规格的国旗,有些渔船甚至将国旗颠倒悬挂。在我国,国旗是中华人民共和国的象征,《船舶升挂国旗管理办法》第九条规定:“船舶悬挂的中国国旗应当整洁,不得破损、污损、褪色或者不合规格,不得倒挂。”船舶应该及时更换破损、污损及不合规格的国旗,以维护祖国的尊严。

第二,维护祖国的尊严,保持民族自尊心。随着改革开放的不断深入,中国国力的提高,大量的中国国民走向了世界,世界对中国的关注也加大了。过去有一些可能别人不太重视的问题,现在进入了别人的视野。因此我们船员走出国门时,就要遵循适当的行为道德和文明礼仪规范,这涉及整个中国的形象问题。作为一名远洋船员,在自身的航海生涯、周游世界的过程中,如果没有一种因为对祖国深厚真挚的感情而珍惜国家形象,不约束自己的思想行为,就很容易迷失方向,行差踏错,做出有损国家形象甚至有辱国格的事情。

第三,报效祖国,努力工作。要把爱国之情化为报国之志和效国之行,用高尚的人格、精湛的技艺、正直的行为为祖国争光,为此我们要树立祖国利益高于一切的思想,为中华之崛起而刻苦读书,为中华民族伟大复兴而努力工作。开拓进取、立足本职是热爱祖国、忠于祖国、报效祖国的实际行动。我们不能把爱国停留在口头上,任何一种美好的品质都必须化为实际行动,而这种行动不仅包括经受关键时刻的考验,而且还包括日复一日工作实践中的潜心磨炼。没有对自己所从事的事业满腔热情的追求,没有精湛的技艺和本领,热爱祖国、忠于祖国就是一纸空谈,并且,只有平日里点点滴滴实践的积累,才能在关键时刻为国争光,显示出中华儿女对祖国母亲的深情厚谊。

【案例】爱国进取,赓续“海辽”号红色血脉。1949 年 9 月 19 日下午 6 时,中国香港招商局下班后,“海辽”号未拉汽笛就悄悄起航。晚 9 时,方枕流将全体船员集中,宣布:“海辽”号起义,开赴解放区。事先起义者们控制了少数反动分子。接着,方枕流和马骏等一起返回船长室,认真研究行动方案。首先,给国民党船务总局发电报,谎称“海辽”号主轮机的气缸受损,维修人员正在想办法,以此争取拖延 1 到 3 天时间。其次,尽量隐藏“海辽”号的踪迹。让“海辽”号先往南航行,穿过菲律宾的巴林塘海峡,然后掉头北上,从中国台湾东面的太平洋绕个大圈子,最后经由琉球群岛的北端驶进渤海湾。接着,船长方枕流和起义核心领导小组把全体船员紧急动员起来,连夜涂掉船身所有能被辨认出来的标志,并进行伪装,装扮成英国莫勒轮船公司的“玛丽·莫勒”号。“海辽”号按选好的航线,加速驶向菲律宾北面的巴林塘海峡。新任大副席凤仪率领船员涂掉船上“海辽”字样,改装了船形,不再与任何电台联系,实行灯火管制。22 日,“海辽”号在菲律宾北面的巴林塘海峡遭遇海盗。9 月 23 日后,又改成悬挂巴拿马旗的“安东尼亚”号,以避免敌人飞机的侦察和轰炸。27 日傍晚,“海辽”号终于驶过朝鲜海峡,来到渤海湾。28 日晨,一艘漆有“安东尼亚”号标志的海轮突然出现在大连湾,经过 8 天 9 夜的航程,伪装的“海辽”轮抵达大连港,“海辽”号起义成功。

1949 年 10 月 1 日,“海辽”号成为中华人民共和国第一艘挂起五星红旗的海轮。10 月 24 日,毛泽东打电报给方枕流船长和全体船员,表示祝贺和嘉勉。10 月 26 日,上海海员工会也给“海辽”号发来了贺电,根据大连旅大区党委指示,大连轮船公司为“海辽”号的船长方枕流记特等功，为报务主任马骏和大副席凤仪记一等功，二副鱼瑞麟及其他船员也都分别被记了功。

“海辽”号在中华人民共和国成立前夕，冲破国民党在海上的重重封锁，历经 8 天 9 夜，从中国香港辗转海外开回祖国，成为第一艘起义的海轮。在“海辽”号首举义旗的带动下，中央航空和中国航空公司的 12 架飞机、国民党招商局香港船务局 13 艘海轮相继起义。起义后，“海辽”号改名为“东方 1”号，并参加北洋运输。1953 年，又改名为“和平 8”号。

二、敬业奉献

敬业奉献是热爱祖国与热爱航海的具体化表现。敬业奉献是全社会大力提倡的职业道德行为准则，是每个从业者职业道德的首要标志。敬业奉献就是要热爱自己的工作岗位，用一种恭敬严肃的态度对待自己的工作。具体要求做到，喜欢自己的专业，热爱自己的本职工作；勤奋学习专业，钻研自己的本职工作；使自己本职工作的技术、业务水平不断提高，精益求精；以主人翁的态度对待本职工作，树立强烈的事业心和责任感，反对玩忽职守的渎职行为。

对航运业来说，忠于职守、敬业奉献直接关系到航运的安全。船员，特别是远洋船员的工作，操纵的是几千万乃至上亿元价值的船舶，客船上还关系到旅客的生命和财产安全，因而责任、自豪、光荣始终伴随着船员的工作，这一切使忠于职守、敬业奉献对船员来说具有特殊的重要性。

同时，航运企业要发展、船员队伍要壮大、船员劳务市场要扩大，其根本的一条，就是要有高素质的船员队伍作保证。而敬业精神则是每一名劳务船员必须具备的职业素质，是海运企业生存之根本。从大的方面讲，敬业精神是市场经济的内在要求，因为市场经济是追求效益、利润的经济，而利润的获得必须依赖市场主体的开拓进取、顽强拼搏，这就需要发扬敬业精神。而从船员个体讲，竞争、等价交换也必然要求人们以优质服务、精益求精、恪尽职守、讲究信用的态度对待公众与社会。敬业精神在某种意义上可以说是市场经济发展的精神文化基础。如果我们的每一名劳务船员以一种尊敬、虔诚的心灵对待职业，甚至对职业有一种敬畏的态度，那他就已经具有了基本的敬业精神。但是，他的敬畏心态如果没有上升到视自己职业为天职的高度，那么他的敬业精神就还不彻底，他还没有掌握它的精髓。天职的观念使每名船员对自己的职业具有了神圣感和使命感，也使自己的生命信仰与自己的工作联系在了一起。只有将自己的职业视为自己的生命信仰，那才是真正掌握了敬业的本质。

此外，只有具备敬业精神，才能更好地就业从业，所谓“今天不敬业，明天就失业；今天不爱岗，明天就下岗；今天不努力工作，明天就要努力找工作”。这就说明敬业奉献不仅与国、与民、与企业关系重大，而且与自身利益关系密切。要树立强烈的竞争意识，要有危机感、紧迫感、责任感，彻底摒弃那些把工作当成应付上级检查、得过且过、不讲究效率和质量、处于被动状态、讨价还价、缺乏责任心等与敬业精神相悖的表现。

那么，船员怎么才算做到敬业奉献呢？

第一，正确认识到船员工作的意义和价值。当前，世界正逢百年未有之大变局，航海事业、海上运输对促进国民经济社会发展作用日益突出，是伟大崇高且重要的。据科学家的预测，随着科学的发展和人类对海洋的认识和开发，21 世纪海洋工程将在科学上占有突出地位。我国拥有 37 万 km^2 的领海，近 300 万 km^2 可管辖海域。航海事业有着光明而辉煌的前景，每一个船员都应为自己所从事的事业而感到骄傲和自豪。

第二，对工作要认真严肃，精益求精，不断进取。敬业奉献不仅表现在对本职工作的真心喜爱上，还表现在对本职工作的认真负责、勤奋努力、精益求精、不断进取的实际行动上。随着我国航运业的不断发展和改革开放的不断深入，船舶运输的管理更加科学，这就对船员的业务水平、工作能力、职业素质提出了更高层次和更高规格的要求。面对严峻的挑战和考验，船员在工作中绝不能安于现状，故步自封、不思进取，而应当严格要求自己，与时俱进，对本职工作精益求精、敢于创新，并注意不断弥补改进工作中的缺陷和不足，改进工作方法和方式，努力提高自己的业务水平和职业技能，力争在工作中有新的建树。

第三，做到坚守岗位，履行岗位职责。职业责任是指人们在一定职业活动中所承担的特定的职责，它包括人们应该做的工作以及应该承担的义务。职业活动是人的一生中最基本的社会活动，凡是社会所需要的职业，社会都给它规定了具体的职业要求即职业责任，因此不存在没有责任的职业。职业责任是由社会分工决定的，是职业活动的中心，也是构成特定职业的基础，它往往通过行政的甚至法律的方式加以确定和维护。从事职业活动的当事人是否履行自己的职业责任，是这个当事人是否称职、是否胜任工作的尺度。

船员要忠实履行岗位职责，就是要把一点一滴的小事做好，把一分一秒的时间抓牢。搞好每一项维修，做好每一次操作，填好每一张记录，算准每一个数据，完成好每一次航次任务。古人说："不积跬步，无以至千里"。从我做起，从小事做起，从本职工作做起，这或许就是对敬业精神最精辟的理解。要严禁玩忽职守的渎职行为。在船舶上，玩忽职守、渎职失职的现象时有发生，造成严重的后果和恶劣的影响，应给予重视和警惕。

要做到"三明确"，即明确自己的岗位，明确做什么工作，明确工作到什么程度。每一名船员都有自己的工作岗位和职责，一旦失职，就会造成严重后果。船舶上每一个船员都要严格执行岗位职责，按规定的规章制度去做，确保船舶正常安全航行。在任何情况下都要坚守岗位，严禁当班时擅自离船、看书看报看电视、打电话等玩忽职守的行为。

第四，要做到爱船如家，精于管理。对船员来说，爱祖国、爱航海不是抽象的，而是具体的，也就是说，这种爱要体现在爱船上。没有对船舶真挚的爱，没有强烈的主人翁责任感，就不会做到爱船如家，就不能体现出对航运事业真挚的爱。船员对船舶有特殊的感情。船员在船上的时间往往超过在家的时间，船舶是船员真正意义上的"第二个家庭"，船舶与每个船员的利益密切相连。爱船如家，要求每个船员都把船舶视为自己生命的一部分，认真保养船、管理船。船舶保养得好，就能保证运输安全，就能延长船的寿命，减少投入，增大收益，就能保证船期，赢得信誉。

在这方面，中国远洋两个文明建设标兵船——"华铜海"轮做出了表率，被国际航运界誉为"中国出租船舶的一面旗帜"。它在服役期间实行全面质量管理，精心养护船舶，使船舶的衰老期不断推迟。这艘12年未进厂维修的巨大货船，从甲板到机舱，到每个角落，处处整洁如新。它在大海上服役22年，主要设备仍然保持着出厂初期的性能，能跑环球航线。这艘船创造一流效益的四个原则是：装货到最大水尺，航线走最经济航线，非生产停泊时间最短，费用开支最省。12年间，"华铜海"轮节约修理费2 171万港元，节约修船期294天，如果将节约的船期换算成租金，就相当于多创收240万美元。"华铜海"轮无愧于标兵船的称号。由此可见，船员具有爱船如家、精于管理的敬业精神会创造出一流的工作质量和服务水平。

【**案例**】敬业奉献,杨怀远和他的“小扁担精神”。

杨怀远曾先后担任原交通部上海海运局“和平14”号、“大庆11”号的生火工、服务员、副政委、政委。1980年他主动辞去政委职务,到“长柳”等轮继续担任服务员,直到1997年11月退休。多年来,他始终以雷锋为榜样,甘当人民的“挑夫”,自备120多种方便旅客的用具,肩挑小扁担,穿梭于旅客之中,为旅客排忧解难,被旅客誉为“老人的拐杖”“孩子的保姆”“病人的护士”。他独创一套语言服务和心理服务学,用日记积累了6 000余首服务诗歌、顺口溜,还把服务经验写成40余万字的《讲点服务学》。他挑着一根为人民服务的小扁担,从青年、中年挑到老年,始终不计报酬,全心全意为人民服务,被誉为“小扁担精神”。曾经被他帮助过的群众在他的47根扁担上写满了饱含真情的话语。他不仅是优秀的服务员,还是精神文明的宣传员。退休后,他成为上海百老德育讲师团成员,应邀到学校、企事业单位等做报告600多场,认真践行着“为人民服务到白头”的承诺。

有人曾经问他,是什么力量支撑他挑了38年扁担?杨怀远说:“人民群众有需要。”“为人民服务从小事做起,贵在坚持”,这句话记在杨怀远的日记本上,也贯穿在他整个职业生涯中。1985年,他被授予“全国劳动模范”荣誉称号;2009年,获评“100位新中国成立以来感动中国人物”;2019年9月,获得“最美奋斗者”荣誉称号;2021年6月,被中共中央表彰为“全国优秀共产党员”。

三、同舟共济

团结协作、同舟共济是船员的优秀品质和光荣传统。同其他职业相比,船员的团结协作、同舟共济更为重要,是战胜自然环境,完成高效优质服务的必要前提和重要保证。

古今中外,凡是在大海中行船都需要同心同德与团结协作。同舟共济是船员的传统美德,这是由这一职业的特点所自然形成的。远洋船员为了一个共同的理想,从祖国各地走到一艘船上,长年共同工作、学习、生活在一起,远比在陆上工作的人更需要明确团结协作的重要意义。全体船员需要一起经风浪、历险情,不仅要战胜大自然的突然袭击,而且要迎接各种意外事件的挑战。一艘船如果离开全体船员的团结协作就不能顺利地抵达彼岸,所以说船上更需要牢固的凝聚力。有人用“有福同享、有难同当、情同手足、生死与共”来形容船舶上船员的关系是很贴切的。

第一,坚持团队至上原则,培养团队精神。所谓团队,是指一些才能互补、团结和谐并为共同实现共同目标而奉献的一群人。团队至上原则是指团队中的个人应该始终将团队的利益放在第一位,团队成员应该围绕团队的目标来安排自己的工作,当然团队也会尽量满足个人的愿望和需求。团队至上,强调看问题、做事情从整体利益出发,为全船的利益着想,一言一行、一举一动都要注意协调好上下左右的人际关系及其他关系,要坚决避免不利于团结的言行。不能为了个人或小团体的利益不服从公司的安排和调度而损害船舶所有人、承租人的利益。船员随船舶在汪洋大海中航行,个人与船舶同舟共济,个人的命运与整个船舶和航运公司及集体、国家的命运息息相关,因此应当将团队至上的原则作为船员的基本道德原则。船员将个人的利益和整个船舶和航运公司及集体、国家的利益紧密相连,主要体现在团队精神方面。

船员怎样培育和发挥团队精神,能否培育团队精神,把航运企业建成一个战斗力很强的集体,受许多因素的影响,需要有系统配套的措施,可以从以下几个方面着手:一是要充分认同、明确航运企业和船舶的经营目标。首先要在目标的认同上凝聚在一起,形成坚强的团队,以激励全体船员团结奋进。因此,一定要有导向明确、科学合理的目标,把经营目标、战略、经营观念融入每个员工头脑中,成为员工的共识。然后把目标进行分解,使每一部门、每一个人都知道自己承担的责任和应做出的贡献,把每一部门、每一个人的工作与船舶、航运企业总目标紧密结合在一起。二是建立系统科学的管理制度。管理工作和人的行为制度化、规范化、程序化,是航运经营活动协调、有序、高效运行的重要保证。三是在航运企业和船舶内部形成良好的沟通和协调机制。使上下左右的信息渠道畅通,从而达到认识上的一致,协调各方取得行动的一致,上下形成一股合力,使大家心往一处想,劲往一处使。在航运市场竞争日趋激烈的今天,一个企业没有强大的团队精神,很难获得巨大的成功。一个成功的航运企业必须是一个既敢于开拓创新,又善于团结合作的团队。虽然每个人在这个团队中所处的位置、职务有高低差别,但团队中的每个成员都必须精诚团结、善于合作,只有这样才能搞好工作、发展事业,同时这个团队中的每个人也才能人尽其才,在团队的发展中实现自己的理想和抱负。

第二,正确处理人际关系,促进"同舟共济"良好船风的形成。卡耐基说:"一个人的成功,只有 15%是由于他的专业技术,而 85%则是靠人际关系和他的为人处世能力。"船舶的人际关系融洽,相互支持,相互配合,大家能自觉地把集体利益置于个人利益之上,能形成"同舟共济"的良好船风,有利于更好地完成群体任务。

船员工作和生活在船舶上,几十个人朝夕相处在十分有限的空间内。尤其是远洋船员,常年漂泊在茫茫大海上,远离大陆,远离祖国和亲人。比如航行在北美和东西非的船舶,船期少则两个月,多则四五个月,有的外派船舶一个船期甚至在一年以上。在船上,船员的相互交往主要局限在同船的几十个同事之间,与社会其他成员相对隔绝,反映了社会交往的封闭性。小群体交往的封闭性,对船员的心理和人际关系会产生很大影响。

从事远洋运输业的船员在一个有限的浮动空间上,人员数量虽然不多,但人员的结构却多样化。从国内看,随着来自中西部地区船员数量的增多,船舶上船员的地域构成发生了变化。从世界范围看,国际船员供应的世界性东移,多国籍船员共处一条船舶已很普遍。多地域、多国籍船员的混合,文化交往的冲突,知识和技术业务水平的参差悬殊,饮食习惯的不同,宗教信仰的差异等因素,使人际关系变得更加复杂。

此外,远洋船舶航行于国内外各个港口,到达不同民族、不同社会制度和不同宗教信仰的国家和地区。船员通过海上运输这一工作与各种各样的人发生交往。不同的社会制度和民族特点,不同的道德观念和风土人情,都会使船员的人际交往变得更为复杂。

船员人际交往的频繁流动性主要体现在两个方面:一是船舶内部小群体人员的频繁流动。由于海上运输的特殊性,船员不可能像陆地上的机关、企事业单位那样,长期固定于一个工作单位和部门。大多数船员可能公休一次就换一条船,长的航线可能会有一年左右的时间,短的航线,航行几次后,也会因公休或工作需要而调往他船,这一工作性质决定了船员的人际关系具有频繁的流动性。二是船舶在世界范围内流动,是一方"流动的国土",决定了船员与外界的人际关系不是固定于一个经常熟悉的群体,而是几天、十几天换一群新的交往对象。这种情况使船员与外界的人际交往常处于既新鲜又陌生的状态。这需要船员能够尽快适应这种人际交往的变化,学会与各种人打交道,掌握与各种人交往的必要知识和技巧。

由于船员职业的特殊性,在人际交往中,接触的人员来自五湖四海,但作为一名中国船员,无论是在国内还是国外,交往对象是自己同胞或国外人士,都必须牢记自己代表着中华人民共和国。因此,船员在与国内外各种人员的交往中,尤其是在对外交往中,必须严格遵守"内外有别"的原则。船员有责任维护国家和民族的利益，保守国家的政治和经济机密，保守航运和商贸情报，不随便与国外人士谈论国与国之间的敏感话题，严格遵守涉外纪律。同样，如果在交往中，对方把国外的道德标准和价值观念强加在我国船员身上，我们也是不能接受的。

此外，船员人际交往还应注意以下几个方面：

一是平等。平等是建立人际关系的前提。人际交往作为人们之间的心理沟通，是主动的、相互的、有来有往的。人都有友爱和受人尊敬的需要，都希望得到别人的平等对待。人的这种需要，就是平等的需要。交往中的平等原则表现为交往的各个方面都要平等对待、相互尊重、相互爱护。反对以大欺小、以强欺弱、自命清高、居高临下。一艘远洋船舶上船员的职级、岗位、文化程度、来处、工作性质等各不相同，既有管理级船员，又有操作级和支持级船员；既有从高等航海院校毕业的大学生，又有从部队转业或从其他行业转行至船上工作的船员；既有从事管理和脑力工作的，又有从事体力劳动的，但在人格上大家都是平等的，并没有高低贵贱之分，人际交往不能因上述不同而厚此薄彼，而应平等对待，真诚相处，一视同仁。

二是彼此尊重，互相关心。相互尊重是处理好任何一种人际关系的基础，同事关系也不例外。同事关系不同于亲友关系，它不是以亲情为纽带的社会关系。亲友之间一时的失礼，可以用亲情来弥补；而同事之间的关系是以工作为纽带的，一旦失礼，创伤难以愈合。所以，处理好同事之间的关系，最重要的是尊重对方。船员来自祖国的四面八方，为了一个共同的目的走到一起，应该珍惜这样一个同甘共苦的机遇。但由于船员个人的个性特征、知识修养、生活习惯、工作能力、工作岗位各异，因此遇到摩擦和矛盾是在所难免的，大家又是共同工作在相对狭小和固定的船舶上，如果不相互关心、理解、支持和谅解，结果将是不可想象的。"谅解、支援和友谊，比什么都重要"，这句毛泽东同志的名言，应该作为我们船员处理同事关系的准则和座右铭。船员间的个性、习惯的差异需要理解和宽容，工作负荷需要分担和合作，出现差错需要提醒和引导，发生冲突需要冷静和忍让，对待荣誉应当谦让，产生误解要及时沟通。虽然同事之间由于长期共事彼此已十分熟悉和了解，但彼此交往仍应以尊重和礼貌相待，即使是善意的玩笑，也应注意场合和分寸，刻薄的嘲笑和过分的恶作剧都会伤害到人的自尊心。

三是互利原则。人际交往是双向互动的过程，没有平等互助的基础是建立不起良好的人际关系的。平等要求交往的主体都具有完整独立的人格，交往活动的双方机会均等，人格对等。交往是互利的，有物质互利，也有精神互利。交往中的互利是以不损公肥私为前提的。社会心理学研究成果告诉我们，人人都有被人关心的需要，那么，在和他人交往中，要想得到他人的关心、尊重和爱护，就必须考虑到他人同样有这些心理需要，所谓"投之以桃，报之以李"，有所付出，才能得到回报。还要做到互帮互学，共同提高。航海技术的发展日新月异，作为船员，如果不注意随时学习，努力提高业务水平和文化知识素养，就有被时代淘汰，被船队淘汰的危险。学习的途径，一是接受继续教育和培训，二是在航海工作和实践中刻苦学习，掌握和提高实际业务能力。这就需要同事之间的互相支持和帮助。

四是相容。相容是指人际交往中的心理相容，即指人与人之间的融洽关系，与人相处时的容纳、包涵、宽容及忍让。要做到心理相容，应注意增加交往频率、寻找共同点、谦虚和宽容。为人处世要心胸开阔、宽以待人。要体谅他人，同时多为别人着想，即使别人犯了错误，或冒犯了自己，也不要斤斤计较，以免因小失大，伤害相互之间的感情。只要于事业，对团结有利，做出一些让步是值得的。船员群体在各个方面的差异较大，而船舶又是一个相对狭小的工作场所，这样的工作环境如果彼此之间包容度不够，不能彼此理解和体谅，就极易产生人际矛盾。

如船舶航行时工作制度是三班两段制，每段时间都有人在紧张工作，也有人在安静休息。在船舶这个有限的空间内，一个人的言语和行为不当都有可能影响到他人的休息或工作。那种只顾自己兴趣而不考虑他人利益的人，在人际关系上必将处于劣势，甚至遭到孤立和谴责。

因此，要做到团结协作，加强沟通。如果说工作是一台机器，员工就好比每个零件，只有各个零件凝聚成一股力量，这台机器才可能正常启动。这也是同事之间应该遵循的一种工作精神或职业操守。船员作为个体，一方面有自己的个性，另一方面，就是如何很好地融入集体，而这种协调和统一很大程度上建立于人的协调和统一。要做到协调好新、老船员之间的关系。目前在船员队伍中，既有技术、作风过硬，责任心、事业心比较强，能够胜任工作的老船员，也有一批有一定的航海理论和操作技能的年轻人。但是新船员工作实践经验少，吃苦精神、奉献精神都有待于进一步提高，因而新老船员的关系可以说是师徒关系。为了建立良好的师徒关系，增进相互之间的感情交流，长者应该爱护年轻人，要肯定年轻人的优点，鼓励他们独立开展工作；青年船员应尊重、爱戴长者，虚心学习，加强锻炼，听从老船员的教诲。

要坚持团队合作，防止拉帮结派。拉帮结派使得人与人的关系相当紧张，阻碍团体的发展，并最终损害每个人的利益。不少船公司对船员拉帮结派十分痛恨，甚至对向来有拉帮结派风气的某些地区的船员进行“封杀”，严重影响了该地区船员劳务的信誉。

五是正确处理好上下级关系。在船舶的船员群体中，职责及权限十分明确。船长是全船的绝对领导，每个船员的工作都有明确的分工，这种特点既要求船员在某些方面对自己的上级绝对服从，又在一定范围内使船员获得自主权。

为了保证船舶的安全和高效营运，法律和船公司赋予船长和各部门领导者明确的决策和命令权，同时也体现在明文规定的领导者有关职责中。通常，船长或部门负责人在相应的职责范围内所发布的命令是不容下级讨价还价的，只能执行，否则后果可能不堪设想。下级必须树立起服从意识，对上级发布的命令，即使有不同的看法，也必须首先执行，事后再与领导交换意见，以确保船舶工作的协调一致。船员在处理与上级领导的关系时，应注意尊重领导，听从指挥。因为在海上航行，情况复杂，要求船员有较强的组织性和纪律性，特别是在海况复杂、处境危险的情况下，不折不扣的服从意识是船员必备的工作品质，任何贸然行事都有可能酿成大祸，造成无法挽回的损失。船上的等级观念相对比较严格。要尊重上级，除了服从上级，还应对上级有礼貌。

当然，船员群体中这种领导的绝对权威和强烈的职级观念很容易造成负面效应，产生上级对下级的不信任或下级对上级的对抗心理，这种上下级关系的非正常发展会阻碍船员良好关系的建立和持久发展。因此不少国际轮船公司的人力资源专家认为，强化船员与船公司和船长的沟通十分重要，在船上营造充满自由、高度透明的沟通渠道，任何人不得背着船长和船公司在船上组织秘密活动。如果缺乏沟通和必要透明度会增加船员的恐惧、思想动乱、情绪不稳，等等，因此船舶部门长有责任和义务作为船员和船长或者船公司之间的桥梁积极发挥上下沟通的功能，一旦发现部门长失职，船公司必须根据情节轻重予以处罚。船长和各部门负责人也要带头处理好自己与一般船员的关系，时时处处起表率作用，在工作上对船员要严格要求，在生活上要关心船员的疾苦，深入群众，和他们打成一片。这也是作为领导者的工作能力和人格魅力的体现。

第三，同舟共济，团结协作，要坚持人道主义精神，关爱遇难船舶的船员。

同舟共济，广义上看，这个“舟”可以延伸到同在一片海洋上的其他船只。航海是一项具有一定风险性的事业。由于各种因素,一些船舶会发生危机,这就需要附近的船舶进行救助。国际海事组织《国际海上人命安全公约》规定:接到遇难信号或引起碰撞的船舶有义务对遇难船只进行救援。

【案例】同舟共济,果敢智慧,“振华4”号勇退海盗。

“振华4”号完成的2008年最后一个海上运输航次,是永远值得回味和记载的一次不平凡航程。2008年12月12日上午,“振华4”号从苏丹港卸完整机驶离码头后,途经亚丁湾海域,船上防海盗值班船员首先发现2艘海盗船。随着追逐而来的距离愈来愈近,9名手持机枪、火箭筒等武器的海盗先后攀爬上甲板。虽然此前船员们经过防海盗演练,做好了应对海盗的准备,但此刻,真枪实弹已经逼到了眼前。做了32年船长、拥有丰富的海上经验的彭维源船长,临危不惧,首先向国际海事局发出了“URGENT URGENT URGENT”的紧急求援电报,并向国内有关部门报告并接受指导。同时,在第一时间,他下令启动船舶反海盗应急预案,带领船员与企图劫持船舶的海盗展开面对面的抵抗。很快,交通运输部、外交部、中交总公司、振华港机等岸基部门以及国际反海盗信息中心形成一条长长的跨国应急沟通、联动“战线”。而在“振华4”号船上,船员们在船长的指挥下,封闭全船舱门,割断甲板连接生活区的铁梯,用自制的200多只燃烧瓶和消防用高压水枪抵抗海盗。经过一个多小时的战斗,没穿鞋的4个持枪海盗在满是啤酒瓶碎玻璃的甲板上寸步难行,只能躲到梯板下;3个攻击生活区的海盗中有一人脚被碎玻璃扎伤,逃回到甲板上;剩下的2个海盗则不敢贸然进攻。在船员与海盗双方激战、对峙的最后15分钟,“振华4”号终于获得了国际救援。马来西亚武装直升机飞抵“振华4”号上空,向尾随在旁2艘海盗快艇发起攻击。很快,一艘快艇被击沉,另一艘快艇因油料不足丧失了航行能力。情势不利,海盗团伙放弃了对“振华4”号生活区的入侵。但他们并未死心,眼看马来西亚直升机随后因油料不足飞离“振华4”号后,海盗又转而向船员袭击,并再次向生活区发起进攻。此刻,经过一段激战的船员们愈战愈勇,而海盗团伙则大量消耗了武器弹药。“振华4”号全体船员取得的胜利,体现了中国人的智慧和勇敢,弘扬了中华民族五千年来坚持正义、不畏的优良传统,这个史无前例的壮举大快人心,振奋了全世界船员。

“振华4”号船员在亚丁湾的壮举彰显了中国船员的雄风,在中外航运界引起了巨大的反响。“振华4”号回到祖国怀抱后,交通运输部专门发来了贺信,对“振华4”号船员的壮举给予了高度评价;为表彰和发扬“振华4”号船员勇敢击退海盗的英雄壮举和精神,振华港机集团对“振华4”号30位船员予以30万美元的奖励,同时授予果断决策、指挥得当、身先士卒的彭维源船长“振华功臣”荣誉称号和100克纯金奖章。面对荣誉和奖励,57岁的船长彭维源从容淡定,不愿人们把他看成英雄。他说:“我们只是很普通的船员、很普通的公民、很普通的人,只是在特殊的时段、特殊的地方,碰到了特殊的人群,也只是做了应该做的事情。”他对自己和29位船员的英雄行为,淡淡地说了一句:“我们欣慰的是,作为中国船员总算不辱使命。”

四、业务精湛

船员的职业技能,广义地讲,是船员在职业活动中履行职业责任应具备的各种能力。它不仅指专业知识与技术能力,还包括运用专业知识与技术解决实际问题的能力等。一份德国职业技术界“关键能力”的培养计划把职业的“关键能力”概括为五项:任务的组织与实施能力、交流与合作能力、学习和工作的使用能力、单独或集体承担责任的责任心、心理和体力的承受能力。这样“职业能力”可以包括实际操作能力、处理业务的能力、创新能力、协调能力、心理状态的调节能力等。

每位船员都要刻苦钻研和精通本职业务技术，具有精湛的业务水平，这样才能做到有效尽职地保养船、开好船，才能称为称职的船员。试想，一名热爱航海的船员，却没有过硬的本领，那他如何能在自己的职业岗位上做出贡献，又何谈具有职业道德呢？因此，作为职业道德规范，提高技能要求船员树立勤业、敬业意识，立足本职、脚踏实地、孜孜不倦、锲而不舍，努力使自己成为精通业务的能手，认真履行岗位责任制，尽职尽责地完成航运任务。

古今中外，凡是在工作中作出突出贡献的劳动者，都具有刻苦钻研精神，都熟练地掌握了本职工作的技能、要领。全国交通系统劳动模范、北京市汽车修理公司总工程师魏俊强勤奋钻研，通过电话听汽车发动机声音就可以判断出汽车故障，其修车技术达到炉火纯青的地步。许多优秀的轮机员也可以在充满噪声的机舱中听声音辨故障。

船员要通过情感、态度、思想、观点等各种信息的交流，来控制、激励和协调他人的活动，相互配合，从而建立良好的协作关系，建立具有高度合作和良好人际关系的团队，以应对复杂的航海环境，尤其是应急情况。

钻研业务、提高技能是实现航行安全的必备条件。船舶安全的关键因素是人，因而保证生命、财产安全和防止海洋污染就成了每一位船员义不容辞的责任。船员的不正当操作是造成海上事故的主要原因，而其中不乏由于船员业务素质不高而导致的。这些人对于有些工作因不知道应该如何去做而不去做，或者干脆盲目瞎做，从而导致事故的发生或者加剧了事故后果的严重性。所以，船员要不断加强自我的教育和培训，不断提高自身的综合素质，才能确保船舶的营运安全。

钻研业务、提高技能是航海技术不断发展的必然要求。21 世纪，我国海上运输业的发展将逐步进入现代化，水陆客运趋向高速化、豪华化，货运向多功能、集装箱化方向发展，运输管理水平日趋先进，电脑联网、电脑监控日趋完善，服务网络日益健全。在航海科技迅猛发展的今天，对船员业务水平的要求越来越高，此外管理知识、法律法规、语言能力的高需求给现代船员提供了无限的拓展空间。

随着航海技术的发展，现代航海者需要掌握越来越多的新知识，特别是自动化方面的知识。众所周知，航海技术首先是在以下三个方面实现自动化：一是导航手段的自动化，如避碰雷达和全球卫星定位系统的应用；二是通信手段的自动化，如 GMDSS 的应用；三是船舶动力推进装置的自动化，如无人机舱的问世。所有这些，无不是自动化与微电子技术发展的结果。这就要求现代航海者不仅要掌握传统的航海知识与技术，还要掌握与当前技术水平相适应的新知识、新技术。目前国外的航海教育就十分注意加强教授自动化及计算机方面的知识。因此，只有不断刻苦钻研业务，跟上日新月异的知识更新步伐，用现代科学技术武装头脑，才能适应形势的发展，胜任航海工作。

时代要求远洋船员不仅要掌握本职技术，而且要做到一职多能，技术全面。未来船员队伍构成的变化，将打破传统的船员分工体制，船员需掌握多种航海技术，以更好地为企业服务。一艘价值上亿美元的现代化集装箱船舶上，船员总共才十几个人。这样一艘现代化的船舶离开“以人为本”的原则，建造得再好，设备再先进，若缺乏训练有素的船员来操作，不仅会一事无成，还会给船公司带来无法估计的损失。所有这一切让船东认识到，操作船舶的船员才是船公司得以生存和发展的基础，许多国际航运企业都非常重视船员的业务技能培训。加强船员队伍的人事管理，尤其是强化高级船员的培训和考核已成为船公司各项管理工作中的重中之重。

作为青年船员，从走上工作岗位乃至入学的那一天开始，就要树立起远大的职业理想，以工作岗位为人生的又一个起点，奋力拼搏，不断钻研科学知识，积聚力量，为航海事业发展，为实现中华腾飞插上坚实的翅膀。

钻研业务，提高技能是船员个人成才，实现人生价值的必经之路。进入21世纪，我们将面临前所未有的挑战和机遇。机遇只给有准备的人，当机遇来临时，你准备好了没有？当机遇来临时，但愿我们不要“失之交臂”。把握机遇靠什么？靠的是领先一步的知识准备、孜孜不倦地钻研业务。因此，钻研业务的过程是成才的过程，也是做好工作的前提，只有不断钻研业务，做好本职工作，人生价值的追求及其实现才有机会和可能。显然，成功者的背后往往是一条艰辛之路，这条艰辛之路就是不断地钻研业务，不断地提高技能，而个人成功的时候，正是工作能力、业务水平渐入佳境的时候，也是人生价值实现的时候。

钻研业务，提高技能也是船员适应市场经济人才竞争的需要。适者生存，这是自然界生存的基本法则。在当今社会，知识更新的速度不断加快，我们今天掌握的知识，或许到明天就会过时。如果我们放弃学习，就会停滞不前，就会做不好工作，甚至不能胜任本职工作；而如果文化和技术跟不上发展的要求，就难以在自己的岗位上立足，就会被时代淘汰。

因此，我们要立足于学习，时时更新知识，不断掌握新技术，跟上时代发展步伐，这样才能在激烈的竞争中得以生存，才能不使自己面临失业的危险。同样，作为当代船员，在技术最先进的集装箱等现代化船舶上工作，如果不注重学习，如果不追求新知识，如果不在竞争中谋求发展，长此以往也势必会被淘汰出局。形势迫使我们必须有一颗“学习心”，自觉、主动地学习。学，而知不足；知不足，则更要学。

总之，面对科技发展，面对激烈竞争，每个人对学习都应该有一种紧迫感和危机感，要懂得逆水行舟、不进则退的道理；要立足于学习，激发学习的欲望，养成学习的习惯，培养学习的能力，确立“终身学习”的理念；要努力使自己的知识水平和劳动技能，跟上科学的发展、管理的进步，在不断地学习和实践中确立自身新的竞争优势。

业务素质反映了船员指挥、控制、操作船舶及其设备的能力，其中包括理论水平和实践经验。理论来源于实践，又指导实践，只有在一定理论基础上的实践，才是理性而非盲目的实践，才能不断提高实践水平。目前，青年学生中有轻视书本知识的思潮，认为书本上的理论不符合实际情况，当然，我国目前的确存在着某些教材滞后的现象，但要辩证地看待这个问题，不能全盘否定。我们提倡：认真学习理论，在实践中发现理论的局限性，在实践中不断发展理论，从而使实践活动更有主动性、积极性和创造性。

从以往毕业生反馈的信息中得知：不少学生参加工作后才感觉到文化知识的重要性，于是重新拿起曾经不愿翻动的书本。因此，作为青年学生，应该珍惜在校期间的大好时光，除了认真学习基础理论和专业知识、潜心钻研业务外，还要学好有关的社会科学，拓宽知识面，充分认识我国的国情，把握航海科学技术动态，为在未来的工作岗位上建功立业创造条件。

钻研业务、提高技能不在早晚。从现在做起，赶快行动起来。船员要具备较高的业务素质，需要不断“充电”。所有的培训都离不开以下两方面：一是知识培训。这是培训的基本内容，是船员成长的根本保证。常见的知识培训包括：专业知识、安全知识、应急知识、人文科学、政策法规、语言能力等各方面。这些是广大船员增长航海知识、满足履约要求、值得终身学习的主要内容。二是技能培训。这是培训的重点，技能是指对所学知识的灵活运用。航海本身就是一种技能型的职业，船员有时不能顺利完成某项工作，并非他不具备相应的专业知识，而是缺乏相应的职业技能。船员的职业技能只有经过训练来巩固，可采用模拟器训练、模拟训练以及实习与见习相结合的办法去实现。

另外船员还应注重自身的态度培训，在重视知识和技能培训的同时，更应加强对自身职业、安全的态度教育。只有端正了态度，才能肯学、肯干，思想上对安全才重视，人为失误才有望控制，这样的培训才算成功的培训。

许多航海业的专家认为，光靠 IMO 的强制培训项目来支持和丰富船员的业务素养，就显得面太窄。因为除强制培训项目外，我国参加一些重要但属于非《SOLAS 公约》强制培训项目的人很少。造成先进的设备不能发挥应有的效用，船舶货物得不到妥善照管。因此培训内容的全面性是丰富船员经历，提高船员业务素质的关键。

马克思曾说过："在科学上没有平坦的大道，只有不畏劳苦沿着陡峭山路攀登的人，才有希望达到光辉的顶点。"能否"不畏劳苦"，是衡量海上从业人员责任感、事业心强弱的重要尺度，也是钻研业务，掌握高超技艺、尖端技术的必备条件。青年学生只有培养吃苦耐劳精神，才能具有钻研业务的持久性，攀登职业技术高峰，而消极、懒惰地游戏人生，最终将一事无成。

辩证唯物主义认识论认为，实践在认识的产生发展中具有最终决定作用，实践是认识的来源，是认识发展的动力，是检验认识真理性的唯一标准，也是认识的目的和归宿。"纸上得来终觉浅，绝知此事要躬行。"青年船员只有在实践中才会发现自身的不足，产生钻研业务的强大动力，因此，从根本上说，职业技术和综合业务能力只有在实践中才能真正掌握和提高。

近年来，由于航运发展，船员紧缺，船员培训爆满。一批批新培训学员陆续登轮实习，由于量大，加上个别船员走"捷径"，开始造假资历。还有个别中介服务机构以造假资历赚钱。由于目前"船员服务簿"的资历填写是由船东或船长负责，极个别不负责任的船东或船长对造假资历的危害意识不清，使假资历市场泛滥。一批没有实际操作能力的船员到船上工作，船舶的绝对安全没有保证。航海是门实用科学和技术，需要船员具有丰富的实践经验，以便在瞬息万变的海上运输工作中确保安全，学员在培训单位的培训只是理论性的、模拟性的操作，只有在船上进行实操实作才能真正掌握实用的航海技术。

航海经验是船员业务素质的根基，是船员在长期的航海实践中，通过自己的感官直接接触客观事件而获得的初步知识，再经过自己的理性总结和反复实践而升华为某种特有的航海知识和技能。航海是一种古老的技能型职业，需要一定的理论知识，更需要一定的技能。没有理论知识的指导，航海就带有很大的盲目性和危险性，缺乏实践技能的航海只能是纸上谈兵。

作为一名航海者，想成为国际型高级船员，就必须掌握好英语。我们知道，英语现在已成为一种世界通用语言，与世界各大船舶公司，港口和海事部门打交道，我们需要相互交流沟通，而英语就是交流的媒介：进港我们需要引航员；进关我们要申报海关官员；发布各种口令，我们要让船员明白；补充燃料、食品、淡水或装卸货，我们要用 SMCP 进行对话；在港口我们需要熟练地运用英语与检查官员交流，所有这些都需要用英语这种语言来完成，因此掌握英语在远洋航海这个特殊的"外交领域"中的作用之大已经不言而喻。

英语水平的高低也是反映船员综合素质的一个"硬件"，长期辗转于世界各地的船员实在没有理由不攻下英语这个难关。近些年来，有些船员英语水平差，常常与机会失之交臂，特别是在外派船上，中国船员工作勤勤恳恳、任劳任怨，敬业精神、服从意识及航海业务水平均无可挑剔；但是，仅因为英语水平低，无法与外籍船员进行较为深入的交流就被"炒鱿鱼"，在国际航运市场的竞争中败下阵来的事情经常发生。在21世纪初,船员英语水平低成了我国开拓国际船员劳务市场的一大障碍,也成为中国船员熟练驾驶“未来船舶”的障碍。因而,中国船员一定要攻克英语“堡垒”,全面提高自身综合素质,努力把自己塑造成道德水平高尚、知识密集、心理素质优良、技术水平精湛、应变能力突出的高综合素质的现代航运人才,与国际接轨。

【案例】业务精湛为国争光,永远的航海家贝汉廷。

航海家贝汉廷,中共党员,浙江镇海县人,中国第一代远洋船员,原上海远洋运输公司指导船长。先后任“和平”号、“友谊”号等轮船大副、船长,到过40余个国家80多个港口,培养了许多航海人才。1979年3月,作为中美恢复海运通航的友谊使者,“柳林海”号从上海首航美国西雅图港,贝汉廷受命担任船长,指挥“柳林海”号圆满完成首航任务。1978年4月,天津化纤厂从联邦德国进口的成套设备急需从汉堡港运回天津。贝汉廷组织驾驶员们精心设计配载,将全部成套设备在德国人都认为不可能完成的情况下奇迹般装上“汉川”号,轰动了汉堡港。德国人赞叹道:“杂货船货物装到这种水平在汉堡港还是第一次。”1981年4月,贝船长再次指挥“汉川”号在荷兰鹿特丹港,成功将6 000多立方米、34大件成套设备有条不紊地装载在舱盖板上,又一次令国外同行钦佩不已,联邦德国记者专程赶来拍摄纪录片。贝汉廷1979年和1981年两次荣获“上海市劳动模范”称号,1979年9月被国务院授予“全国劳动模范”称号,1980年8月荣立二等功一次,1982年当选为第六届全国人民代表大会代表。1985年4月,贝汉廷在联邦德国接收新船“香河”号时积劳成疾,不幸逝世,终年59岁。

第二节　船员诚信管理

一、诚信管理

诚信是指一个人的诚实性和信用程度,它既体现于一个人的个性、价值取向之中,又与集体、社会价值紧密相关。传统上讲,诚信就是一个人的可靠程度和可信任程度,它是人品的核心部分。人们对诚信的理解,以前主要局限于一个人诚实的程度,后来则扩展到可靠性、责任感和社会依从性等方面。具有诚信的工作者,会随时随地以诚信开展工作,遵守制度规定和社会道德规范,对工作具有较强的责任心。

诚信管理是诚实履行责任的可靠管理,是对诚实性和信用程度的管理。船员诚信管理是国家诚信管理体系和社会信用管理体系的一部分,是国家在船员领域数据开放的推行者、契约执行的监督者、行业监管的实施者、不良信用行为的惩罚者,同时企业也可以通过诚信管理控制信用风险。信用具有多领域、多方位的含义。从伦理道德的角度看,信用是道德和心理上的相互信任和在行为上的按约行事;从法学理论的角度看,信用是指民事主体的偿债能力及其经济信赖程度的社会评价;从经济生活的角度看,信用主要表现为商品交易行为和资金借贷关系及其由此派生的多种信用形式;从社会制度的角度看,信用是一套关于社会征信、信用评估和信用管理的规章化、程序化的管理制度和操作体系。

二、政府部门关于船员诚信管理的政策制度

当前,我国覆盖全社会的征信系统基本建成,守信激励和失信惩戒机制全面发挥作用。政府管理部门对于公民制定了信用管理、诚信管理规定,同时对于船员群体,也出台了一系列加强船员诚信管理的政策制度。

第一,海事信用信息管理规定。为加强信用信息管理,根据《国务院关于建立完善守信联合激励和失信联合惩戒制度加快推进社会诚信建设的指导意见》,结合管理实际,国家海事管理机构制定了《海事信用信息管理规定》。

海事信用信息主体包括航运公司、船舶、船员、船检机构、中介服务机构、水上水下施工作业单位、海事规费义务缴费人及具有配合义务的港口经营人和其他水上交通运输从业者。

其中,不良信息、严重不良信息包括:水上交通事故责任信息、海事行政处罚信息、不履行海事行政决定的信息、在海事监督管理过程中弄虚作假欺骗海事执法人员的信息、发生违法行为后拒绝接受或逃避处理的信息、违反信用承诺的信息、考试作弊的信息等。

守信信息包括积极参加海难救助等海上公益活动得到地市级及以上搜救中心感谢或表彰的信息,获得国际海事组织、交通运输部、地市级及以上海事管理机构、地市级及以上政府部门颁发荣誉的信息。

海事信用信息及信用评价结果应用于向"信用中国""信用交通"及地方各级人民政府公共信用信息平台提供海事信用信息,将海事信用评价结果接入各类海事业务系统,为海事各业务领域的分级分类监管提供重要参考,与其他单位和部门共同实施守信联合激励和失信联合惩戒。

守信激励措施包括提供"绿色通道""告知承诺""容缺办理"等政务服务便利举措,优先安排船员考试、申报员考试等。失信惩戒措施包括按照法定最高抽查比例和频次实施行政检查、限制网上政务申报、依法限制从事相关活动,直至依法撤销相关专业技术资格或者从业资格、联合其他单位和部门共同实施惩戒、将海事信用信息推送给国务院和地方各级人民政府公共信用信息平台、不得享受海事推行的政务服务便利举措和其他便利举措等。

第二,船员违法记分。为增强船员遵守法律意识,减少人为因素对水上交通安全的影响,防治船舶污染水域,国家海事管理机构制定了船员违法记分管理相关规定。对于船员违法行为事实清楚、证据确凿的,对其实施船员违法记分,并予以相应记载。船员累计记分周期(即记分周期)为 1 个公历年,满分 15 分,自每年 1 月 1 日始至 12 月 31 日止。船员在一个记分周期内累计记分达到 15 分的,将被扣留船员适任证书,责令其参加为期 5 日的水上交通安全、防治船舶污染等有关法律、行政法规的培训,并进行相应的考试。在一个记分周期内累计记分两次及以上达到 15 分,或在连续 2 个记分周期内分别达到 15 分,或连续 2 个记分周期内累计记分达到 40 分的,将被扣留船员适任证书,参加除理论部分外,还包括船员适任能力考核的培训和考试。

第三,船舶技术人员职称制度。为深入实施人才强国战略和创新驱动发展战略,遵循船舶专业技术人员成长规律,把握船员职业特点,坚持目标导向和问题导向,完善评价标准,创新评价方式,为加快建设交通强国、海洋强国、海运强国提供有力的人才支撑, 2020 年,人力资源和社会保障部、交通运输部颁布《关于深化船舶专业技术人员职称制度改革的指导意见》,明确提出要突出评价船舶专业技术人员职业道德,坚持把职业道德放在评价首位,将船员日常工作

中的预防处理安全事故、遵守交通安全和防污染法规等情况作为重要评价内容,引导船舶专业技术人员自觉遵纪守法、勤勉尽责、参与管理、强化服务,不断提高职业操守和专业能力。建立诚信管理评价机制,对失信人员加大惩戒力度。杜绝学术造假、资历造假,通过违纪违规行为取得的职称一律予以撤销。

第四,“安全诚信船长”评选。国家海事管理机构组织“安全诚信船长”评选,满足实际担任船长职务36个月以上,最近3年担任船长期间,本人无违反有关海事法规的行为,其所服务船舶在船舶安全检查或港口国监督检查中未发生滞留、安全、污染责任事故、无违反有关海事法规的行为等条件,可被评为“安全诚信船长”。

三、企业在船员诚信管理中的作用

航运公司担负着船员工作行为的管理工作,是船员的直接管理者,在船员诚信管理体系的建设中责任重大。

第一,加强航运公司的质量管理体系建设,保证质量管理体系的适用性、有效性和连续性。航运公司需要根据海事管理机构的相关要求,合理编制符合企业运营的一套质量管理体系,体系内容除应包含所有企业运营的相关部门和业务外,也要考虑到船员的诚信管理;组建一支专门的质量管理体系审核队伍,按照审核程序,认真开展质量管理体系的内审和外审工作。

第二,完善并实施船员在船上工作期间的诚信评价办法,客观准确地反映船员在航期间的情况。如实记录船员在船表现,客观填写并谨慎保存航行安全记录,监管船员是否履行安全职责,是否按照要求完成航行计划和设备的维护保养,是否保证设备安全运行,是否合理使用环保设备等。可将标准量化,采用船员自评和船长述评的方式,留下船员航行期间的诚信记录。

第三,配合海事管理机构开展船员诚信管理体系的建设工作,并及时将船员的诚信记录和评价情况反馈给海事管理机构。对于诚信记录不良、诚信记录缺失的船员,航运公司在聘用时要考查其实际工作能力;情节恶劣的,要考虑是否聘用,并对其诚信记录进行进一步扩大化评估;仍然不符合诚信规定者,不能在本公司任职,并将诚信情况如实公布。

四、诚信管理对船员的相关要求

船员是船员诚信管理体系规范的对象,但同时也是建设船员诚信管理体系的重要力量。船员通过自身的努力,可以使诚信内化,作为指导其行动的标准。

第一,积极提高船员诚信意识。船员诚信行为来自船员诚信意识的指导。海事管理机构、航运公司和船员培训机构为建立船员诚信管理体系所做工作的着眼点在于船员。船员在了解船员诚信管理体系的基础上,认可、理解相关制度并使之内化,提高船员诚信意识。

第二,自觉遵守船员诚信管理的规章制度。对海事管理机构制定的船员诚信管理规章制度和航运公司、船员培训机构的具体办法,船员应自觉按照规则办事,确保自己的行为在诚信的范围之内。

第三,强化船员诚信监督。船舶在航行过程中是一个独立的群体,诚信的工作环境是全船人员顺利完成航行任务的保障。船员有义务监督其他船员的行为,发现不诚信行为应按照船员诚信管理制度的规定及时采取有效措施,避免危害船舶安全的行为发生。

第八章　船员权益及权益维护

本章通过介绍船员的基本权益、船员的职业权益、船员常见维权问题的法律依据及处理等内容，让大家对船员权益以及如何维权有基本的了解。

第一节　船员的基本权益

一、船员权益的定义

船员是职业称谓，中国船员首先是中国公民，其享有《中华人民共和国宪法》规定的权利和义务，受到我国法律法规的约束和保护。

船员权益至少包含“权利”“义务”和“利益”三个层面的含义。“权利”和“义务”主要是指《中华人民共和国宪法》和其他法律法规规定的权利和义务，而利益是指因行使权利、履行义务而带给个人合法的物质、精神需求产品。权利、义务和利益在法律的规范下共同构成权益。

二、船员权益的分类

船员权益按照自然人属性和职业属性可分为船员的基本权益和职业权益。

三、船员基本权益相关的法律法规

与船员基本权益相关的法律法规主要有：《中华人民共和国宪法》，其中第二章规定了公民的权利和义务；《中华人民共和国民法典》，其中第一编规定了民事权利和民事法律行为、代理以及民事责任，第三编规定了合同的订立、效力、履行、保全、变更和转让、合同的权利义务终止以及违约责任，第四编规定了生命权、身体权和健康权；《中华人民共和国劳动法》，其中第三章至第十章分别规定了劳动合同和集体合同、工作时间和休息休假、工资、劳动安全卫生、女职工和未成年工特殊保护、职业培训、社会保险和福利以及劳动争议；《中华人民共和国劳动合同法》,其中第二章至第五章规定了劳动合同的订立、劳动合同的变更和履行、劳动合同的解除和终止以及特别规定;《中华人民共和国社会保险法》,其中第二章至第八章分别规定了基本养老保险、基本医疗保险、工伤保险、失业保险、生育保险、社会保险费征缴以及社会保险基金;《中华人民共和国职业病防治法》,其中第二章至第四章分别规定了前期预防、劳动过程中的防治与管理以及职业病诊断与职业病人保障;《中华人民共和国国境卫生检疫法》,其中第二章至第四章分别规定了检疫、传染病监测以及卫生监督;《中华人民共和国工伤保险条例》,其中第二章至第五章分别规定了工伤保险基金、工伤认定、劳动能力鉴定和工伤保险待遇。

第二节　船员的职业权益

一、船员的职业权益概述

船员的职业权益是指作为特殊劳动者群体特有的其他权益,主要包括船舶优先权、船舶灭失或沉没时的赔偿权、遣返权、带薪休假权、体面劳动权等。

二、船员职业权益相关的国际公约和国内法规

(一)《2006 年海事劳工公约》

2006 年 2 月 7 日在日内瓦举行的第 94 届国际劳工大会上,《2006 年海事劳工公约》(以下简称《劳工公约》)获高票通过,其目的是实现海员体面工作与生活,被称为海上劳动者的“权利法案”。截止到目前,超过 100 个国际劳工组织成员国批准了《劳工公约》。

中国于 2015 年 8 月的十二届全国人大常委会第十六次会议表决通过决定,批准加入《劳工公约》,并在 2016 年 11 月 12 日公约对中国正式生效。在我国,人力资源和社会保障部与交通运输部联合作为主管机关,共同履约,按照“两部监管,一家发证”的原则,交通运输部设在各地的海事管理机构负责船东、船员服务机构等单位履行海事劳工公约中涉及船舶及船员管理情况的监督检查,主要包括船员健康证明、船员资格、船舶配员、起居舱室、船上娱乐设施、食品和膳食服务、健康和安全及防止事故、船上投诉程序等内容。地方人力资源和社会保障行政部门负责用人单位履行海事劳工公约中涉及《中华人民共和国劳动法》《中华人民共和国劳动合同法》等国家劳动保障法律法规规章执行情况的监督检查,包括最低年龄、劳动合同、工资支付和休息时间、休假、社会保险等内容。

《劳工公约》文本由三部分构成:条款、规则和守则。条款和规则主要规定了核心权利、原则以及批准《劳工公约》的成员国的基本义务。守则包含了规则的实施细节,其中 A 部分为强制性标准、B 部分为非强制性导则。概括来讲,《劳工公约》主要内容有以下几个方面:

在海员任职资格方面与国际海事组织经修正的《1978 年海员培训、发证和值班标准国际公约》(简称《STCW 公约》)保持了协调一致。《劳工公约》规定了海员上船工作的最低要求,如最低年龄、体检证书、培训和资格,在《STCW 公约》中也有类似规定,在任职资格方面两个公

约保持了协调一致。

规范了海员招募和安置机构的经营管理活动。《劳工公约》要求成员国主管当局对在其领土内运营的海员招募和安置机构进行严格监管，采取经营许可或类似管理措施，并定期实施审核，也规定了海员招募或安置机构在为海员提供就业时不能把招募或安置机构应承担的费用直接或间接、全部或部分地转嫁给海员。为此,《劳工公约》还要求海员招募和安置机构要编制一份完整海员信息登记册,履行告知义务，保障船员对就业协议的知情权，使其在签字前对就业协议条款进行核阅。

对海员就业条件进行了规范。为了保证海员体面工作,《劳工公约》规定了海员的就业条款和工作条件应符合国家的法律法规,在签署就业协议前海员应有机会对协议条款进行审阅和了解。

《劳工公约》规定了海员定期获得全额工作报酬,享有规范的工作时间与休息时间以及带薪年休假和短期上岸休息的权利。在确定船舶配员水平时,公约除了从船舶安全高效操作的角度考虑外,从保护海员权益的角度额外增加了两个因素:避免或最大限度减少过度超时工作以防止疲劳,满足船员健康需要的食品和膳食服务。

《劳工公约》同时也规定了海员有权得到遣返的情形和条件,并对遣返费用的承担做出了明确的规定。除非海员出现严重失职而被遣返,禁止船东要求海员预付遣返费用或从海员工资中扣除。承担船员遣返的第一责任人是船东,当船东未能履行责任时,则海员所在船舶的船旗国是第二责任人,海员遣返的启程国或海员国籍所在国是第三责任人。

对海员在船上的工作和生活条件进行了规定。对生活条件的规定主要体现在:起居舱室、娱乐设施、食品和膳食服务;船上应定期开展有记录的经常性检查;《劳工公约》要求成员国制定最低膳食标准,对船上厨师的任职资格提出了要求。

《劳工公约》要求成员国制定职业安全和健康管理的国家导则,对职业安全和健康事故进行报告、统计、分析和评估,并要在船上建立安全委员会。

对船东应对海员承担的责任进行了规定。《劳工公约》规定了海员在船工作的健康保护、医护、福利和社会保障条款,要求船东提供财务担保,承担相应的责任。赋予船员在由于船舶灭失或沉没时造成人身伤害、财产损失或失业时得到赔偿的权利,确保海员在因就业而产生的疾病、受伤、死亡导致的经济后果方面能够得到保护,也明确船员应获得船上职业安全与健康保障,应得到不低于岸基工人的社会保障以及使用岸基福利设施的权益。

《劳工公约》规定各成员国根据本国情况独自或通过国际合作,逐步为通常在其领土内居住的海员提供全面的社会保障,也可以通过双边多边协议来解决海员社会保障问题,这样船员的社会保障有了一定的灵活性。

对成员国应履行的责任进行了规定。《劳工公约》从船旗国、港口国、海员提供国三个方面确定了各成员国充分实施和执行《劳工公约》的义务。船旗国应建立一个有效的海事劳工条件检查和发证系统,并对总吨 500 及以上国际航行或在外国港口之间航行的船舶签发海事劳工证书和海事劳工符合声明,还应要求悬挂其旗帜的船舶建立公平有效的船上投诉程序。港口国应在有效的港口国检查和监督机制的基础上对挂靠本国港口的船舶进行检查,以核查该船符合公约有关海员工作和生活条件、海员权利要求,应建立海员投诉的岸上处理程序,以确保对在本国港口挂靠船舶上的投诉采取迅速而实际的解决方式。海员提供国应对本国设立的海员招募安置服务机构进行有效的监督检查,同时对本国海员提供社会保障的责任。

(二)《中华人民共和国海上交通安全法》

《海上交通安全法》主要对船舶、海上设施和船员、海上交通条件和航行保障、航行、停泊、作业、海上客货运输安全、海上搜寻救助、海上交通事故调查处理等方面做了规定。同时,《海上交通安全法》首次将船员权益保障写入国家法律,新增了维护船员合法权益、海事劳工证书行政许可、境外船员突发事件应急保障等制度,进一步保障船员合法权益。

(三)《海商法》

《海商法》主要涉及船舶优先权的有关规定。

(四)《船员条例》

《船员条例》主要在船员注册和任职资格、船员职责、船员职业保障以及船员培训和船员服务等方面做了规定。

针对船员合法权益保护方面,条例借鉴国际劳工组织和国际海事组织关于船员保护有关公约的规定,从以下六个方面对船员合法权益的保护做了规定:一是船员用人单位和船员应当按照国家有关规定参加工伤保险、医疗保险、养老保险、失业保险以及其他社会保险,并依法按时足额缴纳各项保险费用。二是船员生活和工作的场所,应当符合国家船舶检验规范中有关船员生活环境、作业安全和防护的要求;船员用人单位要为船员提供必要的生活用品、防护用品、医疗用品,建立船员健康档案,为船员定期进行健康检查,防治职业疾病;船员在船工作期间患病或者受伤的,应当及时给予救治,船员失踪或者死亡的,船员用人单位应当及时做好相应的善后工作。三是船员工会组织应当加强对船员合法权益的保护,指导、帮助船员与船员用人单位订立劳动合同。船员服务机构为船员用人单位提供船舶配员服务,应当督促船员用人单位与船员依法订立劳动合同;未依法订立劳动合同的,船员服务机构应当终止向船员用人单位提供船员服务。四是船员用人单位应当向船员支付合理的工资,并按时足额发放给船员,任何单位和个人不得克扣船员的工资;船员用人单位应当向在劳动合同有效期内的待派船员,支付不低于船员用人单位所在地政府公布的最低工资标准的工资。五是船员除享有国家法定节假日的假期外,还享有在船舶上每工作 2 个月不少于 5 日的年休假;船员用人单位应当在船员年休假期间,向其支付不低于该船员在船工作期间平均工资的报酬。六是明确了船员可以要求遣返的情形、选择遣返地点的权利以及遣返费用的支付。当出现船员劳动合同终止、船舶灭失或者未经船员同意船舶驶往战区、疫区等情形时,船员可以要求遣返,遣返费用由船员用人单位支付。

(五)《对外劳务合作条例》

主要对从事对外劳务合作的企业与劳务人员、对外劳务合作的有关合同以及政府的服务和管理等方面做了规定。该条例是外派海员对外劳务合作的上位法依据,交通运输部以《对外劳务合作条例》《船员条例》为上位法依据制定了《海员外派管理规定》。

第三节　船员常见维权问题的法律依据及处理

一、关于船员合同、工资、遣返等维权问题的法律依据及处理

(一)合同

船员上船工作,应与用人单位签订劳动合同。根据《中华人民共和国劳动合同法》第一条、第十条、第十六条的规定,劳动合同制度是明确劳动合同双方当事人的权利和义务,保护劳动者的合法权益的制度。依法订立的劳动合同具有约束力,用人单位与劳动者应当履行劳动合同约定的义务。如果不签订劳动合同,船员本人的合法权益就得不到保护,进而在出现劳动纠纷或发生工伤事故等时,将面临维权困难。因此,船员应主动与用人单位订立书面劳动合同。

船员与用人单位签订劳动合同后,应保存一份合同文本。目前存在有的用人单位与船员签订劳动合同后,将双方签订的两份劳动合同以种种理由全部收回,劳动合同文本不给船员本人,这种现象应引起船员注意。如果船员未持有劳动合同文本,将会导致如下法律后果:一是与用人单位在合同中约定的权利、义务不明晰,二是出现纠纷后维权没有书面凭证。

船员可以依法与用人单位解除劳动合同。根据《中华人民共和国劳动合同法》第三十六条、第三十七条和第三十八条的规定,以下情况,船员可以解除劳动合同:

(1)用人单位与船员协商一致,可以解除劳动合同。

(2)船员提前30日以书面形式通知用人单位,可以解除劳动合同。船员在试用期内提前3日通知用人单位,可以解除劳动合同。

(3)用人单位有下列情形之一的,船员可以解除劳动合同:

①未按照劳动合同约定提供劳动保护或者劳动条件的;

②未及时足额支付劳动报酬的;

③未依法为劳动者缴纳社会保险费的;

④用人单位的规章制度违反法律法规的规定,损害劳动者权益的;

⑤因《劳动合同法》第二十六条第一款规定的情形致使劳动合同无效的;

⑥法律、行政法规规定劳动者可以解除劳动合同的其他情形。

用人单位以暴力、威胁或者非法限制人身自由的手段强迫船员劳动的,或者用人单位违章指挥、强令冒险作业危及船员人身安全的,船员可以立即解除劳动合同,不需事先告知用人单位。

如船员未满合同期想解除合同,根据《中华人民共和国劳动合同法》第二十二条第一款和第二款的规定,用人单位为劳动者提供专项培训费,对其进行专业技术培训的,可以与该劳动者订立协议,约定服务期。船员违反服务期约定的,应当按照约定向用人单位支付违约金。需要特别提醒的是,违约金的数额不得超过用人单位提供的培训费用。用人单位要求船员支付的违约金不得超过服务期尚未履行部分所应分摊的培训费用。

如船员在船服务超出合同期服务，船员可以向当地劳动保障部门投诉咨询；如双方自愿超出合同期服务的，应重新签订合同。

根据《中华人民共和国劳动法》第七十七条的规定，用人单位与劳动者发生劳动争议，当事人可以依法申请调解、仲裁、提起诉讼，也可以协商解决。因此，船员和用人单位发生劳动争议后，可通过以下四种方式进行解决：自行和解、调解、仲裁、诉讼。

（二）工资

按照《中华人民共和国劳动法》第五十条规定：工资应当以货币形式按月支付给劳动者本人，不得克扣或者无故拖欠劳动者的工资；按照《工资支付暂行规定条例》第十八条规定：用人单位克扣或者无故拖欠劳动者工资的，由劳动行政部门责令其支付劳动者工资和经济补偿，并可责令其支付赔偿金；按照《中华人民共和国刑法》第二百七十六条规定：以转移财产、逃匿等方法逃避支付劳动者的劳动报酬或者有能力支付而不支付劳动者的劳动报酬，数额较大，经政府有关部门责令支付。仍不支付的，处三年以下有期徒刑或者拘役，并处或者单处罚金；造成严重后果的，处三年以上七年以下有期徒刑，并处罚金。根据上述规定，用人单位拖欠船员工资，船员可直接向当地劳动保障部门或拨打劳动监察投诉咨询热线投诉；船员也可以直接向当地法院提起诉讼。

当海员患病或受伤不能工作时，船东应有责任对这部分海员支付全部或部分工资。根据《劳工公约》标准 A4.2 船东的责任规定：当工伤或患病海员留在船上，或海员遣返以前，船东对其支付全额工资；从海员被遣返或离船之时起至身体康复，或至海员获得保险金，在此期间船东按照国家法律或条例或集体协议的规定，向其支付全额或部分工资。

（三）遣返

船员有要求遣返的权利。《船员条例》第二十七条规定船员在船工作期间，有下列情形之一的，可以要求遣返：(1)船员的劳动合同终止或者依法解除的；(2)船员不具备履行船上岗位职责能力的；(3)船舶灭失的；(4)未经船员同意，船舶驶往战区、疫区的；(5)由于破产、变卖船舶、改变船舶登记或者其他原因，船员用人单位、船舶所有人不能继续履行对船员的法定或者约定义务的。

《船员条例》第二十八条规定船员可以从下列地点中选择遣返地点：(1)船员接受招用的地点或者上船任职的地点；(2)船员的居住地、户籍所在地或者船籍登记国；(3)船员与船员用人单位或者船舶所有人约定的地点。

根据《船员条例》第二十九条和第三十条的规定：船员的遣返费用由船员用人单位支付。遣返费用包括船员乘坐交通工具的费用、旅途中合理的食宿及医疗费用和 30 kg 行李的运输费用。船员的遣返权利受到侵害的，船员当时所在地民政部门或者中华人民共和国驻境外领事机构，应当向船员提供援助；必要时，可以直接安排船员遣返。民政部门或者中华人民共和国驻境外领事机构为船员遣返所垫付的费用，船员用人单位应当及时返还。

但是，根据《劳工公约》标准 A2.5 遣返的规定：成员国应禁止船东要求海员在开始受雇时预付遣返费用，禁止船东从海员工资或其他收益中扣除遣返费用，除非根据国家法律法规、条例或其他措施或适用的集体谈判协议，海员出现严重失职而被遣返。

根据《劳工公约》标准 A2.5 遣返的规定：海员在有权得到遣返前在船上服务的最长期间，

这段时间应少于 12 个月，即船员如果已在船服务 12 个月，则有权向船东提出遣返要求。

二、关于海员的健康保护、医疗保障、人身伤亡等维权问题的法律依据及处理

（一）健康保护

《劳工公约》规则 A4.3 健康和安全保护及事故预防指出了实施安全和预防事故的要求。一般来讲，船舶安全和事故预防是一项系统工程，涉及国家的规定、制造业、造船业和航运业等方面：

（1）船上应有效实施促进安全和健康的政策和计划，包括风险评估及培训和指导海员。

（2）船上应采取合理预防措施，防止船上的职业事故及伤害和疾病，包括减少海员置身于有害环境的危害、预防船上设备和机械可能引起的对海员的伤害和疾病，可采用设计控制、程序控制和使用个人保护用品等措施。

（3）船用产品设计和制造应考虑减少危害，比如减小噪声、振动、有害气体的排放，以及减少由于接触可能产生的危害等。

（4）在船舶设计和建造阶段应综合考虑，减少机器设备的安装使用、船舶所载运货物可能带来的危害，如采取减振降噪措施，设置栏杆、防滑、防火、防高温烫伤或低温冻伤措施，安全通道、防止有毒有害气体伤害的措施等。

（5）通过船舶的管理措施加强对于船上安全操作和事故预防的控制，如对于船上所载运的货物、海员所承担的不同工作和所处的位置等可能产生危险的识别及防护措施；通过对海员的安全培训，尤其是对新海员上船安全事项的培训；对 18 岁以下海员安全和健康保护的特别规定；在危险区域张贴安全告示或标识；安全措施的落实与检查等。

（6）通过使用个人防护设备减少危险或伤害，例如进机舱要求戴安全帽、耳塞、手套，穿工作服和工作鞋，进入特殊处所需要戴防护眼镜、穿防护服、备有个人呼吸器等。

（7）主管机关应确保职业事故、伤害和疾病得到及时的报告、调查。

（二）医疗保障

根据《劳工公约》规则 4.1 船上和岸上医疗的规定，船员在船工作期间能享受以下船上和岸上医疗保障：

（1）海员在船工作期间，应当能够获得及时、适当的医疗救治，且原则上不需要支付费用。

（2）在条件允许的情况下，海员在停靠港应有权就医。

（3）在相关国家法律和惯例允许的范围内，应免费向在国外港口下船的海员提供健康保护和医疗救治。

（4）所有船舶均应携带医药箱、医疗设备和医疗指南。

（5）载员 100 人或以上、通常从事 3 天以上国际航行的船舶应配备一名医生负责医疗。

（6）不配医生的船舶上，至少有一名海员完成了符合 STCW 公约要求的医护培训，其一部分工作是负责医疗和管理药品；或者有一名海员完成了符合 STCW 公约要求的医疗急救培训。

（7）船舶在海上能够通过无线电或卫星通信得到医疗指导，包括专家的指导。

（8）应向海员提供保健措施，包括保健教育计划。

船东对受雇期间海员的健康保护和医疗负责：

(1)船东应承担海员在船上服务期间疾病和受伤的医疗费用，所支付的医疗费用包括治疗及提供必要的药品和治疗设备，以及在外的膳宿费用；

(2)船东应提供财务担保，对海员因工伤、患病或危害而死亡或长期残疾的情况，提供国家法律、海员就业协议或集体协议所规定的赔偿；

(3)如果发生海员受雇期间在船上或岸上死亡的情况，船东应有责任支付丧葬费用；

(4)如果疾病或受伤造成工作能力丧失，船东应有责任：

①只要患病或受伤海员还留在船上或者在海员根据本公约得到遣返以前，向其支付全额工资；

②从海员被遣返或到达上岸之时起直到身体康复，或直到有权根据有关成员国的法律获得保险金(如果早于康复的话)，按照国内法律或条例或集体协议的规定向其支付全额或部分工资。

(5)船东应采取措施保护患病、受伤或死亡的海员留在船上的财物。

根据《劳工公约》标准 A4.2 船东的责任规定，在国家层面通过制定法律法规，规定当海员受雇期间患病或受伤时，船东需支付医疗费用的最低期限为：从海员受伤或患病之日起应不少于 16 周(包括医疗和膳宿费用)。

(三)社会保险

《劳工公约》规则 4.5 社会保障指出，对海员提供全面社会保障需要考虑的项目有：医保、疾病津贴、失业津贴、老年津贴、工伤津贴、家庭津贴、生育津贴、病残津贴和船舶灭失补偿津贴 9 个项目。

根据《中华人民共和国社会保险法》第二条、《船员条例》第二十一条以及相关法律法规，国家建立基本养老保险、基本医疗保险、工伤保险、失业保险、生育保险等社会保险制度，保障公民在年老、疾病、工伤、失业、生育等情况下依法从国家和社会获得物质帮助的权利。用人单位应当为与其有合同关系的海员缴纳基本养老保险、基本医疗保险、工伤保险、失业保险、生育保险的保险费，海员应缴纳个人应缴比例部分的保险费。

(四)人身伤亡

船员在船期间伤亡需确定船员与用人单位之间属于船员劳务派遣关系还是劳动合同关系。两种法律关系，适用的法律规定不同、赔偿标准不同。前者适用《民法典》和《关于审理人身损害赔偿案件适用法律若干问题的解释》的规定，而后者适用《劳动合同法》和《工伤保险条例》的规定。

1. 船员在船发生人身伤亡时的赔偿项目

根据《关于审理人身损害赔偿案件适用法律若干问题的解释》规定，赔偿的项目包括医疗费、误工费、护理费、交通费、住院伙食补助费、营养费、残疾赔偿金或死亡赔偿金、被抚养人生活费、丧葬费、精神抚慰金。

2. 船员在船上工作期间受伤时发生的医疗费、误工费和差旅费应该受法律保护

船员可依法向法院提起诉讼，向用人单位和保险公司合理索赔医疗费、误工费和差旅费。

船员在船工作期间是有意外保险的，发生工伤时，船长应及时报告保险公司，由保险公司或其指定人员安排就医以及后续的索赔事宜。公司有义务为船员协调处理就医以及索赔有关事宜，当然，就医和索赔应符合保险合同的相关条款。根据《劳工公约》标准A4.2船东的责任规定，船员在船上工作期间受伤的，船东应当承担医疗费用、外出就医的膳食和住宿费用、在船期间的全额工资、离船后一段时间内（受伤之日起不少于16个星期）的全额或者部分工资，如果由于受伤导致残疾，还应当根据国家法律或者集体协议的要求，支付相应的赔偿。

3. 船员伤亡有权得到赔偿

根据《关于审理人身损害赔偿案件适用法律若干问题的解释》规定，残疾赔偿金或死亡赔偿金按受诉法院所在地上一年度城镇居民人均可支配收入或者农村居民人均纯收入标准，按20年计算。但60周岁以上的，年龄每增加一岁减少一年；75周岁以上的，按五年计算。

4. 船员人身伤亡赔偿主体不同

《关于审理人身损害赔偿案件适用法律若干问题的解释》第九条规定："雇员在从事雇用活动中致人损害的，雇主应当承担赔偿责任；雇员因故意或者重大过失致人损害的，应当与雇主承担连带赔偿责任。雇主承担连带赔偿责任的，可以向雇员追偿。"《中华人民共和国海商法》第一百二十条和第一百二十四条规定可以向承运的受雇人、代理人提出赔偿请求。《中华人民共和国民法典》第五十四条规定："自然人从事工商业经营，经依法登记，为个体工商户。个体工商户可以起字号。"我国法律没有规定可以将船舶作为诉讼主体，船员人身伤亡损害赔偿的义务主体应当是船舶证书上所载明的个人或合伙人。

5. 被抚养人生活费的补偿标准

被抚养人生活费根据抚养人丧失劳动能力程度，按照受诉法院所在地上一年度城镇居民人均消费性支出标准计算。被抚养人为未成年人的，计算至18周岁；被抚养人无劳动能力又无其他生活来源的，计算20年。但60周岁以上的，年龄每增加一岁减少一年；75周岁以上的，按五年计算。被抚养人是指受害人依法应当承担抚养义务的未成年人或者丧失劳动能力又无其他生活来源的成年近亲属。被抚养人还有其他抚养人的，赔偿义务人只赔偿受害人依法应当负担的部分。被抚养人有数人的，年赔偿总额累计不超过上一年度城镇居民人均消费性支出额或者农村居民人均年生活消费支出额。

三、关于海员外派、劳务派遣、中介费、投诉等维权问题的法律依据及处理

（一）海员外派

《海员外派管理规定》第四十六条明确规定，"海员外派，指为外国籍或者港澳台地区籍船舶提供配员的船员服务活动"，同时第十二条中也明确了"境外企业、机构在中国境内招收外派海员，应当委托海员外派机构进行。外国驻华代表机构不得在境内开展海员外派业务"。

《海员外派管理规定》第二十三条规定：海员外派机构为海员提供海员外派服务，应当保证外派海员与本机构、境外船东或我国的航运公司或者其他相关行业单位签订劳动合同，以保障船员的合法权益。

《海员外派管理规定》第五条规定：从事海员外派的机构，应当符合下列条件：

①符合企业法人条件；

②实缴注册资本不低于600万元人民币；

③有3名以上熟悉海员外派业务的管理人员；

④有健全的内部管理制度和突发事件应急处置制度；

⑤法定代表人没有故意犯罪记录。

船员如需上外国籍(或港澳台籍)船舶工作,请务必选择一家海员外派机构由海员外派机构派往外国籍船舶,签订劳动合同或协议,从而确保外派海员的合法权益能够得到有效维护。海员外派机构应当为外派海员购买境外人身意外伤害保险。

(二)劳务派遣

《劳动合同法》第五十七条规定:经营劳务派遣业务应当具备下列条件:

①注册资本不得少于人民币二百万元；

②有与开展业务相适应的固定的经营场所和设施；

③有符合法律、行政法规规定的劳务派遣管理制度；

④法律、行政法规规定的其他条件。

经营劳务派遣业务,应当向劳动行政部门依法申请行政许可;经许可的,依法办理相应的公司登记。未经许可,任何单位和个人不得经营劳务派遣业务。

《劳动合同法》第五十八条规定:劳务派遣单位是本法所称用人单位,应当履行用人单位对劳动者的义务。劳务派遣单位与被派遣劳动者订立的劳动合同,除应当载明本法第十七条规定的事项外,还应当载明被派遣劳动者的用工单位以及派遣期限、工作岗位等情况。

劳务派遣单位应当与被派遣劳动者订立两年以上的固定期限劳动合同,按月支付劳动报酬;被派遣劳动者在无工作期间,劳务派遣单位应当按照所在地人民政府规定的最低工资标准,向其按月支付报酬。

《合同法》第六十条规定:劳务派遣单位应当将劳务派遣协议的内容告知被派遣劳动者。

劳务派遣单位不得克扣用工单位按照劳务派遣协议支付给被派遣劳动者的劳动报酬。

劳务派遣单位和用工单位不得向被派遣劳动者收取费用。

《劳务派遣暂行规定》第二十五条规定:外国企业常驻代表机构和外国金融机构驻华代表机构等使用被派遣劳动者的,以及船员用人单位以劳务派遣形式使用国际远洋海员的,不受临时性、辅助性、替代性岗位和劳务派遣用工比例的限制。

(三)中介费

根据《劳工公约》标准A1.4招募和安置第5(b)款和《中华人民共和国海员外派管理规定》第三十一条,海员外派机构不得因提供就业机会而向外派海员收取费用。

《海员外派管理规定》第三十条规定:海员外派机构不得因提供就业机会而向外派海员收取费用;海员外派机构不得克扣外派海员的劳动报酬;海员外派机构不得要求外派海员提供抵押金或担保金等。对于涉嫌欺诈侵犯船员合法权益的情况,可向公安部门、市场监督管理部门、海事管理部门举报。

(四)投诉

船员可以以电话、信函、电报、电传、传真、电子邮件和现场陈述等方式直接投诉,也可以委托代理人进行投诉。对中国籍船舶投诉事项涉及船员最低年龄、工资支付、工作和休息时间、劳动合同、休息休假、社会保险等内容的，当事人向上船协议、劳动合同或集体合同签订地的人力资源和社会保障部门申请劳动监察或者劳动仲裁；向当地海事法院提请法律诉讼；符合条件的，可以申请社会公益律师或海员工会、船员协会组织的法律援助。对投诉涉及中国籍船舶船上工作生活及膳食条件危害船员安全、健康和保安的，以及船员培训与适任、船员证书与资历、船员服务机构与外派机构管理等方面的，当事人向船舶和机构所在地海事管理机构投诉。投诉涉及外国籍船舶的，当事人向船舶停靠港所在地海事管理机构投诉。对船员投诉涉及海事执法人员行风廉政问题的，当事人向海事管理机构纪检监察部门投诉。对投诉事项涉及非法经营活动、治安和刑事的，当事人向工商管理部门或公安部门进行投诉。

四、关于海员船员服务资历、证书等维权问题的法律依据及处理

(一)服务资历

海上服务资历是由船舶报告或由船员外派单位报备产生的，任何公司或个人不得随意修改。

(二)证书

根据《中华人民共和国海船船员适任考试、评估和发证规则》第五十四条规定：除海事管理机构依法实施外，任何机构和个人不得以任何理由扣留或者吊销船员适任证书。海船船员所有证书都可以个人申请办理，而不一定需要通过船员服务机构或公司办理。如委托船员服务机构办理，务必要选择有资质的船员服务机构，并签署服务协议，以免造成不必要的损失。所有有资质的船员服务机构，都可以在中国海事局官方网站上进行查询。如果公司扣押船员证书，船员可以向公司所在地海事管理机构反映情况，请求当地海事管理机构解决。